Peter Orthofer

Die Wahrheit über Österreich

Ein Geheimreport von der Insel der Seligen

Ueberreuter

CIP-Titelaufnahme der Deutschen Bibliothek
Orthofer, Peter:
Die Wahrheit über Österreich:
Ein Geheimreport von der
Insel der Seligen/
Peter Orthofer. – Wien: Ueberreuter, 1989
ISBN 3-8000-3307-0

AU 101/ **2**

Umschlag von Brigitte Schwaiger unter Verwendung
einer Illustration von Rudolf Angerer

Gesamtherstellung: Carl Ueberreuter Druckerei Ges. m. b. H.,
Korneuburg
Printed in Austria

Inhalt

Sonderbeilage zur österreichischen Ausgabe

Streng geheim!

Dieses Buch schildert in sehr offenen Worten die wahre Bedeutung Österreichs für die Welt. Es gehört daher nur in die Hände reifer Menschen, die stark genug sind, auch mit der Wahrheit weiterzuleben. Auf keinen Fall dürfen diese brisanten Enthüllungen in die Hände ausländischer Spione fallen. Wenn Sie das Gefühl haben, »Feind liest mit«, müssen sofort drastische Vorsichtsmaßnahmen ergriffen werden – notfalls essen Sie das Buch einfach auf.

Selbstverständlich hat sich auch der Verlag zu strikter Geheimhaltung verpflichtet. Das Buch erscheint in der kleinstmöglichen Auflage und wird nur an besonders vertrauenswürdige Personen in geringer Stückzahl abgegeben. Auf schriftliche Anfragen wird lediglich mitgeteilt, ein derartiges Buch sei nie erschienen und überdies seit langem vergriffen. Daß es von der Kritik totgeschwiegen wird, versteht sich in Österreich von selbst. Übersetzungen in sämtliche Fremdsprachen, auch in Esperanto und Braille, werden als Landesverrat geahndet.

Weshalb alle diese Vorsichtsmaßnahmen?

Das vorliegende Buch ist dazu angetan, unser seit Menschengedenken sorgfältig gepflegtes Alpendodel-Image in seinen Grundfesten zu erschüttern!

Seit Jahren wurde mit Hilfe der Österreichischen Fremdenverkehrswerbung, der österreichischen Bundesregierung und zahlreicher hervorragender Einzelpersonen aus Politik, Wirtschaft und Kultur in aller Welt die Ansicht verbreitet, Österreich sei so ziemlich das Letzte.

Und nun hat sich herausgestellt: das stimmt gar nicht!

Österreich war immer wichtig für die Welt! Diese kühne Theorie, die von einigen Querdenkern schon in vergangenen Jahrhunderten angedeutet wurde, wird im vorliegenden Report erstmals durch Tatsachen untermauert. Jahrelange Recherchen haben eine Vielzahl von Beweisen dafür erbracht, und die schier unglaubliche Behauptung ist nichts anderes als DIE WAHRHEIT ÜBER ÖSTERREICH.

Dem Verfasser ist klar, daß seine Forschungsergebnisse einen Sturm der Empörung hervorrufen werden. Aber die Wahrheit läßt sich nicht aus der Welt schaffen. Höchstens eine Zeitlang unterdrücken. Und dafür werden die zuständigen Stellen schon sorgen. Demonstrationen des Österreichischen Masochisten-Bundes sind geplant, anschließende Bücherverbrennungen scheinen nicht ausgeschlossen.

Trotz allem hat sich der Autor dazu durchgerungen, sein brisantes Material einer begrenzten Öffentlichkeit zugänglich zu machen. Um einer allgemeinen Diffamierung Österreichs vorzubeugen, muß jedoch die strikteste Geheimhaltung dieses Reports gewährleistet bleiben. Der Erwerb dieses Buches kann daher nur nach Ausfüllen der folgenden Erklärung gestattet werden.

Ich erkläre hiemit, daß ich ein mündiger österreichischer Staatsbürger bin und »Die Wahrheit über Österreich« aus rein wissenschaftlichem Interesse erwerbe. Ich verpflichte mich, »Die Wahrheit über Österreich« weder zu lesen noch ganz oder auszugsweise zu zitieren, an Dritte weiterzugeben oder als Unterlage für einen wackligen Tisch zu verwenden. Im Falle eines Zuwiderhandelns möchte ich tot umfallen, zusätzlich wird mir und meinen Nachkommen die Staatsbürgerschaft entzogen.

Diese Erklärung wurde von mir freiwillig und nüchtern abgegeben und ist unwiderruflich. Ich begrüße die Tatsache, daß sie bei der Staatspolizei hinterlegt wird und jederzeit gegen mich verwendet werden kann, falls man sonst gar nichts gegen mich in der Hand hat.

Durch meine Unterschrift verzichte ich automatisch darauf, irgendwelche geistigen oder materiellen Ansprüche an den Autor zu stellen, und unter Umständen sogar auf den Jux primae noctis und die Resozialisierung der SPÖ.
Diese Erklärung gilt laut Novelle zum Bundesgesetzblatt 864/II, Paragraph 11 h,c als amtliches Dokument und darf nicht als Führerscheinersatz verwendet werden.

Ort und Datum	Vor- und Zuname
....	....

(Bitte mit eigenem Blut unterzeichnen.)

Imago Austriae

Wenn man den Globus dreht, die Augen schließt und mit dem Finger blindlings in die Geographie tippt, fällt einem notgedrungen irgendein Staat in die Hand. Beispielsweise die Schweiz.

Das ist ein Staat mit einem guten Namen, allseits geachtet und geschätzt.

Aber jetzt einmal ganz ehrlich: Was finden Sie an der Schweiz eigentlich so toll? Was hat die Schweiz schon der Welt geschenkt?

Einen Käse, an dem das Besondere die Löcher sind. Man müßte eigentlich sagen: ein paar charakteristische Löcher mit Käse drumherum.

Und davon leitet nun ein ganzes Land seine Existenzberechtigung ab. Einfach löcherlich!

Aber es gibt ja noch andere Staaten. Nehmen Sie zum Beispiel Burkina Faso. – Nein, Burkina Faso nehmen Sie lieber nicht, sonst müssen Sie es vielleicht behalten. Und wer will schon Burkina Faso?

Nehmen wir eine zivilisierte Gegend. Texas! Also das ist ja nun nicht gerade der Inbegriff der Zivilisation, aber es gehört doch irgendwie zur westlichen Welt. Und was hat Texas dieser Erde zu bieten? Einen Haufen ungehobelter Millionäre vom Schlage eines J. R. Ewing. Wer einmal »Dallas« gesehen hat, weiß Bescheid. Und dabei ist Texas viermal so groß wie Österreich, beherbergt achtmal soviel Rindvieh und wird in zahlreichen Schlagern besungen.

Aber warum geben wir uns mit solchen Kleinigkeiten ab? Nehmen wir gleich einen ganzen Kontinent: Australien!

Was assoziieren Sie mit Australien? Schafe und Känguruhs. Oder Känguruhs und Schafe. Es ist vielleicht nicht das allerkurzweiligste Land – wochentags werden die Schafe geschoren, und sonntags sieht man den Känguruhs beim Hüpfen zu –, und alles, was an Sidney schön ist, befindet sich anderswo – etwa Sidney Poitier und Sidney Rome. – Und doch hat Australien ein durchaus positives Image. Österreich hingegen ...

Es hat keinen Zweck, weitere Vergleiche zu ziehen. Auch wenn Österreich dabei noch so gut abschneidet, sein Image wird dadurch nicht besser. Auch wenn wir allen Vorwürfen mit geballtem Chauvinismus entgegentreten, wenn wir mit Herzblut gegen alle Vorurteile polemisieren, man wird diesem Land weiterhin unrecht tun.

In Österreich, so glaubt die übrige Welt, leben wilde Gebirgsvölker, in die Haut toter Bergziegen gehüllt, die von Zeit zu Zeit den schrecklichen Kriegsruf »Jodelü-dü!« ausstoßen. In Österreich wäscht eine Hand die andere, wenn sich die Schlawiener mit den Waffenschiebern treffen.

Es gibt nicht mehr viel, was die Österreich-Kritiker gelten lassen – Wein, Weib und Gesang und die Lipizzaner allenfalls.

Aber haben die stolzen Pferde nicht auch so etwas von Herrenmenschen an sich? Haben sie nicht seinerzeit den Anschluß mit freudigem Wiehern begrüßt?

Und erst der Wein! Seit Jesus Christus Wasser in Wein verwandelte, hat nichts mehr so viel Aufsehen erregt wie die wunderbare Weinvermehrung österreichischer Spätlesen durch das beliebte Frostschutzmittel Glykol.

Gewiß, etwa zwei Drittel aller Beaujolais-Weine sollen gefälscht sein, die treudeutschen Winzer an der Mosel haben auch kräftig gepanscht, und in Italien war der Kunstwein so unkünstlerisch gestaltet, daß zahlreiche Zecher tot umfielen – aber wirklich intensiv berichtet wurde in aller Welt nur über den österreichischen Weinskandal.

Wenn es um negative Werbung geht, kann uns eben keiner das Wasser reichen. Und den Wein schon gar nicht!

Falls man nun noch rasch etwas findet, um auch Weib und Gesang in Verruf zu bringen, kann man Österreich-Reisen künftig gleich als Horrortrip verkaufen.

Im Verhältnis zu dem niedrigen Bekanntheitsgrad, den Österreich in der Welt hat, genießt es wirklich einen ausgezeichnet schlechten Ruf.

Darf man den leichtsinnig aufs Spiel setzen? Darf man all den österreichischen Institutionen, die unser Dodel-Image so sorgfältig gepflegt haben, in den Rücken fallen?

Darf man einen Schriftsteller wie Thomas Bernhard, der die Österreicher gern allesamt als Debile und Nazis bezeichnete, schlicht der Ignoranz zeihen? Darf man dem *Spiegel* und der *New York Times* fahrlässige Berichterstattung unterschieben, bloß weil sie mit der Wahrheit ein bißchen grob umspringen?

Nein, man darf den Österreich-Hassern ihr liebstes Feindbild nicht nehmen. Sie sind ohnehin so wenige und müssen sich so anstrengen, um die anderen zu überzeugen.

Gewiß, einen neuralgischen Punkt haben sie ja entdeckt. Erst nach 50 Jahren, aber immerhin. Es schmerzt, wenn man darauf drückt. Und wird immer schmerzen: die Zeit des Nazi-Terrors.

Aber just diese Zeit, als Österreich besetzt war, nicht einmal Österreich heißen durfte, sondern als Ostmark des Deutschen Reiches geführt wurde, soll für Österreich repräsentativ sein?

Die Greuel dieser Tage lassen sich weder wegleugnen noch wiedergutmachen. Und vor allem kann man sie nicht zur Endlagerung in Gedächtnislücken werfen und dann die Gräben zuschütten. Die Erinnerung wird und muß weiterleben.

Aber – was sind sieben finstere Jahre in der zweitausendjährigen Geschichte eines Landes? Gewiß nicht alles, was

zählt. Auch das, was vorher und nachher war, läßt sich nicht einfach mit ein paar boshaften Zeitungskommentaren wegfegen.
Die Wahrheit über Österreich sieht ein wenig anders aus.
Aber das wollen wir ganz leise sagen. Insgeheim. Sonst hält man uns noch für Nationalisten. Und das ist noch schlimmer, als wenn man uns für Trottel hält.
Und wir fragen auch nur ganz leise: Wo wäre die Welt denn ohne Österreich?
Und geben ganz leise die Antwort: im Kindergarten! Jawohl!
Daß die Zivilisation heute einigermaßen erwachsen ist, daran hat Österreich einen ganz erheblichen Anteil.
Wer bis zur letzten Seite dieses Buches durchhält, wird daran keinen Zweifel mehr hegen.

Die nüchternen Fakten

Geographisches:

Gäbe es Österreich nicht, dann klaffte an seiner Stelle ein großes Loch in der Natur.
Oder noch schlimmer: gar nichts!
Dann begänne der Balkan direkt hinter Berchtesgaden, und der Eiserne Vorhang hinge an der Grenze zur Schweiz.
Könnten so empfindsame und zerbrechliche Staatengebilde wie die Bundesrepublik Deutschland oder die Schweiz diese direkte Berührung mit dem viel zu nahen Osten seelisch verkraften?
Man schaudert davor zurück, sich das überhaupt auszumalen!
Zum Glück gibt's Österreich!
Wenn es in seiner heutigen Größe auch kaum noch der Rede wert ist. Knappe 84 000 Quadratkilometer zwischen Bodensee und Neusiedler See. Diese Lage ist für die Österreicher sehr praktisch, weil sie in jeder Richtung ins Wasser gehen können.
Einen Großteil des Landes bedecken die Alpen, den Rest die Wiener. Das Betreten derselben erfolgt auf eigene Gefahr.

Geschichtliches:

Die Entstehung Österreichs ist durch die Bibel eindeutig belegt. Dort heißt es: »Im Anfang schuf Gott Himmel und Erde.«
Wozu er Österreich gerechnet hat, konnte bis jetzt nicht ge-

klärt werden. In der Eiszeit war Österreich ein riesiger Eislaufplatz. Wertvolle Funde, die bei Ausgrabungen zutage traten – etwa die Wiener Eisrevue oder die einzige Eismarillenknödel-Fabrikation der Welt –, weisen noch heute darauf hin.
Später soll an dieser Stelle das versunkene Atlantis gelegen sein. Wissenschaftlich untermauert wird diese Theorie durch eine ins Auge springende Tatsache: Österreich war noch bei jedem Untergang dabei – wie hätte es beim Untergang von Atlantis fehlen können?
Nach neuesten Erkenntnissen haben in Österreich schon Menschen gelebt, als man davon noch gar keine Notiz nahm. Glücklicherweise starben sie alle wieder aus, sonst hätten wir heute eine schöne Drängerei.
In der Steinzeit und dann erst wieder ab 1945 herrschte in Österreich die Demokratie. Die beiden Epochen sind einander daher auch ziemlich ähnlich.
Die größten Ereignisse der Weltgeschichte gingen immer von Österreich aus: der Dreißigjährige Krieg, der Erste Weltkrieg und der Zweite Weltkrieg. Daß ein dritter Weltkrieg vielleicht nicht von uns ausgehen würde, sollte unser Selbstbewußtsein nicht stören.

Charakteristisches:

Staatsform: Demokratie. Österreich hat eine von der Bevölkerung gewählte Regierung und eine von der Regierung gequälte Bevölkerung. Weiters besitzt Österreich eine immerwährende Neutralität. Immerwährend heißt auf österreichisch: solange man uns läßt.

Religion: Durch die Taufe werden zahlreiche Österreicher zu Katholiken – durch die Kirchensteuer zu Atheisten.

Volk: Die österreichische Bevölkerung setzt sich zu einem beträchtlichen Teil aus Menschen zusammen. Daneben gibt es noch eine Menge Parteifunktionäre, militante Anhänger des Fußballclubs »Rapid« und ein Pop-Idol.

Wirtschaft: Die österreichische Wirtschaft ruht auf zwei Grundpfeilern: der Privatindustrie und der verstaatlichten Industrie. Aber nur bei der verstaatlichten ruht sie wirklich. In Österreich verdient eine kleine Gruppe von Menschen das Geld, um den Rest der Bevölkerung zu erhalten. Dieser besteht aus Beamten, Politikern und anderen Personen, die derzeit keiner Arbeit nachgehen.

Sehenswürdigkeiten: Eigentlich alles. Man sollte schon an der Grenze Eintritt verlangen.

GESCHICHTE
oder
Am Anfang war das Schwert

Was Österreich zum Nutzen der Welt geleistet hat, würde mehrere Bände füllen. Und es wäre eine schöne Aufgabe für all die unterbeschäftigten Beamten in unseren öffentlichen Tintenburgen, das entsprechende Material zusammenzutragen.

Aber so lange haben wir nicht Zeit.

Wenn sich der Staat eines dringlichen Problems bemächtigt, wird bekanntlich erst einmal ein provisorischer Ausschuß ins Leben gerufen, der über die Bildung einer ordentlichen Kommission berät, welche auf provisorischer Basis über die Bildung von ordentlichen Unterausschüssen entscheiden kann.

Zum Schluß werden mehr Kommissionen bezahlt als bei einem größeren Waffengeschäft, und es gibt mehr Ausschüsse als bei einem Fußballmatch – lediglich das eigentliche Thema ist dabei auf der Strecke geblieben.

Aus offiziellen Kreisen wäre also Genaueres über Österreichs Beitrag zur Menschheitsentwicklung – wenn überhaupt – etwa im Jahre 2489 zu erfahren.

Der Verlag hat jedoch den Erscheinungstermin dieses Buches brutal um 500 Jahre vorverlegt und diese große Aufgabe einem einzigen, von keinerlei öffentlichen Förderungen belästigten, freischaffenden Autor aufgebürdet. Das hat natürlich gewisse Konsequenzen.

Unter anderem hat dieses Buch weder den Umfang, den es verdient – etwa 24 000 Seiten –, noch die Ausstattung – Gamsledereinband und blattvergoldete Semikolons.

Das Werk erhebt keinen Ausspruch auf Vollständigkeit

und bietet eine streng subjektive Interpretation von Fakten und Legenden.
Und es tut sich sichtbar schwer, überhaupt anzufangen.
Aber das ist bei diesem Thema auch wirklich das schwerste: wo soll man tatsächlich beginnen?
Wann haben die Großtaten österreichischen Geistes angefangen, diese Welt zu prägen?
In grauer Vorzeit? Oder noch früher? In Zeiten, von denen wir nicht einmal wissen, daß sie existiert haben?
Wir nehmen heute vieles als selbstverständlich hin, sprechen ganz einfach von Evolution, ohne daran zu denken, daß da vielleicht irgendein Österreicher in den Alpen gehockt ist und sich überlegt hat, ob das wirklich der richtige Weg ist, um zum Homo sapiens zu werden! Wer war denn der erste Affe, der sich Goiserer angezogen hat und von den Bäumen gestiegen ist? Wer hat das Feuer erfunden, das Rad und das Füßewaschen?
Wer hat das hartgekochte Ei erfunden oder das Fenster? Alle blicken durch, aber keiner weiß, wer es erfunden hat. Waren das Österreicher?
Wer hat die langen Unterhosen erfunden, den Augenaufschlag oder die Intrige?
Zu viele Nationen nehmen diese Dinge für sich in Anspruch. Da steht Aussage gegen Aussage. Es hat also keinen Sinn, in allzu grauer Vorzeit zu beginnen.
Wählen wir für unsere Begegnung mit Österreich den Zeitpunkt, als es ganz eindeutig über den weiteren Fortgang der Weltgeschichte entschied. Als Retter des Abendlandes.
Österreich hat mehrmals das Abendland gerettet. Hätte es das nicht getan, dann wäre das Morgenland heute über ganz Europa verbreitet. Statt »Guten Abend, gute Nacht« würde man den Kindern vorsingen »Guten Morgen, guten Tag«, und dann würden sie wieder aufstehen, statt schlafen zu gehen. Abendmenschen wären dann Morgenmenschen, statt Abendessen gäbe es Frühstück, und die Damen wür-

den nicht im Abendkleid in die Oper gehen, sondern im Morgenrock.
Inzwischen haben sich die Verhältnisse natürlich geändert. Österreich und die Türkei streben beide zur Europäischen Gemeinschaft. Aber damals waren Abendland und Morgenland eben noch so verschieden wie Tag und Nacht. Und der Hort des Abendlandes war Österreich, wohingegen die Frühaufsteher aus der Türkei kamen.
Der erste gewaltige Sturm begann im Frühjahr 1529, als Sultan Soliman der Prächtige mit etwa 250 000 Mann von Konstantinopel aufbrach. Damals herrschte Ferdinand I. in Österreich und Ungarn, aber letzteres machten ihm die Türken streitig, denn wie Großwesir Ibrahim verlautbarte, gehöre jedes Land dem Sultan, »welches der Huf seines Pferdes betreten, wo sein Haupt geruht« habe.
Das Heer der Türken war den Verteidigern in Wien mehrfach überlegen, aber die Belagerer waren nicht übermäßig erfolgreich. Jeder Ansturm kostete Opfer – am 11. Oktober allein 11 000 Mann. Die Wiener mußten zwar bei der Kalorienzufuhr langsam auf ihr Haustiere zurückgreifen, aber dann begann zum Glück ein richtig mieser Herbst, und es wurde, wie ein muselmanischer Chronist vermerkte, »das Gemüt der Schlachtkämpfer des Islam getrübt«. Immer heftiger sogar, denn sie wollten fort von der »Residenz des Königs des Winters, dem Vaterland des Frostes«. Und diese harten Worte wurden ihnen von den Österreichern verziehen, weil sie wirklich abzogen.
Nicht für lange. 1532 war der Sultan schon wieder auf dem Weg nach Wien. So weit kam er zwar nicht, aber überall zwischen dem Goldenen Horn und der Donaumetropole regierte Angst und Entsetzen. Männer, Frauen und Kinder wurden zu Tausenden verschleppt – allein auf einem Streifzug gegen Mähren machten die Türken mehr als 80 000 Gefangene. Aber der Krieg war auch für die Türken kein Honiglecken, und der Sultan notierte ergrimmt, der Weg

sei so »mühselig wie das Jüngste Gericht«. Und für viele war es ein Weg ohne Rückkehr. Die 15 000 Mann, die unter Kasimbeg in die Obersteiermark eingefallen waren, wurden fast vollständig aufgerieben. Da konnten die türkischen Kriegsberichterstatter nur noch lakonisch vermerken: »Sie fanden keinen Ausweg des Heils, tranken den Trank des Märtyrertums und marschierten ab ins Paradies.«

Dabei wären sie viel lieber in Graz geblieben, denn das empfanden sie als eine »schöne, große Stadt, deren Gärten und Weinberge dem Paradies gleichen, deren Häuser und Gebäude der Aufenthalt der Reichen und Gemäßigten sind«.

Diese Auffassung mußte sich damals schon ziemlich weit herumgesprochen haben, denn sogar ein Abenteurer aus der Neuen Welt meldete sich im Verlauf der ständigen Auseinandersetzungen in Graz, um es gegen die Türken zu verteidigen: Captain John Smith aus Jamestown in Virginia, der später mit seinen wilden Abenteuern im Abendland die Amerikaner tief beeindruckte.

Ende 1532 wurde schließlich Frieden geschlossen. Österreich hatte das Abendland zum erstenmal gerettet. Die zweite Möglichkeit zu einer umfassenden Rettungsaktion ergab sich jedoch bald. Von Frankreich – das sich im Lauf der Geschichte an allen Attacken gegen Österreich begeistert beteiligt hat – ermuntert, begannen die Türken einen neuen Feldzug. Der Sultan leitete das Heer bis Belgrad, dann übernahm Großwesir Kara Mustafa die grüne Fahne des Propheten. 1683 wehte sie vor Wien.

Kaiser Leopold, später als »Türkenpoldl« bekannt, floh nach Linz. Alles, was gut zu Fuß war, schloß sich ihm an. In Wien blieben außer den paar regulären Soldaten eigentlich nur die Lahmen und Armen zurück. Immerhin war man besser bevorratet als beim ersten Türkensturm: in der Stadt lagerten 169 000 Eimer Wein!

Sieben Wochen lang folgte Angriff auf Angriff. Aber einem Wiener im Vollrausch ist ein nüchterner Muselmann einfach nicht gewachsen. Im Donner der Kanonen verspotteten die Wiener ihre Feinde mit einem Mut, »der oft in Übermut ausartete, so daß Bürger und Studenten, Becher in der Hand, auf den Brustwehren herumtanzten und den Türken mit verkehrtem Leibe verhöhnende Komplimente machten«. Mit einem Wort, sie zeigten ihnen den nackten Hintern, und diesem Vollmond stand der Halbmond zähneknirschend, aber hilflos gegenüber.
Am 11. September freilich war der Spaß zu Ende. Nur noch eine winzige Gruppe verteidigt die zerbombte Stadt und muß jeden Augenblick mit dem großen Finale rechnen. Die letzte Kugel wird verschossen, der letzte Becher wird geleert, das letzte Gebet gesprochen – da erscheint wie eine Fata Morgana am Horizont das Entsatzheer!
Aus dem Siegestaumel der Türken wird Panik.
Aber sie haben noch immer 170 000 Mann, wehren sich verzweifelt, ohne Chance. Ein langes, blutiges Ringen befreit die zerstörte Stadt, und die Sieger machen reiche Beute. Die Soldaten finden so viel Gold und Schätze im türkischen Lager, daß sie den Rest großzügig der Wiener Bevölkerung überlassen. Immerhin immense Mengen an Korn, Kaffee, Schafen und Ochsen.
Und 5 000 Kamele.
Und hier endet leider wieder einmal die Geschichte. Niemand verrät uns, was man in Wien mit 5 000 Kamelen gemacht hat. Zwei hat man wahrscheinlich für den Zoo behalten – also die beiden, die jetzt dort sind, sehen zumindest aus, als hätten sie den Türkenkrieg noch mitgemacht. Aber die übrigen 4 998? Wurden sie vielleicht in den Alpen angesiedelt und haben sich dort die Füße so abgelaufen, daß man sie heute für Gemsen hält? Hat man sie per Eilfracht in die Wüste zurückgeschickt? Gibt es heute in der Sahara vielleicht noch Kamelfamilien, die jeden österrei-

chischen Urlauber mit einem fröhlichen »Servus« begrüßen? Die Geschichte ist voller Rätsel.
Sicher ist nur, daß Österreich zum zweitenmal das Abendland gerettet hatte, und wenn auch die Geplänkel mit Krummsäbel und Pulverdampf noch eine Zeitlang weitergingen, so brenzlig wurde es nie wieder, und ab 1699 war dann endgültig Frieden.
Aber endgültig bedeutete immer gerade so lange, bis der Gegner wieder aufgerüstet hatte. Die Türken machten abermals mobil, und Österreich mußte wieder das Abendland retten. Aber das war ja nun schon Routine. Außerdem war mit Prinz Eugen inzwischen ein begnadeter Feldherr herangewachsen, und so fielen die Siege besonders glänzend aus. Der von Peterwardein wurde derart gefeiert, daß in Rom alle Glocken läuteten und alle Straßen beleuchtet wurden. Heute kann man sich zwar kaum noch vorstellen, daß die Straßenbeleuchtung nur eingeschaltet wird, wenn man gerade ein paar tausend Türken erschlagen hat, aber es fehlt uns ja auch schon lange am nötigen Energiesparbewußtsein.
Der Sieg bei Belgrad war dann noch viel glänzender. 1718 mußte die Hohe Pforte einen entwürdigenden Frieden annehmen, und Österreich erreichte in dem Abendland, das es gerettet hatte, eine größere Ausdehnung als je zuvor.
Und in diesem schönen Moment darf man sich nun endlich einmal die Frage stellen, worum es denn da wirklich ging. Es ging ganz entschieden nicht darum, ob der Kaiser von Österreich eine Schlacht gewann oder der Sultan. Es ging vielmehr darum, daß sich hier zwei Weltanschauungen gegenüberstanden und daß das christliche Abendland noch einmal die Machtübenahme durch den Islam verhindern konnte.
Nun gibt es genügend Leute, die mit dem Christentum auch nicht so ganz einverstanden sind und deshalb finden, Österreich hätte sich gar nicht so anstrengen müssen, um

die Söhne Allahs in Schach zu halten. Dann hätte sich eben der Islam in ganz Europa ausgebreitet. Na und?
Gut, dann wären eben deutsche und österreichische Gastarbeiter bei der Müllabfuhr in Istanbul beschäftigt und würden wegen ihrer blonden Haare und ihrer seltsamen Volkslieder verspottet. Aber es wäre doch keine Schande, wenn sie am Bosporus Arbeit suchten, um ihren Familien in Hamburg und Wien ein bißchen Geld zu schicken. Nur wenn sie das ganze Pack nachkommen lassen, um an den sozialen Errungenschaften der Türkei mitzuschmarotzen – da müßte man sich doch Maßnahmen gegen die Überfremdung einfallen lassen.
Doch wie stünde jene Nation da, die sich gegen Österreich sogar mit dem Teufel verbündet hätte: die Grande Nation? Da gibt's keinen Zweifel: ohne Österreich wäre Europa heute der Nahe Osten und Frankreich ein Gottesstaat.
Ajatollah Khomeini wäre aus seinem Pariser Exil gar nicht zurückgekehrt, sondern lebte dort wie Gott in Frankreich. Die Gadaffi-Moschee auf dem Montmartre gilt als beliebte Touristenattraktion, und vom Eiffelturm ruft stündlich der Muezzin zum Gebet. Brigitte Bardot ist die Dienstälteste im Harem des Großwesirs von St. Tropez und als Gastgeberin berühmt: keine serviert so schöne Hammelaugen wie sie. Paris hat nichts von seiner Anziehungskraft auf fremde Besucher verloren. Besonders gerne kommen reiche Scheichs aus Arabien, die ihre Zelte in der feinsten Gegend am Place de la Concorde aufschlagen. Die Vergnügungsviertel florieren wie eh und je, auch wenn in den Animierlokalen am Pigalle jetzt Mineralwasserzwang herrscht. Die neue Revue im Crazy Horse wird allerdings sofort nach der Premiere verboten – eine Tänzerin ist entschieden zu weit gegangen und hat beim Striptease ihren Tschador abgelegt.
Die aktuelle Frühjahrsmode bringt wieder eine kleine Sensation: Christian Lacroix präsentiert den Miniburnus und Gesichtsschleier aus Blue Denim.

Doch die Lichterstadt hat auch ihre Schattenseiten: In den Schlagzeilen wird immer wieder von Attentaten berichtet. Jacques Chirac, der Sultan von Paris, kündigt ein gnadenloses Vorgehen gegen katholische Terroristen an, die einen eigenen Christenstaat in Palästina fordern.
Auch islamische Fundamentalisten demonstrieren und werfen Brandbomben auf Kinos, in denen der Film »Die letzte Versuchung Mohammeds« aufgeführt wird.
Und wie immer gärt es bei den schlechtbezahlten Arbeitern, die bei Citroën und Renault Kamele produzieren. Mit hohem Verlust natürlich, denn französische Kamele ohne Katalysator sind in der übrigen Welt kaum noch abzusetzen.
Auch in der islamischen Republik Frankreich also haben die Herrschenden ihre Sorgen. Und was noch schlimmer ist: wenn sie diese Sorgen mit einem kräftigen Schluck hinunterspülen wollen, müssen sie erst das Osmanische Großreich verlassen. Nur im unabhängigen England – »der Insel der Ungläubigen« – wird heute noch Cognac und Champagner produziert.
Und was das schlimmste ist: so schmeckt das Zeug auch!
Zum Glück ist das nur eine Fiktion. Aber sie beweist, daß die Franzosen allen Grund hätten, den Österreichern einmal etwas Nettes zu sagen.
Beispielsweise: »Merci!«

REVOLUTION
oder
Kopf ab für die Brüderlichkeit

Die Französische Revolution war ein blutiger Irrtum. Und somit eigentlich das Musterbeispiel für alle Revolutionen. Ein Markstein der Demokratie war das nun wirklich nicht, denn das Volk, auf das man sich bei allen Revolutionen beruft, hatte herzlich wenig davon. Das kurze Vergnügen, dem alten Adel die Köpfe abzuhacken – und dann war schon der neue Adel da. Und das Volk, dem schon ein König zuviel war, hatte plötzlich sogar einen Kaiser.

Vom Regen in die Traufe, nennt man das normalerweise. Nur Revolutionen sind eben über jede Kritik erhaben. Weil es dabei angeblich immer um Freiheit und Menschenrechte geht und nie darum, daß einfach eine neue Clique zur Macht und zu den Futtertrögen des Establishments drängt. Aber irren ist menschlich.

Die Französische Revolution war überhaupt ein besonders peinlicher Irrtum. Wenn man es ganz bodenständig ausdrücken will: da wurde entschieden das falsche Schwein geschlachtet.

Man revoltierte zum falschen Zeitpunkt, aus den falschen Gründen, gegen die falsche Person. König Ludwig XVI. war nämlich ausnahmsweise ein anständiger Herrscher, der gerade dabei war, durch eine Vielzahl von Reformen die Situation der einfachen Franzosen entscheidend zu verbessern. Der erste organisierte Widerstand gegen den Landesherrn kam denn auch von Adel und Klerus, die plötzlich um ihre Steuerprivilegien zittern mußten, und nicht aus dem Lumpenproletariat.

Und als es schließlich zum vielbesungenen Sturm auf die

Bastille kam, beherbergte das verhaßte Staatsgefängnis gar keine Opfer politischer Willkür, sondern gerade sieben kleine Ganoven, inklusive eines Verrückten, der sich als lieber Gott persönlich vorstellte.

Was dann folgte, war eine einzige Blutorgie, die Frankreichs beste Köpfe unters Fallbeil brachte, und ist noch heute Grund genug für die Franzosen, alljährlich am 14. Juli rauschende Feste zu feiern.

Gut, über Geschmack läßt sich nicht streiten. Aber was hat das Ganze mit Österreich zu tun?

Sehr viel, denn die Hauptperson der historischen Tragödie war eine Österreicherin: Marie Antoinette. Alle Habsburger-Töchter wurden von der großen Politikerin Maria Theresia damals aus taktischen Gründen verschachert, und durch Marie Antoinette sollten die Erbfeinde Frankreich und Österreich einander näherkommen.

1770 reiste die Vierzehnjährige mit großem Gefolge bis in die Gegend von Kehl. Zwar gab es damals noch keinen Visumzwang für Österreicher, aber die junge Dame durfte Frankreichs Grenze erst passieren, als sie alles Österreichische abgelegt hatte: man zog sie splitternackt aus, ehe man sie ihrer französischen Hofdame übergab, von der sie nach der neuesten französischen Mode eingekleidet wurde.

Nur gut, daß die gegenwärtige französische Regierung sich nicht an diese Geschichte erinnert. Denn eine Nation, die aus Angst vor österreichischen Terroristen – so etwas können sich wirklich nur die phantasiebegabten Gallier vorstellen – von uns bis vor kurzem beim Grenzübertritt ein Visum verlangte, würde sicher gerne den historischen Brauch wieder aufleben lassen. Sobald Monsieur Mitterrand dieses Buch gelesen hat, wird der Teufel los sein. Dann müssen wir uns alle an der Grenze entblättern und werden von den bekannt liebenswürdigen Zöllnern in Lacroix und Cardin gewandet, ehe wir den Boden der Grande Nation betreten dürfen.

Wieder ein Grund, weshalb dieser Bericht top-secret bleiben muß!
Aber zurück zu Marie Antoinette. Sie hatte es nicht leicht: fast noch ein Kind, allein in einem fremden Land und mit einem Gemahl, der sich jahrelang mit allen möglichen Tricks seinen ehelichen Pflichten entzog. Dennoch wurde sie eine recht brauchbare Königin, und unvoreingenommene Beobachter fanden sie schlichtweg entzückend. Und sogar die Franzosen – mit Ausnahme einiger Hofschranzen – gewöhnten sich an sie.
Ja, eigentlich war Marie Antoinette beim Volk sehr beliebt. Und für eine Königin recht sparsam. Wenn man später ihre Vergnügungssucht kritisierte, weil sie gern den Pariser Opernball besuchte, tat man ihr unrecht. Die Oper brauchte diese Bälle, um ihr Defizit abzudecken, und wenn die Königin erschien, stiegen die Einnahmen der Veranstaltung fast auf das Zehnfache, denn da wollte jeder dabei sein. Die Königin tanzte für die Kunst!
Daß sie heimlich ein sündteures Diamanthalsband erworben hätte – die sogenannte »Halsband-Affäre« –, war glatt erlogen, aber von ihren Gegnern gut inszeniert. Und ihren berühmtesten Ausspruch hat sie nie getan, obwohl man ihn noch heute gern zitiert. Als es hieß, dem Volk mangle es an Brot, soll sie gesagt haben: »Wenn sie kein Brot haben, sollen sie doch Kuchen essen!« Ein hübsches Bonmot, aber nicht von ihr.
Im Gegenteil: in einem besonders kalten Winter versorgte sie die Armen mit ihren eigenen Ersparnissen und setzte durch, daß sie sich in der Schloßküche wärmen und Suppe und Braten mitnehmen durften. Und ihren Kindern erklärte sie auf der Pariser Spielzeugmesse, daß diesmal statt sündteurem Spielzeug Brot und Decken für die Armen gekauft würden.
Später opferte sie auch noch ihr Tafelsilber, um Nahrung für die hungernden Pariser zu besorgen – das war gewiß

keine Königin der Arroganz und der Verschwendungssucht.
Aber – sie war Österreicherin! Und all die Verwandten, Bekannten und Intriganten, die dem König schaden wollten, hetzten erst einmal gegen die Königin. Es gab keine Perversion, die man ihr nicht andichtete. Sie war gleichzeitig lesbisch, mannstoll und beschäftigte sich nebenbei noch ein bißchen mit der Verführung der eigenen Kinder.
Die Hetzschriften taten ihre Wirkung. Marktfrauen und Fischweiber stürmten den Palast, schnitten ein paar Offizieren die Köpfe ab und riefen: »Tod der Hure!« Marie entkam den Wütenden, aber wenig später trat sie noch immer ungekämmt im Morgenrock auf den Balkon und blickte tapfer in die Mündungen der Gewehre, was ziemlich eindrucksvoll gewesen sein muß, denn plötzlich brüllte die Menge wieder: »Lang lebe die Königin!«
So ganz hatte das Volk also wohl noch nicht begriffen, wie man eine Revolution veranstaltet. Aber seine Führer brachten es ihm schon noch bei. »In den Tuilerien verhetzt eine pervertierte Königin einen schwachsinnigen König«, tobte der hochwohllöbliche Dr. Marat, und da begriffen dann endlich alle, wer an dieser Revolution schuld war. Die Österreicherin, die Spionin, die Frankreich ausgesaugt und Millionen nach Wien geschickt hat.
Lauter Unsinn. Aber Politikerphrasen sind meist unsinnig und werden doch geglaubt, wenn sie nur oft genug wiederholt werden.
Die Guillotine trat in Aktion, König und Königin starben unter dem Fallbeil.
Jetzt könnte man den Faden wieder spinnen: Ohne Marie Antoinette keine Revolution. Ohne Revolution kein Napoleon. Ohne Napoleon kein Arc de Triomphe, kein Cognac Napoleon.
Vielleicht noch mehr: eine Freundschaft zwischen Frankreich und Österreich – vielleicht kein Erster Weltkrieg,

kein Zweiter Weltkrieg, sondern schon frühzeitig die Chance auf ein vereintes Europa.
Oder wahrscheinlich doch nicht. Die Geschichte hat einen fatalen Hang dazu, trotz positiver Vorzeichen negativ zu verlaufen. Wäre es nicht diese Revolution gewesen, dann wahrscheinlich ein anderes blutiges Ereignis, dessen Jahrestag wir heute mit Militärparaden feiern und mit Champagner begießen könnten.
Immerhin ist hiemit belegt: Österreichs langer Arm reichte auch bis Frankreich und hat daran mitgewirkt, der Welt Freiheit, Gleichheit und Brüderlichkeit zu schenken. Drei Begriffe, die im Katalog der Mißverständnisse noch heute die führende Position einnehmen.

PSYCHOANALYSE
oder
Freud, du schöner Götterfunken

Die Seele. Das Unfaßbare.
Träume!
Das Unterbewußtsein.
Der Mensch ist so tief.
Aber wie lotet man diese Tiefe aus?
Wie spricht man zu einer Seele?
Guten Morgen, Seele. Sei fröhlich, denn wenn du es nicht bist, dann geht's auch dem Körper nicht gut. Aber was, wenn die Seele angeschlagen ist?
Nun, heute gibt es genügend Methoden, um die Seelenqualen zu lindern. Tranquilizer. Anxiolytika. Morgens die roten – stimmungsaufhellend. Abends die grünen – schlafanstoßend. Die Fachausdrücke wechseln, die Bestandteile bleiben gleich. Alles Leben ist Chemie.
Wer es sich nicht ganz so bequem machen will, sucht zur Bewältigung seiner Probleme eine Heilslehre. Aus dem Versandkatalog oder im Supermarkt, das Angebot ist wohlsortiert. Verknöcherte Sektierer, bunte Gurus, clevere Drogendealer und smarte Wissenschaftler, alle bieten ihre alleinseligmachende Religion an. Therapie, Therapie! Wer nicht in Behandlung ist, verpaßt das wahre Leben!
Je materialistischer eine Gesellschaft ist, desto mehr verkümmern die Seelen, brauchen eine Regeneration. So hieß es in den USA schon in den fünfziger Jahren: 50 Prozent aller Amerikaner sind Psychoanalytiker, die anderen 50 Prozent sind bei einem in Behandlung. Und wer hat diese stolze Nation auf die Couch geworfen? Natürlich ein Österreicher!

Sie kennen doch die Scherzfrage: »Was ist ein Psychoanalytiker? – Ein jüdischer Doktor, der kein Blut sehen kann.« Diese populäre Definition geht nicht ganz an der Wahrheit vorbei. Schließlich ist der Psychoanalytiker so etwas wie ein Seelendoktor. Ganz grob gesprochen: ein Mittelding zwischen Pfarrer und Arzt. Da haben sich also zwei hochgeachtete Berufe zu einem mit sehr geringem Sozialprestige vermengt.

Das konnte nur in Wien passieren!

Der Begründer dieser neuen Wissenschaft wurde 1856 geboren und hieß Sigismund Freud, bis er seinen Namen auf Sigmund zurechtstutzte. Er hatte eben auch seine kleinen Eitelkeiten. Und große Vorbilder. Als Kind schwärmte Jung Sigmund für den Karthager Hannibal, der mit seiner Elefantennummer in den Alpen berühmt geworden war. Daraus sollte man allerdings nicht gleich auf sodomistische Gelüste schließen, denn später hielt sich Dr. Freud lediglich einen Chow-Chow.

Beinahe wäre der Sigmund ja ein anständiger Arzt geworden. Hätte kleinen Mädchen die Polypen herausgenommen und alten Herren die Prostata poliert – oder was einem halt so vorschwebt, wenn man als Halbwüchsiger die ersten erfolgreichen Doktorspiele absolviert. Daß er später eine andere Richtung einschlug, war eigentlich mehr äußerem Druck als innerer Überzeugung zuzuschreiben.

Jedenfalls war er ein erstklassiger Schüler und Student. Man möchte meinen, sein Unterbewußtsein hätte ihm verraten, daß man als Jude immer ein bißchen besser sein muß als die anderen. Aber das war gar nicht möglich, denn damals hatte er das Unterbewußtsein noch gar nicht erfunden, und so war es wohl eher die tägliche Umwelt, die ihn sein Judentum spüren ließ. Was Freud aber nicht hinderte, ein österreichischer Patriot zu werden, der nach dem Ende der Monarchie zu Protokoll gab: »Österreich-Ungarn ist nicht mehr. Woanders möchte ich nicht hin. Emigration

kommt für mich nicht in Frage. Ich werde mit dem Torso weiterleben und mir einbilden, daß es das Ganze ist.«
Als fertiger Doktor wußte Freud noch immer nicht recht, was er eigentlich wollte. So vor sich hin denken wäre wohl das schönste. Bis man ihm klarmachte, daß ein mittelloser Arzt von der Theorie nicht leben könnte. Da war nun gerade diese Stelle in der Psychiatrie frei – und schon war Sigmunds weiterer Lebensweg vorgezeichnet.
Der begabte junge Mann wurde bald Dozent. Aber das sollte auch vorläufig der Höhepunkt seiner akademischen Laufbahn bleiben. Als er von einer Studienreise aus Paris die Überzeugung mitbrachte, auch Männer könnten unter Hysterie leiden, brachen seine Kollegen in herzliches Gelächter aus. Der Mann, die Krone der Schöpfung, hysterisch! Dieser Freud macht sich ja lustig über uns!
Folgerichtig verweigerte man ihm in Wien 30 Jahre lang den Professorentitel.
Aber Freud wußte inzwischen schon, daß es im Leben auch noch andere Höhepunkte gibt. Mit Kokain konnte man ein wenig nachhelfen. Er nahm es zur Entspannung, gegen Depressionen und um sich, wie er gestand, als großer, wilder Mann zu fühlen.
Aber er nahm Kokain vor allem aus wissenschaftlichem Interesse, und dabei hätte er beinahe eine nützliche Entdekkung gemacht: die Lokalanästhesie. Doch während er damit experimentierte, bekam er plötzlich Sehnsucht nach der Braut, die er zwei Jahre lang nicht gesehen hatte. Er besuchte sie, und als er zurückkam, hatte gerade ein anderer Mediziner den Versuch erfolgreich abgeschlossen.
In Freuds Leben hatte also der Sex ganz eindeutig über das Kokain triumphiert, und so beschloß er, sich in Zukunft ganz darauf zu verlegen. Nicht nur als Vater von sechs Kindern, sondern auch in der Theorie. Ohne Zögern ersann er die Psychoanalyse, die selbst von seiner eigenen Frau als eine »Form von Pornographie« gedeutet wurde.

Er stellte die Sexualität in den Mittelpunkt menschlichen Lebens und Leidens und wußte selbst in Kleinigkeiten noch ein sexuelles Moment zu entdecken. Auch in seiner eigenen Leidenschaft für Zigarren! Den Damen erklärte er charmant, daß man auf das Rauchen nicht verzichten könne, wenn man nichts zum Küssen hat. Und den Herren etwas derber: Zigarren seien ein Ersatz für die Masturbation.
Wer beide probiert hat, wird dem nicht unbedingt zustimmen. Es gibt Männer, die ihre eigene Unzulänglichkeit selbst einer Davidoff Nr. 2 vorziehen. Aber wer auf Freud schwört, sollte auch der Tabakindustrie Respekt zollen: wer weiß, wie die Weltgeschichte verlaufen wäre, hätten Bismarck, Churchill und Fidel Castro ständig in der Öffentlichkeit onaniert!
Daß Freud selbst vom Laster des Rauchens nicht loskam, obwohl er es so klar analysiert hatte, spricht eigentlich gegen seine Lehre. Sein Unterbewußtsein erkannte wohl, daß er dafür Strafe verdient hätte, und so bekam er Krebs. Als Strafverschärfung ließ er sich auch noch von einem Pfuscher operieren. Fast wäre er anschließend daran verblutet, aber – Gottes Wege sind wunderbar – ein geistig minderbemittelter Zwerg rettete das Leben des größten Gelehrten seiner Zeit.
Über die Größe Freuds gibt es keine Diskussion. Über wesentliche Punkte seiner Lehre ganz sicher. Manchmal ist da weniger von wissenschaftlichen Erkenntnissen als von einer Art Religion zu finden. Und daran müssen eben nur die wahren Jünger glauben.
Nicht ganz ohne Schmunzeln registriert man heute etwa die bewußte Sache mit dem Ödipus-Komplex. Daß jeder Vierjährige mit seiner Mama schlafen und den Papa umbringen möchte, darf man wohl nicht ganz so wörtlich nehmen. Außerdem soll das bei modernen Kindern höchstens umgekehrt sein! Und manche haben überhaupt mit vier Jahren den Sex einfach schon satt!

Auch daß alle Mädchen verunglückte Knaben sind und deshalb einen furchtbaren Penisneid entwickeln, ist eine längst überholte Theorie.
Natürlich wünscht sich manche junge Dame einen wohlgefälligen Penis – aber doch nur zeitweise und nicht entweder – oder, sondern sowohl – als auch!
Und sie weiß auch, wie sie sich günstig einen verschafft, zumal das Angebot oft die Nachfrage übersteigt!
Aber das schmälert das Lebenswerk dieses Geistesheroen in keiner Weise. Mit Freud ist die Menschheit erst in die Neuzeit eingetreten, hat das weite Land der Seele, einen bislang unentdeckten Kontinent, zu erforschen begonnen. Viele Zeitgenossen haben Freuds Bedeutung erkannt. Nur in seiner Heimat wuchs der Lorbeer spärlich. In einem so katholischen Land, wo ohnehin die Ohrenbeichte von allen Sünden befreit, zögerte man, sich auch noch auf die Couch des Psychoanalytikers zu legen. Außerdem braucht alles Neue hier ein wenig länger, um sich durchzusetzen.
In Freuds Vorlesung über die Traumdeutung saßen gezählte drei Hörer. Von seinem Buch verkauften sich 600 Exemplare – in zehn Jahren. Dafür verkaufen sich seine Biographien heute wie warme Semmeln und kosten bald so viel, wie er für eine ganze Behandlung verlangte. Und jeder Experte schreibt noch ein Buch über ihn. Sogar seine Haushälterin hat ihre Erinnerungen schon präsentiert. Jetzt wissen wir, daß er am liebsten braun-weiß gestreifte Pyjamas trug und bisweilen Salzburger Nockerln verspeiste!
Woraus der Analytiker nun wieder ein paar treffende Schlußfolgerungen ziehen könnte. Jawohl, Sie sind ertappt, Herr Doktor Freud!
Nein, lassen wir das. Er hat ja nichts mehr davon, vor allem, weil er ja die Rechnung nicht mehr bezahlen kann. Und das war ja gerade das neueste und genialste an dieser Behandlung: die Rechnung trug wesentlich zur Heilung bei. Nicht zuletzt dieser Grundgedanke hat die rasche Ver-

mehrung von Psychoanalytikern entscheidend gefördert. Freud war überzeugt: je teurer die Behandlung, desto besser die Wirkung. Daß die ärmeren Schichten auf diese Art ihre Komplexe nicht loswerden konnten, wußte er und meinte bedauernd: »Es ist wenig dagegen zu tun!« Und seither halten es die Psychoanalytiker lieber mit den Begüterten.
Aber wenn Freud auch seinen Kollegen diesen goldgepflasterten Weg gewiesen hat, ein richtiger Geschäftsmann war er in der Praxis beileibe nicht. Er lehnte einmal sogar 25 000 Dollar ab, die ihm die *Chicago Tribune* dafür bot, zwei prominente jugendliche Mörder zu psychoanalysieren. Eine gewaltige Summe zu dieser Zeit, aber in Amerika wußte man schon, was er wert war. Sogar Leute mit nicht gerade umfassender Bildung, wie etwa der legendäre Hollywood-Produzent Sam Goldwyn, wußten das.
Der Film-Mogul prahlte, er würde sich für 100 000 Dollar den »größten Liebesspezialisten der Welt« als Berater engagieren. Irgendwie kam es nicht dazu, aber Freud dürfte noch eine Menge ähnlicher Erfahrungen gemacht haben, denn nach seinen Klienten befragt, äußerte er einmal, er möchte am liebsten allen den Hals umdrehen.
Eines ist jedenfalls sicher: die Amerikaner haben ihn nie ganz verstanden, aber immer geschätzt. In den fünfziger und sechziger Jahren gehörte es überhaupt zum guten Ton, einen Analytiker zu haben. Das war die neue Religion – wer keine psychischen Probleme hatte, war kein anständiger Mensch.
Nichts hat die amerikanische Gesellschaft so nachhaltig geprägt wie die Psychoanalyse. Aber auch in anderen Ländern ist sie lebendig geblieben. In Argentinien, wo die Militärjunta noch in den siebziger Jahren die Werke Freuds öffentlich verbrennen ließ – wie einst Hitler und Mussolini –, ist heute die Couch das Lieblingsrequisit aller Intellektuellen. Nach New York hat Buenos Aires die meisten Psychoanalytiker der Welt.

Österreich hat wahrscheinlich die wenigsten. Aber welcher Psychoanalytiker könnte schon in einem Land reüssieren, das einmal einen Freud hervorgebracht hat. Und nur hier konnte Freud zu seinen Erkenntnissen gelangen – mit einem ganzen Land als Patienten!
Nirgendwo hätte man das Unterbewußtsein und die Qualen der Libido so studieren können. Nirgendwo den Traum und den Witz. Und die Seele natürlich!
Als man den Zweiundachtzigjährigen aus dem besetzten Österreich ausreisen ließ, verlangten die Nazis von ihm noch eine Bestätigung, daß man ihn anständig behandelt hätte. Und Sigmund Freud bestätigte: »Ich kann die Gestapo jedem nur bestens empfehlen.« Er überlebte die Emigration nicht lange. Ein englischer Arzt leistete dem von Leiden gezeichneten Gelehrten Sterbehilfe. Aber seine Worte starben nicht mit ihm. Obwohl er, ein Österreicher und somit Pessimist, selbst seiner Lehre eine Überlebenschance von kaum 20 Jahren gab. Obwohl er meinte, die Psychoanalyse könne dem Menschen bestenfalls helfen, von hysterischer Traurigkeit zum gewöhnlichen Unglücklichsein zu finden.
Aber der Funke zündet noch immer. Bei gelangweilten Hollywood-Jet-settern, die mindestens 100 Dollar für ein dreiviertel Stündchen auf der Couch zahlen, ebenso wie bei Tausenden Studenten in aller Welt, die sich wieder und wieder auf seine Werke stürzen.
Die Jünger Freuds waren Legion, und viele berühmte Namen waren darunter. Wie etwa Maria Bonaparte, Prinzessin von Griechenland – bei ihr lag später ein ganz besonders prominenter Patient auf der Couch. Aber alle Dunkelheit konnte sie seiner Seele wohl nicht austreiben. Und das ist gut so, denn sonst wären uns einige kostbare Perlen der Weltliteratur entgangen – »Berenice« oder »Das Pendel« zum Beispiel. Der Name des Patienten war nämlich Edgar Allan Poe.

Der hervorragendste aller Freud-Schüler aber war wohl Alfred Adler. 1870 in Wien geboren, war er zuerst Augenarzt, dann Begründer der Individualpsychologie. Von seinem großen Lehrer fühlte er sich bald an die Wand gedrückt, und einmal schleuderte er ihm die Worte entgegen: »Glauben Sie, daß es ein so großes Vergnügen für mich ist, mein ganzes Leben lang in Ihrem Schatten zu stehen?« Für Freud hingegen war es kein Vergnügen, mit Adler zu diskutieren – er pflegte dabei gern in Ohnmacht zu fallen, um das Gespräch abzukürzen. Den kürzeren im Gelehrtenstreit zog aber natürlich Dr. Adler, er konnte es in Wien nicht einmal zu einer ordentlichen Dozentur bringen. Der Rest der Welt allerdings lauschte seinen Theorien mit Interesse – auch wenn seine Schüler dabei manchmal recht eigenwillige Schlußfolgerungen zogen. Einmal erläuterte er seine Kompensationstheorie und zitierte dafür bestimmte Beispiele: daß Leute mit schlechten Augen ausgerechnet Maler werden, Kurzatmige Leichtathletik betreiben, Sprachbehinderte sich als Redner ausbilden. So würde die Minderwertigkeit eines Organs überkompensiert.
Was folgende Frage aus dem Auditorium provozierte: »Heißt das auch, daß Schwachsinnige dazu neigen, Psychiater zu werden?«
Leicht hatte es Alfred Adler jedenfalls nicht. Freud konnte wenigstens noch Popularität erringen, weil man ihn in jedem Witzblatt als Schweinigl und Pornographen zitieren konnte. Außerdem hatte er die Traumdeutung erforscht, und auf Traumbücher hatten sich die Wiener immer gern verlassen, wenn sie unschlüssig waren, welche Nummern sie im Lotto setzen sollten.
Aber Adler hatte die Österreicher an einer besonders empfindlichen Stelle getroffen: er hatte ein Nationalübel bloßgelegt und einen unvergänglichen Namen dafür gefunden – den Minderwertigkeitskomplex.
Weltweite Anerkennung hat Adler lang über seinen Tod

hinaus gefunden – aber auch die Ablehnung blieb. Vor allem bei Sigmund Freud, der nach dem Ableben Adlers im Mai 1937 auf einer Vortragsreise in Aberdeen einem Freund brieflich mitteilte: »Für einen Judenbuben aus einer Wiener Vorstadt ist ein Tod in Aberdeen schon an sich eine ungeheure Karriere und ein Beweis dafür, wie weit er es gebracht hat. Tatsächlich hat ihn die Welt reich dafür belohnt, daß er sich der Psychoanalyse entgegengestellt hat.« Böse Worte. Und leider war Adler nicht mehr in der Lage nachzuforschen, ob sich darin nicht vielleicht ein Freudscher Minderwertigkeitskomplex manifestiert hat.

Natürlich hat Freud auch seine direkten Nachkommen beeinflußt. Tochter Anna war die Musterschülerin. Ob sie mit vier Jahren die Mutter umbringen und den Vater heiraten wollte, weiß man nicht. Später zog sie jedenfalls die Frauen vor und suchte sich als Gefährtin ein Juwel aus dem Tiffany-Clan.

Enkel Lucian Freud malt gerne nackte Frauen. Aber wer täte das nicht gern, wenn er könnte?

Und er kann. Seine Gemälde sind begehrte Sammelobjekte. Auf seinen Großvater will er nicht angesprochen werden. Er schockiert selber, mit seinem Lebensstil und seinen Bildern. Er braucht keine Couch, die Leinwand genügt ihm, um die Seele bloßzulegen.

Enkelin Sophie ist dem alten Freud näher. Als Familientherapeutin in Boston. Aber der Psychoanalyse begegnet sie doch mit Skepsis. Wie die meisten Praktiker unserer Tage sucht sie nach Therapien, die dem Patienten rascher Hilfe bringen. Die klassische Analyse, die sich über Jahre hinzieht, bewirkt ja manchmal nur die Umverteilung des Vermögens. Vom Patienten zum Arzt.

Was natürlich auch irgendwie erleichtert. Aber wer will heute, wo er so viele Manien und Komplexe zur Auswahl hat, ausgerechnet von seinem Vermögen geheilt werden?

Doch welche Kritik man auch immer an Sigmund Freuds

Lehre üben will, der geniale Funke von einst glimmt noch weiter. Manchmal entzündet sich daran sogar noch ein Feuer: Der berühmte Freudianer Jacques Lacan lieferte seinen Studenten den psychologischen Unterbau für ihre 68er-Revolution. David gegen Goliath, Ödipus gegen de Gaulle. Der Geist ist unvergänglich. Und an einem klaren Tag sieht man ihn noch schweben – über dem Freud-Museum in der Wiener Berggasse 19 und über jedem Woody-Allen-Film.

WIRTSCHAFT
oder
Wir reden gerne übers Geld

In manchen Kapiteln dieses Buches sieht es ja förmlich so aus, als wollten wir mit Namen und Errungenschaften prahlen. Diese Verdächtigung müssen wir entschieden zurückweisen. Aber wenn man gezwungen ist, die Wahrheit zu sagen, dann kommt eben wohl oder übel auch manch Positives zutage. Um das in erträglichen Grenzen zu halten, wurden die Recherchen auch auf Gebiete ausgedehnt, auf denen man nun wahrhaftig keine Vormachtstellung Österreichs erwarten darf.

Zu den brillanten Vorschlägen in dieser Hinsicht zählt das Thema: Wirtschaft und Geld.

Das Wort Wirtschaft kennt man ja hierzulande nur in Verbindung mit dem Wort Krise. Und Geld war immer Mangelware, das zieht sich wie ein roter Faden durch Österreichs Geschichte. Schon der erste Habsburger Kaiser war ein Habenichts, und dieses Talent hat er den meisten seiner Nachkommen hinterlassen. Selbst durch gezielte Hochzeiten mit reichen Erbinnen konnte man nicht alle Löcher stopfen, und sogar die beliebtesten Herrscher, wie etwa Maximilian, der letzte Ritter, litten unter chronischem Geldmangel.

Die Gründe dafür waren dieselben, die heute noch den Politikern das Leben so schwermachen. Erstens: man mußte Unsummen in den Wahlkampf investieren. Theoretisch wurde man natürlich gratis zum Kaiser gewählt – so wie man heute theoretisch gratis ein Abgeordnetenmandat oder einen Ministerposten bekommt. In der Praxis hieß das freilich, daß man sich die nötigen Stimmen mit einer Unzahl von Geschenken erkaufen mußte. Woran sich ja bis heute nichts geändert hat, außer daß die Interessenvertretungen in der Demokratie nicht mehr Kurfürsten und Erzbischöfe heißen. Na ja – Erzbischöfe vielleicht doch noch, aber sonst eher prosaisch Gewerkschaftsfunktionäre und Unternehmenslobbyisten.

Allen gemeinsam ist aber noch immer der Qualitätsanspruch: ihr Kandidat muß eine bestechende Erscheinung sein.

Zweitens: Politiker sind selten gute Geschäftsleute. Auch daran hat sich im Lauf der Jahrtausende nichts geändert. So ein Monarch der Vergangenheit hat manchmal die Jagd als Lebensaufgabe gesehen und das Regieren als Hobby – und es gibt Minister der Gegenwart, die da mit ihm völlig konform gehen. Und was da einst an Steuern und Abgaben zusammenkam, füllte wohl ein bißchen die Privatschatulle, deckte aber keineswegs die Staatsausgaben ab. Nun, es ist auch heute selten, daß ein Politiker arm stirbt, selbst in Entwicklungsländern.

Wenn dem österreichischen Herrscher nichts mehr anderes übrigblieb, verkaufte er Staatsbesitz an reiche deutsche Unternehmer wie die Fugger und Welser. So ähnlich macht man das heute in Österreich – nur nennt man das jetzt Reprivatisierung. Das System bleibt gleich, denn es wird Eigentum verkauft, das eigentlich dem Volk gehört – und davon werden dann verschiedene Schatullen gefüllt, bis für die des kleinen Mannes und Steuerzahlers einfach nichts mehr übrigbleibt.

Als Wirtschaftsmacht ist Österreich deshalb nur selten in Erscheinung getreten, und wenn, dann eher im negativen Sinn. Der Zusammenbruch der Creditanstalt im Jahr 1931 zog ein regelrechtes Chaos nach sich, und sogar der amerikanische Präsident Hoover bemerkte: »Die Schockwellen dieses Erdbebens liefen von Wien nach Berlin, von Berlin nach London, von London nach Asien und Südamerika.

Von all jenen Ländern kamen sie in dieses, zu jeder Stadt und jeder Farm in den USA.«
Damit war der Schuldige für die Weltwirtschaftskrise gefunden und abgeurteilt.
Wenn in Österreich aber einmal etwas auf der Bank lag, dann holte sich das wieder einer mit vorgehaltener Pistole. 1938 war der Staat zwar gewiß nicht reich, aber immerhin hortete er einen beträchtlichen Goldschatz zur Deckung seiner Währung. Als Hitler einmarschierte, gehörte es zu seinen ersten Maßnahmen, daß er den Tresor ausräumte und Österreich von dieser Last befreite. Auf ein bißchen Gold, Weihrauch und Myrrhe hat eben jeder neue Messias Anspruch – wobei Hitler ohnehin bescheiden war und nicht auf der Myrrhe bestand.
Nach dem Zweiten Weltkrieg gab es natürlich in Österreich überhaupt kein Geld mehr. Der New Yorker Bürgermeister La Guardia zählte uns damals zu den ärmsten Nationen der Welt und setzte sich für rasche Hilfsmaßnahmen ein.
Tatsächlich retteten uns die USA mit dem Marshallplan und großzügigen ERP-Krediten. Daß es eine Art österreichisches Wirtschaftswunder geben konnte, verdanken wir unzweifelhaft den Amerikanern, und man wird ihnen das hierzulande auch nie vergessen.
Schade, daß die Amerikaner inzwischen vergessen haben, welche Erfolge man mit einer großzügigen spontanen Hilfe auch bei einem ehemaligen Gegner erzielen kann. Daß es keinen Marshallplan für das zerstörte Vietnam gegeben hat, ist einer der großen historischen Fehler der US-Außenpolitik.

Österreich jedenfalls steht heute finanziell eigentlich besser da als je zuvor. Gewiß, der Einheimische merkt das nicht so sehr, denn schließlich muß er für die harte Währung auch harte Arbeit leisten. International gesehen allerdings genießen wir die höchste Kreditwürdigkeit, und ausländi-

sche Investoren sind mit der Wirtschaft hier recht zufrieden. Selbst wenn sie nicht mehr anlegen als ein Sparkonto, denn immerhin wird das Bankgeheimnis hier noch besser gehütet als in der Schweiz. Aber daß die Bankgeschäfte hier noch günstiger abgewickelt werden können als in diversen Fluchtgeldoasen, muß unbedingt unter uns bleiben. Strengste Geheimhaltung ist erforderlich, damit nicht plötzlich Scheichs aus Kuwait oder Zahnärzte aus Yokohama ihre anonymen Sparkonten eröffnen und uns die schönen Zinsen wegschleppen.
Immerhin tut der Staat ja alles, damit sich diese Besonderheit der österreichischen Geldwirtschaft nicht in aller Welt herumspricht.
Aber hat Österreich zum Thema Wirtschaft und Geld überhaupt mitzureden? Und ob! Denn wenn es auch praktisch nie mit Reichtümern gesegnet war – in der Theorie waren die Österreicher immer stark. Und das ist auch einleuchtend. Wo man viel Geld hat, braucht man nicht darüber zu reden. Nur die Armen sprechen pausenlos über Geld. Und deshalb kamen aus Österreich die wichtigsten Wirtschaftstheoretiker und Nationalökonomen der Welt. Natürlich haben sie im eigenen Land nicht viel ausgerichtet – Österreich ist einfach zu klein, um eine Wirtschaftsmacht zu werden –, aber ihr geistiger Einfluß auf die Weltwirtschaft ist unbestritten:
Ob man das Business heute in Harvard studiert oder an der London School of Economics – an den schwer aussprechbaren Namen der einschlägigen Österreicher kommt man nicht vorbei. Selbst in den brandaktuellen Wallstreet-Thrillern tauchen Namen wie Schumpeter und Mises auf, und die Kenner finden daran nichts Mieses.
Finanziell unterentwickelte Zeitgenossen wissen damit nicht viel anzufangen, die Fachleute aber könnten darüber sogar im Schlaf referieren. Und spätestens jetzt, wo in Österreich ein ehemaliger Banker an der Spitze der Regie-

rung steht, sollte man sich mit solchen Begriffen vertraut machen.

Für Österreich bedeutet gerade einer der vielen erlauchten Namen noch eine vage Erinnerung: Josef A. Schumpeter war hier immerhin einmal Staatssekretär für Finanzen. Für die Welt bedeutet er noch mehr – als er 1950 starb, war er mit weitem Vorsprung der international meistzitierte Ökonom. Einer seiner schönsten Aussprüche soll auch hier zitiert werden, schon weil er seit 1919 nichts von seiner Aktualität verloren hat: »Eher legt sich ein Hund einen Wurstvorrat an als eine demokratische Regierung eine Budgetreserve.«

Ludwig Edler von Mises, brillanter Kopf der Wiener Schule, wurde besonders durch seine strikte Ablehnung jeglicher Planwirtschaft berühmt. Ebenso wie Schumpeter und viele andere Kollegen aus der alten Heimat – Alexander Gerschenkron etwa oder Bestseller-Autor Peter F. Drucker – hat er an einer der wichtigsten amerikanischen Universitäten gelehrt, so beeinflußte die Austrian School Tausende heute führender Wirtschaftsleute, darunter Nobelpreisträger wie Paul Tobin und Paul A. Samuelson.

Nur in Österreich blieb der Einfluß großer Österreicher gering, denn die wenigsten kehrten nach ihrer Emigration zurück, und wer es unvorsichtigerweise doch tat, dem wurden gleich ein paar große Stolpersteine oder tückische Fußangeln in den Weg gelegt.

Josef Steindl, international wohlrenommiert, mußte erkennen, daß er den hohen Ansprüchen in seiner Heimat nicht gerecht werden konnte. Er wollte sich mit seinen Werk »Maturity and Stagnation« an der Wiener Universität habilitieren. Worauf ihm die Verantwortlichen – und das sind hier letzten Endes immer die Politiker – mitteilen ließen: Eine Arbeit in englischer Sprache garantiere leider nicht dafür, daß er dem deutschsprachigen Lehrbetrieb gewachsen sei!

Aber wenn man so viele brillante Köpfe hat wie Österreich, kann man eben auf einen leicht verzichten.

Ein anderer erhielt nach Jahrzehnten im Ausland doch noch einen Lehrauftrag in Österreich, der vielleicht bedeutendste von allen: Friedrich August von Hayek, geboren 1899 in Wien. Einer aus dem Kreis genialer Zeitgenossen, wie Popper, Wittgenstein, Lorenz und Bettelheim, verließ er das damals geistig so fruchtbare Wien schon 1930 und ging nach London, wo er seinen einflußreichen Fachkollegen John Maynard Keynes auf das erbittertste bekämpfte. Die Ortsveränderung tat Hayek gut, denn er bekannte später selbst: »Hätte ich weiter in deutscher Sprache geschrieben, wäre ich wohl unbekannt geblieben!« So aber erregte er schon 1944 Aufsehen mit seinem Bestseller »The Road to Serfdom« und wurde der führende Kopf jenes Lagers, das gegen die Wirtschaftstheorie von Keynes kämpfte und dessen Einfluß auf die Weltwirtschaft für »verheerend« hielt. Hayeks Eintreten gegen den Sozialismus und vor allem den »Aberglauben« des Marxismus und sein bedingungsloser Einsatz für Liberalismus und freie Marktwirtschaft brachte ihm, besonders in intellektuellen Kreisen, natürlich nicht nur Freunde ein, und er mußte 75 Jahre alt werden, ehe er – später als manche seiner Schüler – schließlich 1974 den Nobelpreis für Wirtschaftswissenschaften zugesprochen erhielt.
15 Jahre danach steht er als großer Vordenker unserer Epoche unbestritten da. Den »Vater der Wirtschaft des modernen Europa« nannte ihn die Zeitschrift *International Management,* auf sein Konto geht der neue ökonomische Liberalismus Frankreichs, ebenso wie Thatcherism und Reaganomics. Die ganze Welt hat sein Konzept von »mehr privat und weniger Staat« auf ihre Fahnen geschrieben. Und nicht nur im Westen – auch in Ostblockländern wie Ungarn und Polen, ja sogar in der Sowjetunion und in China

wird vorsichtig an einer Liberalisierung der Wirtschaft gearbeitet.
Wieder ein Österreicher, der die Welt erheblich beeinflußt hat. Und sie noch lange beeinflussen wird. Denn die Erkenntnis des greisen Philosophen, daß nur der Kapitalismus die Welt vor dem Chaos retten kann, daß aber auch ein neues politisches System die von Parteiinteressen und anderen organisierten Lobbys unterhöhlte Demokratie heutiger Prägung ablösen müsse – seine Utopie von der Demarchie –, wird Professoren, Wirtschaftsfachleuten und Politikern noch lange zu denken geben.
Wenn man verschiedene Wirtschaftsmaßnahmen der Reagan-Ära auf Hayeks Theorien zurückführen will, so gilt ein anderer Österreicher als großer Kritiker dieses Kurses: Felix Rohatyn.
Rohatyn bezeichnete die Reaganomics als eine »bewußte Politik des ökonomischen Selbstmordes«. Und er weiß, wovon er spricht, auch wenn er sich dem großen Geld eher praktisch genähert hat. Nach seinem Physikstudium wandte er sich dem Bankgeschäft zu und ist heute, als Senior-Partner der Investmentbank Lazard Frères, laut *Time Magazin* »eines der höchstgeachteten Mitglieder der Finanzwelt«.
Er war an einigen der sensationellsten Geschäftstransaktionen der letzten Jahrzehnte beteiligt, und durch seine Aktivitäten beim »New York State Emergency Financial Control Board« wurde er als Finanzzauberer auch weitesten Bevölkerungskreisen bekannt und wird seither als »Retter von New York« gerühmt. Der Ex-Wiener hat den Wurm besiegt, der im Big Apple steckte, und seither feiert New York gloriose Auferstehung von Tod und Bankrott. Als wirtschaftliches und kulturelles Zentrum der Welt, pulsierend vor hektischer Lebens- und Überlebensfreude.
Der österreichische Geist hat sich also – in Theorie und Praxis – sehr wohl auch in Wirtschaft und Hochfinanz be-

merkbar gemacht. Und zwar gerade dort, wo die Konkurrenz besonders groß ist – in den USA. Und wenn nun einer kommt und sagt: Pah, New York ist nicht Amerika!, dann gilt die Devise: Nur ruhig Blut! Wir haben auch im Wilden Westen unsere rot-weiß-roten Spuren hinterlassen. Kennen Sie einen Altösterreicher, der Seemann wurde und 1879 in Texas landete? Er zog sich dort den Matrosenanzug aus, nannte sich Anthony Francis Lucas und behauptete, allen negativen Expertisen zum Trotz, daß es an der Küste von Texas und Louisiana Öl geben mußte. Und er bohrte so lange herum, bis er bei Spindle Top in der Nähe von Beaumont auf die größte je in Amerika entdeckte Ölquelle stieß. Ein Österreicher also war es, der Texas zum Ölstaat machte, mit mehr Millionären pro Quadratmeter als sonstwo auf der Welt. Ohne ihn würde der Menschheit heute vieles fehlen. Die großen Ölkonzerne, die großen Automobilkonzerne, aber vor allem: Krystel, Bobby und J. R.

FLIEGEN
oder
Es liegt was in der Luft

Das Fliegen ist, einem ungeklärten Gerücht zufolge, ein uralter Traum der Menschheit.
Heute freilich ist es mehr und mehr zum Alptraum geworden.
Fliegen ist, wenn man gleichzeitig mit seinem Koffer eine Reise antritt und 4 000 Kilometer entfernt von ihm landet.
Fliegen ist, wenn man eine Stunde in der Luft verbringt und drei Stunden auf dem Weg zum Flughafen.
Fliegen ist, wenn man der unvermeidlichen fahrplanmäßigen Kollision mit einem Jumbo-Jet nur deshalb entgeht, weil der zuständige Fluglotse gerade am Klo war.
Fliegen ist, wenn man in der Chartermaschine sogar im Cockpit sitzen darf – weil die Touristenklasse doppelt gebucht ist.
Fliegen ist, wenn der zweiwöchige Italienurlaub drei Wochen dauert, weil die Tragflächenputzer einen Sympathiestreik mit den Briefmarkenrückseitengummierern abhalten.
Heute ist das alles möglich. Aber jahrhundertelang konnten die Menschen davon eben nur träumen. Sehnsuchtsvoll blickten sie zum Firmament empor und dachten: Wenn ich ein Vöglein wär ...
Auf die Idee, daß sich der liebe Gott schon etwas dabei gedacht hatte, als er den Menschen das Talent zum Fliegen versagte, kam keiner. Im Gegenteil! Ganz besonders kecke Typen versuchten ihren Göttern eine lange Nase zu drehen und erst recht zu fliegen.
Allgemein bekannt wurde der Fall des Herrn Ikarus. Es

war ein ziemlich tiefer Fall. Und recht geschah ihm. Warum sollte der Mensch, bloß weil er sich ein paar Flügel aufklebt, fliegen können? Er kann ja deswegen auch nicht Eier legen!
Aber wenn sich der Homo sapiens etwas einbildet, ist ihm ja nicht zu helfen und zu raten. Sogar große Geister gaben sich mit diesen albernen Hirngespinsten ab. Nicht einmal Leonardo da Vinci schreckte davor zurück! Zum Glück wurde nichts aus seinen Plänen, sonst hätte er uns wahrscheinlich eine Stewardeß der Alitalia gemalt statt der Mona Lisa. Und sein »Letztes Abendmahl« wäre eine Studie verzweifelter Menschen, die gerade in der Touristenklasse ihre salmonellenverdächtigen Fertiggerichte auspakken.
Aber so rasch ging es gottlob nicht bei der Entwicklung des Flugunwesens. So richtig ernst wurde es damit erst, als die Österreicher auf den Plan traten.
Gewiß, wir wollen uns gerade beim Fliegen nicht mit fremden Federn schmücken. Auch andere Nationen hatten die Absicht, so bald wie möglich in die Luft zu gehen. Und manche flatterten ganz wacker vor sich hin. Zentimeter um Zentimeter! Damals zählte ja noch jede Sekunde, die der kühne Pionier in der Luft verbrachte, ehe er sich wieder mit der Schnauze in den Schlamm bohrte. Die Schwerkraft hat es so an sich, daß sie sich nur widerwillig überwinden läßt.
Aber muß ein Österreicher unbedingt auf die Schwerkraft Rücksicht nehmen? Wilhelm Kreß dachte gar nicht daran, und so war sein erster Motor-Drachenflieger einfach zu schwer und zu wenig kräftig, um sich in die Lüfte zu erheben. Um sich wenigstens einigermaßen über Wasser zu halten, mußte Kreß hauptberuflich als Klavierstimmer arbeiten, aber 1879 hatte er schon wieder ein Flugzeug zusammengebastelt, das er sich gleich patentieren ließ – unter dem putzigen Namen »Spielzeug, genannt Aeroveloce«.

Diese lenkbare Flugmaschine erregte schließlich sogar die Aufmerksamkeit Kaiser Franz Josephs, und er ließ sich sogar zu einer finanziellen Unterstützung des Erfinders herab. Nun entschloß sich Kreß, ein Wasserflugzeug zu bauen, das mit einem Piloten an Bord aufsteigen konnte. Mit der Konstruktion gab es keine sonderlichen Schwierigkeiten – nur der verflixte Motor war wieder zu schwer. Kreß ging das Risiko trotzdem ein und ließ seine Maschine im Oktober des Jahres 1901 auf dem Wienerwaldsee starten. Und was keiner erwartet hatte, geschah: das Flugzeug funktionierte. Nur leider zu gut! Es erreichte gleich auf Anhieb eine so hohe Geschwindigkeit, daß es notwendig wurde, mit einem waghalsigen Manöver dem Staudamm auszuweichen. Dabei kippte die Maschine um und ertrank. Ende der österreichischen Luftfahrt!

Immerhin war es Kreß noch besser ergangen als einem anderen österreichischen Flugpionier. David Schwarz kam aus Zalaegerszeg und schlug sich eine Zeitlang redlich als Holzhändler durchs Leben. Wäre er doch dabei geblieben! Aber nein, plötzlich hatte er nur noch Aluminium im Kopf. Und baute ein Luftschiff. Wie das bei Flugkörpern noch heute so die Regel ist, stürzte der Prototyp erst einmal ab. Aber Schwarz machte weiter und konstruierte 1896 als erster ein Ganzmetall-Lenkschiff aus Aluminium. So hieß damals, was man heute ganz einfach Zeppelin nennt.

Der Name allein war nicht schuld daran, daß Schwarz bei den offiziellen Stellen keinerlei Unterstützung fand. Die österreichischen Ministerialräte sahen einfach keine Zukunft im Luftverkehr. Aber österreichische Ministerialräte waren ja seit jeher dazu da, um einen wie immer gearteten Höhenflug im Lande mit drastischen Sofortmaßnahmen zu unterbinden.

In Berlin dachte man ganz anders und lud Schwarz zu einer Testvorführung ein. Bedauerlicherweise fiel er just in diesem Augenblick tot um und konnte den nur mäßig erfolg-

reichen Start seines Luftschiffes nicht mehr überwachen. Allerdings lockte er einen Reitergeneral von seinen Pferden weg und bekehrte ihn zur Air Force. General der Kavallerie a. D. Graf Ferdinand von Zeppelin kaufte der trauernden Witwe die Konstruktionspläne ab und stellte drei Jahre später der staunenden Mitwelt »seine« Erfindung vor. Ja und deshalb heißt ein lenkbares Luftschiff eben nicht Schwarz, sondern Zeppelin.
Wieder einmal hatte sich Österreich eine Chance entgehen lassen – und natürlich nichts daraus gelernt. Denn just zur selben Zeit machte ein Bastler in Mödling eine weitere historisch bedeutsame Erfindung. Waldemar Porak de Varna baute eine »Helicoptere«, die bei 350 Kilogramm Eigengewicht 500 Kilogramm in die Luft heben konnte. Und das im Jahre 1901, lange bevor irgend jemand anderer an den Hubschrauber gedacht hatte! Er bekam sogar ein Patent auf dieses seltsame Flugobjekt, aber was er nicht bekam, war Unterstützung und Geld.
Und heute spricht niemand mehr davon, daß es Österreicher waren, die die entscheidenden Erfindungen in der Luftfahrt gemacht haben.
Aber die österreichischen Erfinder bastelten weiter, auch als die Luftfahrt schon länger zur Luftwaffe entartet war. Johann Maria Boykow – er war übrigens weder Klavierstimmer noch Holzhändler von Beruf, sondern Schauspieler – erfand zu Beginn des Ersten Weltkrieges ein selbsttätiges Bombenabwurfgerät mit Zieleinrichtung für Flugzeuge. Zu seinen Ehren muß man allerdings sagen, daß er sich auch noch vernünftigere Sachen ausdachte. Für den norwegischen Polarforscher Roald Amundsen beispielsweise einen Sonnenkompaß. Und zu guter Letzt konstruierte er wieder etwas für die Luftfahrt: den sogenannten »Autopiloten«, der automatisch die Steuerung eines Flugzeuges übernimmt.
Den für Militärflüge bedeutendsten Beitrag aber lieferte

sicherlich Otto Halpern. Er entwickelte für die USA im Zweiten Weltkrieg ein Anti-Radar-Gerät, das es Schiffen und Flugzeugen ermöglichte, vom feindlichen Radar unentdeckt zu bleiben. Hitler hätte sich bestimmt vor Wut in den Hintern gebissen, hätte er gewußt, daß ihm ausgerechnet ein Wiener so in den Rücken gefallen ist.
Später war dann in der Luftfahrt von Österreichern nicht mehr viel die Rede. Einen aber wird man immer wieder in den Mund nehmen, ganz egal, wie modern und wie schnell die Flugzeuge in Zukunft noch werden mögen. Ja, gerade deshalb! Denn das Verhältnis der Geschwindigkeit eines Körpers zur Schallgeschwindigkeit wird international in Mach ausgedrückt. Nach Ernst Mach, dem großen Philosophen und Physiker, der unter anderem auch noch Einstein auf den richtigen Weg zur Relativitätstheorie brachte.

Inzwischen ist der Flugverkehr natürlich schon etwas ganz Alltägliches geworden. Ein echtes Abenteuer ist nur noch die Raumfahrt. Und dabei ist ständig die Rede vom Vorsprung der Amerikaner oder der Russen. Vom Vorsprung der Österreicher spricht niemand, und es scheint ja auch, als hätten unsere Techniker zur bemannten Raumfahrt nicht viel mehr beigetragen als ein praktisches Weltraum-WC.
Aber der Schein trügt gründlich. Denn wieder einmal basiert die ganze Angelegenheit auf österreichischem Erfindergeist. Nicht zu Unrecht wird Hermann Oberth der Vater der Raumfahrt genannt. Schon 1917 entwarf er die erste Großrakete. Als Treibstoff hatte er Alkohol und Sauerstoff vorgesehen – was ja schon deutlich auf die österreichische Abstammung hinweist, denn Alkohol in Form von saurem Wein ist hierzulande eine beliebte Antriebsenergie.
Durch seine bahnbrechenden Arbeiten war der weitere Lebensweg von Hermann Oberth natürlich vorgezeichnet: 1941 holten ihn die Deutschen nach Peenemünde zu Wern-

her von Braun. Später wurde er von den Amerikanern verpflichtet und arbeitete bis 1958 in Huntsville, Alabama. Deshalb sind die USA auch heute Österreich in der Weltraumfahrt so weit voraus!
Wenn Oberth auch der bekannteste unserer Raketentechniker war, war er doch beileibe nicht der einzige. Hermann Potočnik beispielsweise schrieb schon 1929 ein vielbeachtetes Werk über »Das Problem der Befahrung des Weltraums«. Allerdings unter einem Pseudonym, denn der Ex-Offizier wollte sich nicht dem Spott seiner Zeitgenossen aussetzen, wenn er von »stehenden Satelliten« träumte, die, von Sonnenenergie gespeist, als Weltraumobservatorien fungieren sollten. Seine Berechnungen wurden natürlich später von der Wissenschaft glänzend bestätigt – ebenso wie die eines weiteren österreichischen Raumfahrtpioniers: Guido Pirquet, Freiherr von Cesenatico.
Guido, der jüngere Bruder des weltberühmten Arztes Clemens von Pirquet, wies bereits in den zwanziger Jahren auf die Möglichkeit eines bemannten, künstlichen Erdsatelliten hin und berechnete auch fleißig die günstigsten Umlaufbahnen.
1928 veröffentlichte er seine Berechnungen über »Interplanetare Fahrtrouten«, und alles war so exakt ausgetüftelt, daß die Sowjetunion nach seinen Plänen ihren ersten Start zur Venus durchführte – 33 Jahre später!
Man sollte also vielleicht doch einmal vom Vorsprung der österreichischen Weltraumtechnik sprechen!
Inzwischen haben wir natürlich höflich und charmant anderen Nationen den Vortritt im Weltraum gelassen. Sollen sie sich auch ein bißchen anstrengen – das nötige technische Rüstzeug haben wir ihnen schließlich geliefert.
Doch so ganz aus der Luft zurückgezogen haben sich die Österreicher noch lange nicht. Niki Lauda, der ehemalige Automobilweltmeister, hat das Cockpit seines Rennwagens mit dem Cockpit einer Boeing vertauscht und will bewei-

sen, daß er auch von der Luft leben kann. Die Lauda Air soll zu einer konkurrenzfähigen europäischen Fluglinie werden, und als nächster Schritt ist eine eigene Flugzeugwerft für 100 Millionen Schilling geplant. Daß Lauda versucht, seinem Unternehmen immer mehr Zielorte zu erschließen, wird natürlich von der staatlichen AUA erbittert bekämpft. Die sonst so »friendly Airline« kann ganz schön unfreundlich werden, wenn sie Konkurrenz wittert. Vielleicht weil die Kunden jetzt Vergleiche anstellen können, was selbst eine Staatsfirma zu gewissen Service-Verbesserungen zwingt. Lauda sieht sich da jedenfalls als positiver Trendsetter und meint, wenn es die Lauda Air nicht gäbe, »würde auf AUA-Charterflügen noch immer nur ein Radl Wurst und ein Ildefonso serviert«.

Der Luftkampf zwischen David und Goliath wird also derzeit noch hauptsächlich mit Messer und Gabel ausgetragen, aber immerhin hat Laudas Einsatz österreichischen Wirtschaftsjournalisten soviel Respekt abgenötigt, daß sie ihn 1988 zum »Unternehmer des Jahres« gekürt haben.

Schlagzeilen machte in diesem Jahr auch das deutsche Luftfahrtunternehmen Dornier, das 1922 aus dem Unternehmen des Grafen Zeppelin hervorging und der deutschen Flugzeugindustrie immer wieder wichtige Impulse gab. Heute konzentriert sich die Familie Dornier in der Seastar GmbH auf den Bau von Amphibienflugzeugen. So ganz nebenbei aber hält sie noch eine Beteiligung am größten Rüstungs- und Flugzeugkonzern der Bundesrepublik Deutschland, der aus einer Verflechtung von Daimler-Benz, Messerschmitt-Bölkow-Blohm und Dornier entstand. Und dafür, daß die Dynastie Dornier bei den Verhandlungen mit dem Industriegiganten nicht zu kurz kam, sorgte eine Frau mit österreichischem Paß: Martine Dornier-Tiefenthaler. Die Österreicher neigen halt immer noch zu Höhenflügen. Und Luftgeschäfte haben bei ihnen Tradition.

SCHREIBEN oder Wir müssen uns nicht mit fremden Federn schmücken

»Ja, das Schreiben und das Lesen
ist nie mein Fach gewesen ...«

So heißt es treffend in der Wiener Operette. Und man ist geneigt, diese Aussage unbesehen zu schlucken, wenn man sich vor Augen hält, wie gering Österreichs Beitrag zur Weltliteratur eigentlich ist.

Sind die Österreicher schreibfaul? Nun, daß Österreich so wenig Autoren von internationalem Format hervorbringt, liegt zum Teil daran, daß wir auch kein konkurrenzfähiges Verlagswesen haben. Und selbst ein anregender Briefwechsel wird hierzulande schon durch die extrem hohen Postgebühren unmöglich gemacht. Oder liegt den Österreichern einfach mehr die Würze der Kürze? Schließlich hat man hier, um das Briefschreiben zu vermeiden, die Korrespondenzkarte erfunden! Angeregt vom Nationalökonomen Emanuel Herrmann, gab die österreichische Postdirektion eine mit 2 Kreuzern vorfrankierte »Correspondenz-Karte« heraus. Und zwar schon am 1. Oktober 1869, womit sie alle anderen Nationen um Längen schlug. Was man kaum glauben kann, wenn man die heutige Geschwindigkeit unserer Post kennt. Aber es war so. Und weil man nun keine langen Briefe mehr schreiben mußte, wurden von der neuen Postkarte während der ersten zwei Monate gleich drei Millionen abgesetzt.

Wahrscheinlich haben in diesen Tagen mehr Menschen einander »Herzliche Grüße« geschickt als je zuvor auf der Welt. Aber weil manchen Leuten noch immer nicht genug einfiel, um die ganze Karte vollzuschreiben, kam man im folgenden Jahr auf die Idee, eine Seite der Karte mit einem Bild zu verzieren. Damit war auch die Ansichtskarte geboren, die gerade genug Raum läßt, um die schlichte Botschaft »Mir geht es gut, wie geht es Dir?« über Grenzen und Meere hinwegzutragen. Und bis heute sind alle sehr zufrieden mit dieser Art von Kommunikation. Vor allem die Souvenirshops und die Post!

Nur ein Kummer blieb: daß man manchmal schon längst wieder vom Urlaub zu Hause ist, ehe noch die Ansichtskarten bei den Nachbarn eingetroffen sind. Um diesem Übelstand abzuhelfen, leistete Österreich wieder einmal Pionierarbeit: am 1. April 1918 wurde die erste Flugpost eingerichtet – zwischen Wien und Kiew.

Nun fragt man sich natürlich verwundert, ob es sich wohl lohnte, just diese Route zu betreiben. Aber wer weiß? Wenn man bedenkt, wie lange heute auch ein Luftpostbrief zum Empfänger braucht, kann man sich des Verdachtes nicht erwehren, daß alle Air Mail ungeachtet der Destination über Kiew geleitet wird.

Wie dem auch sei, eine gewisse Beziehung zum Schreiben – und allem, was damit zu tun hat – kann man dem Österreicher nicht absprechen. Wer die ersten Schreibgeräte erfunden hat, weiß man leider nicht so genau. Möglicherweise wurde der Gänsekiel sogar von einem Burgenländer erfunden, der gerade seine Martinigans gerupft hatte. Aber er dachte sich: das hat ohnehin keine Zukunft, und überließ die gefährlichen Experimente mit Gänsefeder und Tinte einem anderen, ebenso unbekannten Erfinder.

Die Stahlfeder haben wir ganz sicher nicht erfunden, aber immerhin gab es 1843 in Wien die erste Federnfabrik auf dem Kontinent. Carl Friedrich Kuhn, der die Erzeugung in England gelernt hatte, machte seinen Lehrherren bald in aller Welt Konkurrenz und kreierte schließlich auch den Federhalter mit einer Einsteckhülle aus Blech, wie er noch heute üblich ist. Zum Glück hatte der Österreicher Hardt-

muth schon 1808 eine Tusche erfunden, die der irrsinnig teuren chinesischen gleichwertig war, und so konnte in den Alpen das Schönschreiben so richtig losgehen.
Die Füllfeder wurde ohne unsere Hilfe konstruiert, und den Kugelschreiber erfand bekanntlich ein Ungar namens Biro, aber auch auf diesem Gebiet bewährte sich die Allianz Österreich-Ungarn wieder einmal bestens. Denn der unaufhaltsame Siegeszug des Kugelschreibers begann erst so richtig, als eine ganz neue Art von Tinte dafür geschaffen worden war. In Kalifornien. Von einem österreichischen Chemiker namens Seech.
Ja, das Schreiben scheint eben doch unsere Domäne zu sein. Und daß es so richtig populär werden konnte, haben wir wieder dem schon erwähnten Joseph Hardtmuth zu verdanken. Das war ein gar vielseitiger Mann: fürstlich-liechtensteinischer Baudirektor, Fabrikant und Erfinder. Beispielsweise erfand er den künstlichen Bimsstein, und wenn man auch heute nicht einmal mehr weiß, wozu der natürliche Bimsstein eigentlich gut sein soll, eines Tages steigt der Bimssteinbedarf vielleicht wieder enorm an, und dann werden wir noch froh sein, daß man ihn auch künstlich erzeugen kann.
Etwas praktischer war allerdings eine andere Erfindung Hardtmuths: das sogenannte »Steingut«, aus dem billiges Eßgeschirr hergestellt werden konnte. Unsterblich gemacht hat ihn aber eine weitere Erfindung, die fast jedem Erdenbürger vertraut ist: der Bleistift!
Um das Jahr 1790 hatte er die richtige Mischung von Graphit und Ton herausgefunden, und 1829 wurden in seiner Fabrik schon zweieinhalb Millionen Bleistifte hergestellt. Das Schreiben war plötzlich nicht mehr teuer, nicht mehr elitär und nicht mehr schmutzig. Hatte man bisher mit Tinte und Feder herumgepatzt und mühsam Worte zu Papier gebracht, die sich kaum noch korrigieren ließen, konnte man nun mit dem Bleistift zügig seine Ideen skiz-

zieren und nachher auch wieder verwerfen. Denn obzwar im Lexikon die Geburtsstunde des Radiergummis nicht nachzulesen ist, dürfte dieser doch nur wenig später im Gefolge des Bleistifts aufgetreten sein.

Mit dem Bleistift brach einen neue kulturelle Epoche an. Jeder, der einen Einfall hatte, konnte ihn sofort notieren. Beethoven kritzelte während des Essens schnell ein paar Noten auf seine Manschetten, Grillparzer beim Frühstück ein Epigramm auf das Strumpfband von Kathi Fröhlich, und Raimund saß auf den Bäumen und dichtete sich seine Feenmärchen vor. Überall, wo sich sonst Tintenfaß und Löschpapier als störend erwiesen hätten, quoll nun die Dichtung aus der Bleistiftmine. Und wenn einem nichts einfiel, konnte man die Gedankenpause damit überbrükken, den Bleistift zu spitzen. So hatten die meisten Dichter immer ganz spitze Stifte.

Oder man konnte auf ihm herumkauen. Der Bleistift wurde zum Kaviar der Poeten! Manch einer verschlang in seinem Leben mehr Bleistifte als warme Mahlzeiten. Die Kaffeehausliteratur entstand, denn der Bleistift knirschte nicht, quietschte nicht und machte keine Tintenflecken aufs Tischtuch. Und wenn er bis zum letzten Zentimeter abgeschrieben war, konnte man sich den vom Ober borgen, mit dem er sonst die Rechnungen schrieb.

Aber nicht nur im Wiener Kaffeehaus war so ein Requisit unentbehrlich. Amundsen konnte damit die Temperatur am Südpol notieren, Hemingway im spanischen Bürgerkrieg die Gefallenen abhaken, der Bleistift machte mobil und unabhängig.

Der Bleistift existiert noch, der Name seines Erfinders freilich ist ein wenig in Vergessenheit geraten. Vielleicht gedenken wenigstens die Literaten beim nächsten Pen-Kongreß in Wien dieses großen Mannes. Sie verdanken ihm schließlich viel.

Freilich, Österreichs Wegbereiter der Literatur haben nicht beim Bleistift haltgemacht. Einige Pioniere erkannten schon sehr früh, daß der Mensch eines Tages so intelligent sein würde, daß er mit so simplen Requisiten wie einem Bleistift nicht mehr auskommen würde, wenn er daranging, das Alphabet zu vergewaltigen. Und so dachten sie darüber nach, wie man das literarische Œvre künftiger Generationen maschinell herstellen könnte.
Friedrich von Knaus, der 1757 Hofmechaniker in Wien wurde, konstruierte bereits 1760 einen ersten »Schreibautomaten«. Der war natürlich mit den heutigen Computermodellen noch nicht ganz vergleichbar, und wie so oft fand sich hierzulande niemand, der darin einen praktischen Nutzen sah. Das gute Stück landete im Museum.
Aber das passierte ja unentwegt in Österreich. Deshalb haben wir auch nur wenige Erfinder, die reich geworden sind, aber eines der umfangreichsten technischen Museen der Welt!
Dort befindet sich auch die erste Schreibmaschine der Welt – konstruiert von dem 1822 geborenen Tischler Peter Mitterhofer. Mitterhofer war ein launiger Kauz. Er sang gerne selbstgedichtete Lieder und spielte auf selbstgebauten Musikinstrumenten, womit er sich einen klingenden Namen als vazierender Entertainer machte. Hätte er nur nicht diesen wilden Drang zum Erfinden gehabt. Als Gaudemusikant kann man nämlich in Österreich jederzeit sein Auskommen finden, aber wenn einer das aufgibt, um einen mechanischen Schreibapparat zu erfinden, muß bei ihm doch irgendwo eine Schraube locker sein – dachten Laien und Fachleute.
Der Mitterhofer ließ sich's nicht verdrießen, und als er 1866 sein drittes Modell angefertigt hatte, packte er es in den Rucksack und ging damit zum Kaiser. Zu Fuß – und das war kein schlechter Marsch von Südtirol bis nach Wien!

In Wien ließ man ihn auch noch längere Zeit warten, aber schließlich erinnerte man sich huldvollst des seltsamen Konstrukteurs und bewilligte ihm eine Subvention von 200 Gulden, damit er seine Arbeit fortführen könne.
Gewiß, das war nicht viel, wenn man bedenkt, daß heute schon der Leiter einer Wiener Kleinbühne damit droht, seine Arbeit abzubrechen, wenn er zu den ohnehin gewährten Millionensubventionen nicht noch schnell zehn Millionen draufgelegt bekommt. Aber man darf auch einen verträumten Erfinder wie Peter Mitterhofer nicht mit einem realistischen Theaterdirektor wie George Tabori vergleichen!
Die Unterstützung machte es Mitterhofer jedenfalls möglich, seine Maschine zu verbessern, und 1870 wanderte er mit dem neuen Modell abermals nach Wien.
Abermals zeigte sich Kaiser Franz Joseph huldvoll: er kaufte ihm die Schreibmaschine für 150 Gulden ab! Aber nicht etwa, um künftig darauf Liebesbriefe an Katharina Schratt oder Kriegserklärungen an Serbien zu tippen. Sondern um sie im Museum verschwinden zu lassen. Mitterhofer erkannte, daß sein Traum irgendwie danebengegangen war, und beschloß fortan, niemandem mehr seine Ideen aufzuschwatzen. Daß eine Schreibmaschine auch einen praktischen Nutzen haben könnte, daran glaubte sowieso niemand in Wien.
Außer einem Zugereisten. Der hatte Mitterhofers Modell in Wien kennengelernt, fuhr mit dieser Erfahrung nach Amerika zurück – und von dort eroberte die Schreibmaschine, als amerikanische Erfindung, die Welt. Und alles, was danach kam – von der kleinen Stenotypistin bis zum Großraumbüro, von der alten Underwood bis zu Brothers Video Writer, von Mark Twain, dem ersten Schriftsteller, der eine Schreibmaschine besaß, bis zu Mickey Spillane, der sie als Handfeuerwaffe benutzte, und Robert Ludlum, der damit Banknoten druckt –, hat eigentlich ein armer

österreichischer Tischler in die Welt gesetzt. Wie üblich, völlig unbedankt. Ein österreichisches Schicksal!
Hätte er für jede dank seiner Erfindung beschriebene Seite nur ein Sandkorn bekommen, wäre er heute der stolze Besitzer der Sahara.
So gesehen, hat er eigentlich wieder Glück gehabt, leer auszugehen.

In einem Land, in dem so viele Schreibgeräte erfunden wurden, konnte natürlich auch die praktische Nutzung derselben nicht ganz hintertrieben werden. Es dauerte vielleicht etwas länger als anderswo, bis sich die Neuigkeiten durchsetzten, aber ganz konnten sich auch die Österreicher des Schreibens nicht enthalten. Zumal der Bedarf nicht unerheblich ist, denn es wird viel gelesen hierzulande. Es gibt beispielsweise etliche überregionale Tageszeitungen, und ihre Auflagen lassen ausländische Blattmacher oft vor Neid erblassen. Die *Kronen Zeitung* ist – wenn man die Auflage ins Verhältnis zur Bevölkerungszahl stellt – die meistgelesene Zeitung der Welt.
Gewiß, das Niveau der heimischen Presse ist nicht gerade schwindelerregend hoch, und sogar der Standard des *Standard* hat da keine Veränderung bewirkt, die mit freiem Auge erkennbar wäre.
Aber wo es viele Journalisten gibt, gibt es auch manchmal einen guten – obwohl die besten selten hier und meistens schon tot sind.
Der allerbeste war natürlich Egon Erwin Kisch.
Bei ihm ist schwer zu sagen, wo der Journalismus aufhört und die Literatur beginnt. Aber das ist auch egal. Man wird den Reporter in der Literatur entdecken und den Schriftsteller in der Reportage. Seine Beobachtungen waren ebenso wesentlich wie seine Formulierungen. Und sie sind es noch heute. Er hat als »rasender Reporter« die Welt durchquert und ist an keinem Thema vorbeigegangen, so-

sehr er auch in Eile war. Und ebenso atemlos, wie er es geschrieben hat, liest man es auch.
Gewiß, die sprachliche Brillanz des Journalisten Karl Kraus hat er nicht erreicht. Aber Kraus hat vielleicht gerade deshalb, weil er der absolute Meister des Wortes war, kaum über Österreich hinausgewirkt. Kisch war ein Weltbürger, konnte in jeder Sprache gelesen werden. Und steht neben Kraus als offizielle Pflichtlektüre für jeden angehenden Journalisten fest. Ein »Kisch-Preis« für die beste deutsche Reportage soll sie daran erinnern.
Aber auch andere Österreicher zählten zu den Top-Stars der internationalen Publizistik. Raoul H. Fleischmann aus Bad Ischl ging nach Amerika, wo er zuerst einmal recht kleine Brötchen buk: für den Familienbetrieb, der dann in der General Baking Company aufging. Aber 1925, als er den Brotberuf nicht mehr so nötig hatte, gründete er zusammen mit dem genialen Herausgeber James Ross den *New Yorker* und blieb mehr als 30 Jahre lang Chef dieses renommierten Magazins, das durch seine zahlreichen literarischen Entdeckungen eine besondere Stellung unter den amerikanischen Zeitschriften einnahm.
Einer der brillantesten Autoren des *New Yorker* war ein anderer Österreicher: Joseph Wechsberg. Nachdem er sich als Abgeordneter der jüdischen Partei im Prager Parlament und als Stehgeiger auf einem französischen Dampfer versucht hatte, fand er schließlich zu seiner wahren Berufung. Er schrieb stilsichere, espritgeladene Feuilletons, ein wenig vergleichbar mit Polgar und Friedell, aber für eine weitaus größere Leserschaft – denn er schrieb englisch.
Zwei andere Journalisten, die teils in Amerika, teils in der Bundesrepublik große Beachtung fanden, waren William S. Schlamm und Hans Habe. Beide waren wegen ihrer politischen Einstellung in Kollegenkreisen nicht ganz unumstritten, und Robert Neumann, der »Mit fremden Federn« berühmt gewordene österreichische Autor, soll, als er ebenso

wie Habe im Tessin wohnte, einmal den boshaften Zweizeiler verbrochen haben:

Es stinkt der See, die Luft ist rein
Hans Habe muß ertrunken sein!

Der Journalist Habe war schon durch seinen berühmten Vater, den Zeitungsherausgeber Imre Bekéssy, für seinen Beruf prädestiniert. Und ebenso literarisch vorbelastet war wohl auch ein anderer Österreicher, der es als Zeitungsmann weiterbrachte als alle anderen: Henry A. Grunwald, ehemaliger Chefredakteur von »TIME, Inc.«, dem amerikanischen Mediengiganten, der mit Magazinen wie *Time, Life, Money* und *Fortune* fast 20 Millionen Leser in aller Welt anspricht.

Henrys Vater war der Schriftsteller und Librettist Alfred Grünwald, der in Wien für die großen Operettenkomponisten seiner Zeit die Texte geschrieben hat. Für die »Gräfin Mariza«, die »Zirkusprinzessin« und die »Goldene Meisterin«, um nur drei der beliebtesten Damen aus dem Operettenfundus zu nennen. Auch »Viktoria und ihr Husar« und die »Blume von Hawaii« gehören zu Grünwalds populären Werken. Als Hitler einmarschierte, war es mit der Operettenseligkeit vorbei. Man sang nicht mehr »Mausi, süß warst du heute nacht«, sondern das Horst-Wessel-Lied, und Henry Grunwald, der bei einer normalen Entwicklung heute wahrscheinlich Musicals für das Theater an der Wien schreiben würde, mußte noch vor der Matura vom Gymnasium auf der Stubenbastei abgehen und mit seiner Familie Zuflucht in Amerika suchen.

Im Kino erweiterte er seine Englischkenntnisse, und 1944 begann er, ganz unten, als Copy-Boy, seine Karriere bei *Time.* Er war bereit, »schrecklich hart zu arbeiten«, wie sein erster Chef sagte, und seine Arbeit war hervorragend – »elegante, exakte Prosa«. Es ging steil bergauf in den 43 Jahren seiner publizistischen Tätigkeit – bis hinauf ins Chefbüro im 34. Stock des Time-Building. Aus dem kleinen

Heinzi Grünwald wurde der einflußreichste Journalist der Welt.
Aber damit war die Bilderbuchkarriere noch nicht zu Ende. Unter ganz anderen Vorzeichen setzte sie sich nach dem freiwilligen Ende seiner Journalistenlaufbahn fort. Am 20. Januar 1988 intonierte die Kapelle des Wiener Gardebataillons »The Star Spangled Banner«, und damit trat Henry Anatole Grunwald sein neues Amt als Botschafter der Vereinigten Staaten in Österreich an.
Das ist kein Repräsentationsjob. Nicht im Jahr 1988 und nicht nach einem etwas tollpatschigen Vorgänger. Da gilt es vorsichtig eine Menge Scherben wegzuräumen. Ein brillanter, kultivierter und couragierter Mann wie Henry Grunwald könnte dazu berufen sein.
In Wien wurde seine Berufung jedenfalls mit viel Hoffnung begrüßt. Schon weil es schön ist, wenn ein Österreicher wieder nach Österreich zurückkehrt. Obwohl Grunwald auf Distanz bleibt. »Österreich ist nicht meine Heimat«, sagte er. »Meine Heimat ist Amerika, das meine Denkweise und meine Karriere geprägt hat.«
Aber er ist gekommen. Das ist ein Zeichen, daß man vieles verzeihen und verstehen kann, nach all diesen Jahren. Und es ist eine Gelegenheit für Österreich, vieles wiedergutzumachen. So könnte der Amerikaner Grunwald doch noch ein ganz wichtiger Österreicher werden.
Nicht alle Österreicher in der Zeitungsbranche hat es so weit in die Welt verschlagen wie Henry Grunwald. Aber eben doch zu grüneren Wiesen: Im bundesdeutschen Blätterwald zwischen Burda und Bertelsmann gedeiht die journalistische Alpenflora ganz gut. Und sogar im *Spiegel* werken etliche Österreicher – vielleicht erscheinen gerade deshalb dort so viele böse Artikel über uns.

Immerhin darf sich Österreich schon mit einigen brillanten Federn schmücken. Und eine, die besonders geglänzt hat, darf man dabei auf keinen Fall vergessen: aus der alten Monarchie stammt auch der berühmteste aller Journalisten – Joseph Pulitzer.

Ein blöder Zufall entschied über sein Schicksal: die k. u. k. Armee wollte ihn nicht haben! Vielleicht wäre er früh gefallen, vielleicht uralt geworden und hätte die Soldatenzeitschrift *Spind* herausgegeben – aber ein solch furchtbares Leben blieb ihm durch den Spruch der Ärzte erspart. Pulitzer freilich wollte sich nicht damit abfinden, untauglich zu sein. Er ging nach Hamburg und musterte bei den amerikanischen Unionstruppen an. Die nahmen damals alles, was noch unterschreiben konnte. 1864 kam er nach Amerika und machte bald Karriere. Nicht beim Militär, sondern bei der Presse. Der legendäre Journalist gründete zuerst den *St. Louis Post-Dispatch* und wurde später Eigentümer der *New York World.*

Und nicht nur das, sondern ein Maßstab für die amerikanische Kultur schlechthin. Noch heute träumt jedes phantasiebegabte Kind in den USA, wenn es das ABC lernt, davon, einmal den großen amerikanischen Roman zu schreiben. Und die Belohnung dafür ist der »Pulitzer Prize«.

Und wenn es zum Dichter nicht reicht, dann vielleicht zum Journalisten. Auch hier winkt dem Besten ein Pulitzer-Preis. Es gibt nichts, was ein Journalist nicht tun würde, um einmal diese jährliche Auszeichnung zu erlangen. Bob Woodward und Carl Bernstein beispielsweise haben dafür einen Präsidenten gestürzt. Ihre Watergate-Reportage war das Ende Nixons und der Anfang einer glanzvollen journalistischen Karriere.

Alles dank Joseph Pulitzer. Von dem die österreichischen Annalen nur künden, daß er »untauglich« war! Der Pulitzer-Preis wird wohl noch lange die Träume aller schreibenden Amerikaner durchgeistern. Sein Nimbus hat sich bis heute nicht abgenützt, im Gegenteil sogar noch gesteigert. Denn nicht nur Ruhm und Reichtum sind damit verbunden. Seit die Geschichte von Bernsteins und Woodwards großem Coup auch als Film ein Welterfolg wurde, darf jeder US-Journalist zusätzlich noch auf die Verwirklichung des allergrößten »amerikanischen Traums« hoffen: einmal im Leben von Dustin Hoffman oder Robert Redford verkörpert zu werden!

MUSIK I
oder
Der Takt war immer unsre Stärke

Die wahre Domäne der Österreicher ist allzeit die Musik gewesen. Selbst wenn man die Österreicher kritisieren will – als leichtsinnig, oberflächlich und vergnügungssüchtig –, tut man es mit einem musikalischen Vergleich: das Volk der Tänzer und Geiger! Nicht das Volk der Mitläufer und Zustimmer, obwohl man auch das noch musikalisch interpretieren könnte. Aber Tänzer und Geiger klingt um vieles charmanter, und man kann sich doch nur mit Charme einem Volk nähern, das so durch und durch musikalisch ist. Auf diesem Gebiet läßt sich der Weltruf Österreichs denn auch nicht verschleiern oder gar verschweigen. Die Töne haben sich längst selbständig gemacht. Und wenn man sich auch heute bemüht, wenigstens ein paar Mißtöne hineinzubringen – durch das Intrigenspiel um die Staatsoperndirektion oder die Salzburger Festspiele –, so stehen dem viel zu viele Harmonien großer Meister entgegen.
Selbst der voreingenommene Berichterstatter muß zugeben: Österreich musikalisch völlig abzuwerten ist ein Ding der Unmöglichkeit. Aber das Kapitel Musik aus diesem Geheimreport einfach auszuklammern wäre auch nicht ratsam: der eine oder andere Leser – Sie sehen, der Autor rechnet mit mindestens zwei Stück – könnte es bemerken und hier gleich wieder einen politischen Vertuschungsskandal wittern, wie er in weit harmloseren Bereichen von der Vetternwirtschaft bis zum Waffenschmuggel in letzter Zeit so gerne den staunenden Staatsbürger irritiert.
Deshalb treten wir auch diesem Thema mit derselben Offenheit nahe, die alle anderen Kapitel des vorliegenden

Werkes auszeichnet. Sollte dies einmal in plumpe Schmeichelei und zungenfertiges Lobhudeln ausarten, dann gewiß nur dort, wo es nach Lage der Dinge unvermeidlich ist.

Daß Wien die Welthauptstadt der Musik ist, weiß inzwischen wohl jedes Kind. Deshalb ist das auch keine Schmeichelei, sondern ein unumstößliches Faktum. Wien hat sich diesen Ruf erworben, weil es im Lauf der Jahrhunderte die großen Musiker und Komponisten der Welt magisch angezogen hat. Ob Rossini oder Wagner – in Wien mußten sie gefallen; ob Paganini oder Chopin – in Wien wollten sie brillieren. Die Wiener Philharmoniker sind noch immer der gefragteste Klangkörper der Welt, ab 1989 findet jedes Jahr im Februar eine eigene Wiener-Philharmoniker-Woche in New York statt, und 1992 wird das superbe Orchester unter Bernstein und Abbado internationale Konzerttourneen abhalten – zur Feier seines 150. Geburtstages! So alt wird man wohl kaum, wenn man nicht wirklich einzigartig ist.

Natürlich hatten die Wiener Philharmoniker auch immer die besten Dirigenten der Welt und das beste Material, denn die sogenannte klassische Musik war nun einmal die Domäne der Österreicher. Selbst wenn man nur ein paar von ihnen nennen will, weiß man nicht recht, wo man eigentlich beginnen soll. Eine alle befriedigende Auswahl kann es ohnehin nicht werden, aber vielleicht genügt es, wenn man ein paar der wichtigsten Persönlichkeiten nennt: Haydn, Beethoven, Mozart, Bruckner, Schubert und Strauß. Allen gemeinsam war eine geniale musikalische Kreativität – und ein nicht unbedingt erstrebenswertes Privatleben. Fast alle großen Österreicher hatten ein etwas gestörtes Verhältnis zum weiblichen Geschlecht, so auch die Komponisten. Joseph Haydn titulierte seine Gattin als »mein Weib, die höllische Bestie«, Mozarts Konstanze setzte ihrem Gatten ein stattliches Geweih auf. Beethoven und Bruckner verliebten sich immer in etwas Unerreichbares und wurden zu knurrigen Hagestolzen, und der Schubert-Franzl konnte es überhaupt nur mit Prostituierten, woran er dann auch ziemlich früh zugrunde ging. Es wäre gewiß ein lohnendes Thema für einen Psychologen oder Kunsthistoriker, wie weit die abendländische Kultur von unerfüllter oder irregeleiteter Sexualität geprägt wurde. Aber wer sollte darüber schreiben? Die Psychologen verstehen nichts von der Kunst und die Kunsthistoriker nichts von Erotik – und selbst wenn sich zwei zusammentäten, würde jeder wahrscheinlich über das urteilen, was er nicht versteht. Also bleiben wir lieber bei der Musik.

Joseph Haydn, geboren 1732, war der erste große Meister der Wiener Klassik. Seine musikalische Karriere begann er als Sängerknabe. Eine profunde Ausbildung und etwas Glück im gesellschaftlichem Umgang bescherten ihm relativ früh eine geachtete Stellung als Kapellmeister beim Fürsten Esterházy. Natürlich war ein Musiker damals nicht viel mehr als ein Lakai, der für die notwendige Unterhaltung zu sorgen hatte. Mit ein bißchen Tafelmusik, damit der Braten besser verdaut wurde, oder auch ein paar frommen Takten, um die Langweiligkeit der unzähligen kirchlichen Feiertage ein wenig erträglicher zu machen. Dann noch ein Geburtstagsständchen für den lieben Herrn Fürsten oder was Flottes zum Beginn der Jagdsaison – das Schaffen eines Künstlers richtete sich nach ziemlich konkreten Aufträgen. Aber das hat einem wirklichen Genie eigentlich niemals geschadet. Die Künstler machten das sogar freiwillig. Haydn beispielsweise ärgerte sich einmal, als er sich für eine Abendgesellschaft fertig machte, über sein stumpfes Rasiermesser und beklagte sich wütend bei seinem zufällig anwesenden Verleger Bland. »Dieses verdammte Rasiermesser! Grad, wo ich so in Eile bin! Mein schönstes Quartett würde ich für ein anständiges Messer hergeben!« Worauf ihm Bland spornstreichs eins besorgte.

Und Haydn schrieb ihm dafür das bekannte »Schermesser-Quartett«.
Wenn ein Künstler als Hofbeamter auch nur irgendwie zum Dienstpersonal zählte, so hatte er doch ein nicht zu knappes und gesichertes Einkommen. Und Haydn wußte seine Stellung auch sonst recht erfolgreich zu nützen. Er ließ natürlich auch Musik anderer Komponisten aufführen – die förderten dann wieder die seine. Das war dasselbe Prinzip, wie es etwa heute bei Rundfunk und Fernsehen herrscht: Nimmst du mich in deine Sendung, nehm ich dich in meine Sendung – die internationale Solidarität derjenigen, die am Drücker sitzen!
Bei Haydn half es mit, seinen Ruf über ganz Europa zu verbreiten, und zahlreiche Gastspiele halfen mit, diesen Ruf zu zementieren. Besonders in England wurde Haydn zu einer Berühmheit ersten Ranges, und die High-Society riß sich darum, ihn kennenzulernen oder sogar sein Schüler zu werden. So wurde Haydn auch von der Frau eines steinreichen Lords gebeten, ihr Klavierstunden zu geben. Das tat der Meister zwar nicht gerne, aber da war doch die Ehre – und dann auch noch das viele Geld –, er gab also. Das heißt, er holte sich sein Honorar ab und plauderte dafür mit Lord und Lady ein wenig übers Wetter, das Klavier wurde dabei nicht angerührt. Die Lady hatte weder Lust noch Talent – sie wollte nur, daß ihre Freundinnen vor Neid zerplatzten, weil ihr der große Haydn Klavierstunden gab.
Das sonst so zugeknöpfte englische Publikum verlor bei Haydn jede britische Steifheit. Als er in London dirigierte, brach ein Taumel der Begeisterung aus. Beim Schlußapplaus wurde die Bühne regelrecht gestürmt, alle Konzertbesucher drängten sich um den Meister, als plötzlich das Phantom der Oper zuschlug: ein riesiger Kronleuchter donnerte mitten ins Parkett. Das zum Glück völlig leer war, weil alle Zuschauer sich um die Rockzipfel des Meisters geschart hatten. Haydn hat das mit den Worten kommentiert:

»Sehen Sie, meine Musik ist doch zu etwas gut. Jetzt hat sie vielen Menschen das Leben gerettet.«
Die Symphonie, die er damals spielte, wurde von ihm später nur noch »Mirakel« genannt.
Von seinen unzähligen Werken sind die Oratorien »Die Schöpfung« und »Die Jahreszeiten« vielleicht am berühmtesten geworden, aber auch seine sonstigen Kompositionen erfreuten sich schon bei den Zeitgenossen höchster Wertschätzung und machten Haydn zu einem reichen Mann. Wie ja überhaupt das gern verbreitete Gerücht, daß Österreich seine Genies stets verkannte und im Elend verkommen ließ, gerade auf die Musiker überhaupt nicht zutrifft. Fast alle hatten ihr Publikum, ihre Gönner und Mäzene, und manche verdienten eine Menge Geld. Wenn auch natürlich nicht so viel, wie heute noch die Schallplattenfirmen an ihnen verdienen.
Haydn jedenfalls war ein gefeierter Star seiner Zeit. Als die Truppen Napoleons im Mai 1809 in Wien einmarschierten, nahm sogar der Eroberer Rücksicht auf den greisen Komponisten: vor dem Haus Haydns wurde Stroh aufgeschüttet, damit der Kranke nicht in seiner Ruhe durch Pferdehufe und Kommißstiefel gestört wurde. Am 31. Mai verstarb Joseph Haydn. Gewiß nicht unzufrieden mit seinem Leben, denn er sagte einmal: »Junge Leute werden an meinem Beyspiel sehen können, daß aus dem Nichts doch Etwas werden kann.« Sogar sehr viel. Das haben ihm die hochgestochensten Kritiker auch noch posthum bestätigt. Und selbst das gemeine Volk wird ihn immer in Erinnerung behalten, denn fast jeder kennt heute noch die Melodie der früheren österreichischen Hymne, Haydns Musik mit dem Text »Gott erhalte Franz den Kaiser«. In Österreich wird die Kaiserhymne zwar schon lange nicht mehr gesungen, aber man hört die Melodie noch vom Nachbarn herüber, wo Haydns Werk noch immer als Hymne benutzt wird – wenn auch mit dem Text Heinrich Hoffmanns von Fallers-

leben, wobei seit 1952 nicht die bekannte erste Strophe (»Deutschland, Deutschland über alles«), sondern nur die dritte (»Einigkeit und Recht und Freiheit«) gesungen wird.

Aber wir haben in Österreich schließlich so viel Musik, daß wir der Bundesrepublik die Hymne gerne schenken. Sie schenkte uns dafür ja auch etwas Unvergängliches: Ludwig van Beethoven.

Beethoven wurde 1770 in Bonn geboren. 1792 schickten ihn betuchte Bonner Bürger auf die Reise nach Wien – und das war wohl das Gescheiteste, was je in Bonn verabschiedet wurde, behaupten spitze Zungen in Anspielung auf die heutige Regierungsstadt. Beethoven sollte sich bei Haydn fortbilden, verstand sich aber mit dem Lehrer gar nicht und suchte sich einen anderen. Der muß auch nicht schlecht gewesen sein, denn der Ludwig erfüllte bald alle in ihn gesetzten Erwartungen. Freilich hatten seine Bonner Gönner nichts mehr davon, denn Beethoven hatte beschlossen, ein Wiener zu werden.

Immerhin ging es ihm hier nicht schlecht, denn auch Beethoven war schon in jungen Jahren ein anerkannter und geachteter Musikus. Obwohl nicht alle seine Kritiker zu seinen Lebzeiten zärtlich mit ihm umgingen. Die *Allgemeine Zeitung* etwa schrieb über seine Sonaten: »Gelehrt und immerfort gleich gelehrt und keine Natur, kein Gesang.« Doch kurz darauf gab sich der Rezensent wieder großzügiger: »Unterdes soll diese Arbeit darum nicht weggeworfen werden.«

Auch Beethoven zeigte sich manchmal großzügig und fand, daß man nicht alles gleich wegwerfen dürfe. So eines Abends, als er die Uraufführung von »Leonore oder die heimliche Liebe«, eine Oper des zu Recht inzwischen vergessenen Komponisten Ferdinand Paer, sah. Nach der Vorstellung drückte Beethoven dem Komponisten ein hohes Lob aus. »Ihre Oper gefällt mir!« Paer war selig, aber da fuhr Beethoven fort: »Daher werde ich sie in Musik setzen!«

Er tat es auch wirklich. 1805 hatte der »Fidelio« seine Premiere. Bei der allerdings weniger Beifall aufbrauste als seinerzeit bei Paers Oper, »... und das Theater blieb gleich nach der ersten Vorstellung ganz leer«, wie die Journale berichteten.

Finanziell ging es Beethoven allerdings nicht schlecht, denn er hatte eine Menge Aufträge, und ein paar hochadelige Gönner zahlten ihm eine jährliche Leibrente, um den großen Tonschöpfer ganz an Wien zu binden.

Was ihm wirklich zu schaffen machte, war die zunehmende Taubheit und die daraus resultierende Isolation, das wachsende Mißtrauen gegen alle, die ihn umgaben. Seine Haushälterinnen wechselte er wie die Hemden. Eine feuerte er, weil er sie bei einer Lüge ertappt hatte, denn: »Wer eine Lüge sagt, ist nicht reinen Herzens, und eine solche Person kann auch keine reine Suppe kochen!« Die Freunde, die fürchteten, er müsse nun verhungern, lud er zum Mittagessen ein, um zu beweisen, daß er alleine für sich kochen könne. Nach der Mahlzeit waren sich die Gäste zumindest einig, daß Verhungern noch die schönere Todesart wäre.

Beethoven ging auch selbst auf den Markt einkaufen und feilschte um jeden Kohlstrunk, nur um letzten Endes doch übervorteilt zu werden, weil er von Preisen keine Ahnung hatte. Die Hausarbeit ließ er allerdings links liegen, das Bett wurde nie mehr gemacht, das Geschirr nicht abgewaschen, und die kostbaren Noten lagen zwischen verschimmeltem Unrat. Irgendwann kamen dann wieder einmal neue Haushälterinnen, aber auch die verfolgte er mit Mißtrauen und zählte ihnen sogar die Kaffeebohnen vor.

Nur eine wußte ihn zu nehmen: »Wenn Sie so dünnen Kaffee trinken, Monsieur, hat Ihr Blut gar keine Wallung mehr, und Sie werden vertonen wie ein Dilettant«, don-

nerte der Küchendragoner. »Ihre letzten Sachen sind auch schon nicht mehr so gut!«
Da holte das knickrige Genie schnell noch ein paar Bohnen aus der Dose.
Freilich, die kleinen Schwächen großer Männer sieht erst die Nachwelt. Die Mitwelt feierte ihn als Titanen, und wenn er als Musikus auch für die Kaiser und Könige der Epoche noch zum »Personal« zählte, war er halt doch schon der Titan des Personals. Seine Meinung über die Mächtigen war weniger schmeichelhaft, nur den Napoleon verehrte er innig, und seiner 3. Symphonie hatte er den Titel »Bonaparte« gegeben. Aber als er erfuhr, daß der kleine Korse zum Kaiser ausgerufen wurde, bekam er einen Wutanfall: »So ist auch er nur ein gewöhnlicher Mensch! Jetzt wird er beginnen, alle Menschenrechte mit Füßen zu treten, wird nur seinen Ehrgeiz befriedigen, sich über alle anderen erheben wollen und ein Tyrann werden!«
Und weil er das völlig richtig sah, vernichtete er die Widmung an Bonaparte, und aus der Symphonie wurde die »Eroica«.
Was die Popularität des Werkes hob und der Qualität keinen Abbruch tat.
Napoleon starb als einsamer Tyrann, Beethoven, der einsame Titan, wurde auf seinem letzten Weg immerhin von 20 000 Menschen begleitet. Natürlich wurde bei seinem Begräbnis viel Schwülstiges geredet – wie auch heute noch, wenn die Fachleute über Beethoven ins Schwärmen geraten. Aber gönnen wir ihm lieber einen erheiternden Nachruf. Nach einer »Eroica«-Aufführung in Liverpool schrieb das angesehene Handelsblatt: »Was die Baumwolle beträfe, sei Liverpool ohne Zweifel der erste Platz der Welt. Aber man müsse doch ernstlich bezweifeln, ob sich in Liverpool auch nur fünfzehn Personen fänden, die imstande seien, eine Symphonie wie die ›Eroica‹ zu schreiben!«

Wenn es noch einen größeren Komponisten als Haydn und Beethoven gab, dann kann es nur Wolfgang Amadeus Mozart sein, geboren 1756 in Salzburg. Mozart war ein Wunderkind. Mit fünf Jahren komponierte er sein erstes Werk, als Sechsjähriger begann er mit Vater und Schwester auf Tournee zu gehen, spielte vor Königen und in Kneipen, und überall verblüffte er das Publikum mit seiner Virtuosität. Schon der Vierzehnjährige wurde vom Papst zum Ritter vom goldenen Sporn ernannt – von verkanntem Genie kann also auch bei Mozart keine Rede sein.

Noch weit deutlicher allerdings als bei seinen Kollegen klafft bei Mozart der Zwiespalt in der Persönlichkeit: zwischen musikalischem Genie und menschlicher Unzulänglichkeit. Mozart blieb sein Leben lang ein Wunderkind, kindisch und wunderlich. Der »Shakespeare der Musik« sah nach der Beschreibung des Chronisten Hormayr nicht gerade umwerfend aus: »Der große Künstler war von Person klein und unansehnlich, in seinen Zügen nichts bedeutend als das feurige Auge.« Das feurige Auge warf Mozart gern auf weibliche Schönheit. Er liebte Sex, er liebte derbe Späße und deftige Ferkeleien. All das geht beispielsweise aus einem Brief an seine erste Geliebte, das »Bäsle« Thekla hervor: »Ja so gehet es auf dieser Welt, der eine hat den Beutel, der andere das Geld, mit wem halten Sie es? – mit mir, nicht wahr? Das Glaub ich. iezt ists noch ärger ... iezt wünsche ich eine gute nacht, scheißen sie ins beet daß es kracht; schlafens gsund, reckens den Arsch zum mund; ich gehen izt Schlaraffen und thue ein wenig schlaffen ... Nun leben sie recht wohl, ich küsse sie 10 000mal und bin wie allzeit der alte Sauschwanz Wolfgang Amadé Rosenkranz.«

Ein munterer Geselle. Ein bißchen bescheuert, seinen Briefen nach zu schließen, auf alle Fälle ein alter Sauschwanz. Seine Frau Konstanze hatte es auch nicht leicht mit ihm, aber dafür knöpfte sie ihm regelmäßig die Moneten ab und arbeitete außer Haus kräftig an der Hornviehgestaltung, indem sie ihrem Wolfgang ein hübsches Geweih aufsetzte. Der war aber viel zu beschäftigt mit Trinken und Spielen, um das zu bemerken. Und was das Spielen anbelangt, so beschränkte er sich nicht aufs Spinett – er liebte auch die Karten und das Billard, wobei er Unsummen verlor. Mozart war nämlich ein Großverdiener, und daß er bei seinem Tod nur Schulden hinterließ, lag einzig und allein an seiner Leichtfertigkeit. Die Sparsamkeit war nicht sein Metier: »Ich möchte alles haben, was gut, recht und schön ist«, gab er zu, als er von einem roten Frack mit reich verzierten Knöpfen schwärmte.

Aber er war auch fleißig. Fachleute meinen, daß es einem Kopisten, der doppelt so alt würde wie Mozart, nicht gelänge, all das nur abzuschreiben, was Mozart in seinem kurzen Leben alles komponiert hat.

Und was immer man von seinem Charakter halten mag, er war ein Genie. Das haben schon seine bedeutendsten Zeitgenossen zu Protokoll gegeben, etwa Joseph Haydn, der Mozarts Vater gestand: »Ich sage Ihnen vor Gott als ehrlicher Mann, Ihr Sohn ist der größte Komponist, den ich von Person und dem Namen nach kenne.«

Aber Mozart zu beweihräuchern hieße Eulen nach Athen tragen – oder Musik nach Österreich. Der Film »Amadeus« hat ihn sogar bei der Jugend populär gemacht wie keinen anderen klassischen Komponisten. Durch Falcos Schlager »Amadeus«, der von Japan bis Israel die Hitparade anführte, kennen sogar die Sechs- bis Zwölfjährigen seinen Namen. Wer seine Musik zelebriert erleben will, kann die Salzburger Festspiele besuchen, und der ihn gerne pur hört, muß nur noch ein bißchen warten – bis Harnoncourt auch in Salzburg dirigieren darf.

Zu Mozarts widersprüchlicher Persönlichkeit paßt es eigentlich ganz gut, daß er rechtzeitig zu seinem 200. Todestag populär geworden ist wie noch nie – durch einen Blödsinn. Durch das angebliche Rätsel um seinen Tod, das in

Shaffers Erfolgsstück »Amadeus« ausgeschlachtet wird und seither auch zu zahlreichen, noch dubioseren Theorien geführt hat. Daß der Wolferl vom eifersüchtigen Gatten seiner Schülerin und wahrscheinlich auch Freudenspenderin Maria Magdalena Hofdemel umgebracht wurde, läßt sich nicht belegen. Daß ihn seine freimauernden Logenbrüder zu Tode befördert haben, ist Unsinn. So viele Mozarts hatten die auch wieder nicht in ihrem Verein, daß sie auf einen Promi wie Amadeus hätten verzichten können, auch wenn er sie mit seinem ständigen Geldausborgen manchmal ganz schön geschlaucht hat. Und daß ihn der Hofkompositeur Saleri vergiftet hat, ist erst recht blödsinnig. Saleri war selbst ein bedeutender Künstler, weitaus geachteter als der Hallodri Mozart, hatte also keinerlei Grund zur Eifersucht, und soviel man von ihm weiß, war er eher ein Förderer junger Künstler als ein Verhinderer. Und wie ist Mozart dann gestorben? Ganz einfach an der Kunst der Ärzte. Der natürlichsten Todesart überhaupt.
Daß er schon mit 35 Jahren starb, war für ihn persönlich gewiß tragisch. Für die Nachwelt kaum, denn die Spekulation, was hätte ein Genie wie er noch in reiferen Jahren geschrieben, ist müßig. Mozarts Musik war die Musik eines reifen Künstlers. Von Anfang an. Er hatte eine Botschaft zu überbringen. Als sein Auftrag vollendet war, trat er ab. Es wäre nichts mehr nachgekommen. Mit den Jahren hat das nichts zu tun, nur mit dem schöpferischen Potential eines Menschen.
Sein Grab ist heute nicht mehr zu finden. Das »Klein-Kaisersteinsche Haus, Rauhensteingasse No. 934 nächst St. Stephan«, wo er 1791 verschied, mußte längst einem Warenhaus weichen. Pietätvoll, wie der Großunternehmer Konsum ist, hat er dort eine winzige Mozart-Gedenkstätte errichtet, im 5. Stock in der Camping-Abteilung. Nicht leicht zu finden, aber irgendwo zwischen einer Plastikrodel und einem Gummiboot muß es sein. Und das ist gut so, denn

wir wollen die Welt ja nicht dauernd mit der Nase darauf stoßen, welche Berühmtheiten hier zu Hause waren, sondern lieber unsere Bescheidenheit durch eindringliche Beispiele dokumentieren.
Auch in diesem Bericht. Und deshalb wollen wir nicht mehr von zu vielen österreichischen Genies sprechen. Vergessen wir Leute wie Johannes Brahms, von dem sogar sein erbitterter Gegner Hugo Wolf nach einem Konzert sagte: »Zum Teufel! Und's g'fallt mir ja doch!« Vergessen wir Hugo Wolf, dem selbst der von ihm gepeinigte Brahms die Hochachtung nicht versagen konnte.
Vergessen wir sogar Franz Liszt, obwohl Maurice Ravel sagte: »Von Liszts Musik wird sich ein ganzes Jahrhundert nähren!«
Aber den Franz Schubert kann man nicht ganz übergehen. Schon weil er wirklich ein verkanntes Genie war. Und weil er wirklich arm war wie eine Kirchenmaus. Wenn er einmal ausgehen wollte, war es ihm meist nicht einmal möglich, ein paar anständige Socken in seinem schmalen Garderobenschrank zu finden. So war es schon Galgenhumor, als er zu Moritz von Schwind bemerkte: »Mir scheint, daß man heutzutage in Wien gar keine Strümpf' ohne Löcher mehr fabriziert.«
Schubert kam als elftes Kind eines armen Schulmeisters zur Welt, und wenn es nach dem Vater gegangen wäre, sollte er auch einer werden. Aber das hielt er nicht lange aus und wurde freischaffender Künstler. Manchmal verdiente er ein paar Gulden, die wurden dann sofort in Gesellschaft der treuen Freunde verpraßt, mit denen er seine »Schubertiaden« feierte. Aber die Durststrecken waren noch größer als der Durst. Nur einmal hatte er mit einem Konzert einen größeren Erfolg, ansonsten galt er in Wien als ein eher verdächtiges Subjekt, das seinen liederlichen Lebenswandel mit volkstümlicher Musik bestritt, und in der großen Welt galt er gar nichts. Als Goethe seine Verto-

nung des »Erlkönigs« erhielt, würdigte er den jungen Komponisten nicht einmal einer Antwort.
Nur Beethoven schätzte ihn, aber das reichte auch nicht zum Leben. Und weil er sonst gar nichts hatte, holte er sich irgendwann die Syphilis und ging pflichtschuldigst mit 31 Jahren daran zugrunde. Ein liederliches Leben war zu Ende, ein wahrhaft liederliches, denn noch mehr als seine Symphonien und Messen werden seine Lieder inzwischen auf der ganzen Welt geschätzt, und der »Erlkönig« ist auch ohne Goethes Segen ein Evergreen geworden.
Ein anderer österreichischer Komponist hat eigentlich sein Leben genauso begonnen wie Schubert. Geboren als Sohn eines Lehrers, begann seine musikalische Ausbildung als Sängerknabe, dann wurde er Schulgehilfe. Aber damit sind die Parallelen auch schon weitgehend erschöpft. Anton Bruckner stammte aus Oberösterreich, kam vom Land und war kein leichtsinniger Mensch, sondern von einer tiefen, schlichten Frömmigkeit. Auch nicht gerade der Typ des Erfolgsmenschen, dennoch machte er Karriere: als Orgelspieler wurde er in ganz Europa gefeiert. Aber der Lorbeer aus Paris, London und Rom galt dem Organisten – der Komponist Bruckner erzielte zu Lebzeiten nie den großen Durchbruch. Und er litt darunter, obwohl er in seinem harten Bauernschädel schon wußte, was er wert war. Außer bei den Frauen. Bruckner verliebte sich pausenlos, aber wenn eine so war, daß sie ihm gefiel, dann fand er sie selbst schon wieder zu schade für sich. Ein tolles Liebesleben kam auf diese Weise nicht zustande. Nur in der Musik kannte er bei aller Bescheidenheit doch seinen Stellenwert. Am schönsten ausgedrückt hat er das einmal in einem einzigen Satz: »Der Herr Dr. Brahms – alle Achtung; aber meine Sachen sind mir lieber.«

Die Nachwelt ließ Bruckner auch als Komponisten Gerechtigkeit erfahren. So weit es eben geht, denn so richtig populär können die Vertreter der ernsten Musik nicht werden. Richtig populär ist ja überhaupt nur ein Österreicher geworden, und dem hat das wieder geschadet, weil man auf Grund der Popularität den Wert seiner Musik unterschätzt. Dabei war er doch zweifellos auch ein Genie, der »Schani« Johann Strauß.

Schon sein Vater war ein genialer Musiker. Die *Wiener Theaterzeitung* beschrieb ihn einmal als »dieser Mozart der Walzer, der Beethoven der Kotillons, der Paganini der Galoppe, der Rossini der Potpourris« – mehr Superlative gibt es ja kaum, aber der Schöpfer des Radetzkymarsches hat sie wahrscheinlich alle verdient. Der Junior, geboren 1825 in Wien, hatte die Musikalität geerbt, ebenso wie seine Brüder Josef und Eduard. Aber nach dem Willen des Vaters sollten sie sich absolut nicht auf diesem Gebiet hervortun. Eduard sollte als Diplomat Karriere machen, wurde aber Musiker. Josef, der vielleicht begabteste Komponist des Triumvirats, beugte sich dem väterlichen Willen, wurde brav Ingenieur und erfand die Straßenkehrmaschine. Aber der Bedarf an Sträußen war so groß, daß er eines Tages doch in das Familienunternehmen einsteigen mußte und ebenfalls Musik machte. Johann hätte Beamter werden sollen, aber das paßte am wenigsten zu ihm. Er war ein aufrührerischer Geist und fidelte für die Revoluzzer von 1848 auf seiner Geige sogar die Marseillaise. Aber im Grunde war es wohl weniger die Politik, die ihn dabei faszinierte, als die schmissigen Melodien, denn späterhin gab er sich nur noch mit der Musik ab.

Eine Konzertreise nach St. Petersburg machte den Liebling der Wiener auch zum internationalen Star. Übrigens hatte er auf diese Reise auch seinen schwarzen Pudel mitgenommen und war erschüttert, als das schöne Tier plötzlich immer mehr von seinem Fell verlor. Er wollte seinen Kammerdiener Leibrock eilends zum Tierarzt schicken, da legte dieser verschüchtert ein Geständnis ab. Johanns Verehre-

rinnen boten ihm hohe Trinkgelder an, wenn er ihnen eine Locke des Meisters als Souvenir verschaffen könne – und da er den Meister ja nicht kahlscheren konnte, vergriff er sich eben am Hund.
Da diese Anekdote später auch aus Amerika berichtet wurde, hat es den Anschein, daß Strauß von der Idee begeistert war und nie wieder ohne Pudel auf Tournee ging.
Seine Gastspiele brachten Strauß nicht nur viel Geld, sondern machten ihn auch zu einem echten Weltstar. Ohne die modernen Medienkampagnen unserer Zeit, ohne Rundfunk, Fernsehen und Schallplatten erregte er mehr Aufsehen, als wenn heute Michael Jackson mit 10 Tonnen Verstärkern und einer Lasershow auf Tournee geht.
Für seine Gastspiele beim Jubiläum für den Weltfrieden in Boston 1872 bezahlte man ihm 100 000 Dollar – für damalige Verhältnisse eine unvorstellbare Summe. Und man baute für ihn eine Halle, die 100 000 Besucher fassen konnte – ganz Amerika lag dem Walzerkönig buchstäblich zu Füßen.
1874 erblickte sein wahrscheinlich bedeutendstes Werk das Rampenlicht der Welt: »Die Fledermaus«. Mehr als 100 Jahre später gehört diese Operette noch immer zu den meistgespielten Bühnenwerken überhaupt – Johann Strauß ist noch immer ein Weltstar. Und daß der Walzerkönig mit Recht zu den größten Tonschöpfern der Geschichte gerechnet wird, auch wenn er das Publikum der Vorstadt genauso begeisterte wie die Musikexperten im Frack, haben ihm schon seine Zeitgenossen bestätigt. Hector Berlioz etwa, Johannes Brahms und vor allem Richard Wagner, der enthusiasmiert feststellte: »Der musikalischste Kopf, dem ich je begegnet bin.«
Natürlich, manchmal ging sogar dem Johann Strauß was daneben. Da schüttelten die Leute dann betrübt die Köpfe: »Die Nacht in Venedig« – entsetzlich. Und der »Donauwalzer« – eine Katastrophe!

Aber die verunglückte Premiere der Operette erlebte noch tausend glücklichere Wiederholungen. Und der Donauwalzer, der 1867 mit einem miserablen Text zum Eklat geworden war, feierte 1890 mit der Zeile »Donau so blau« fröhliche Auferstehung und ist so etwas wie die heimliche Hymne Österreichs geworden.

Natürlich gab es noch mehr bedeutende Komponisten hierzulande. Doch wollen wir vorderhand mit der Musik Schluß machen, es sähe sonst zu sehr nach Prahlerei aus. Und falls sich jemand den Kopf darüber zerbricht, weshalb wir gerade an dieser Stelle aufhören: dies geschieht auf Rat eines Experten. Richard Wagner hat nämlich einmal gesagt: »Ich trinke auf unsere großen klassischen Komponisten von Mozart bis Strauß!« Und dieser Beschäftigung möchte sich der Autor nun auch für die nächsten Stunden hingeben.

KULINARISCHES
oder
Botschafter des guten Geschmacks

Wenn man die Österreicher negativ klassifizieren will, werden sie gerne als Genußmenschen hingestellt. Positiv ebenfalls. Aber schließlich ist Genuß und Genießertum doch etwas, was mit Ausnahme einiger hinterindischer Fakire, stalinistischer Ideologen und schiitischer Glaubensfanatiker alle Menschen auf Erden anstreben, die guten Willens sind. Und wenn man die Österreicher dafür als Symbol verwendet, ist das ja noch lange keine Ehrabschneidung.

Das Wort Genuß geht den Österreichern sehr flüssig über die Lippen, denn in erster Linie denkt man dabei an den Wein. Allgemein heißt es, die Römer hätten die ersten Rebstöcke angepflanzt, aber das bilden die sich nur ein, schon die Kelten kelterten hier ihren Traubensaft. Die Geschichte des Vollrausches reicht hier also weit in die Vergangenheit zurück und wird schon aus Traditionsbewußtsein ständig um neue Kapitel ergänzt.

Im Durchschnitt erreicht der österreichische Wein zwar nicht die Qualität italienischer oder französischer Sorten, aber die Spitzenerzeugnisse können sich international durchaus sehen lassen, und auch der Rest, besonders der trockene Weiße, findet noch allemal seine Liebhaber. Daß vor ein paar Jahren einmal die Weinvorräte mit Frostschutzmitteln gestreckt wurden, regt heute niemanden mehr auf. Die Österreicher haben ohnehin davon kaum genippt, da sie so süße Sorten nicht mögen. Also ging das meiste in die BRD, und dort wird man ja wohl nicht im Ernst erwartet haben, daß wir eine echte Spätlese um 3 Mark pro Flasche liefern können. Aber wenn die Gier der Produzen-

ten und die Geschmacklosigkeit der Konsumenten zusammentrifft, kommt es eben zu solchen Wundern.
Inzwischen hat Österreich das allerstrengste Weingesetz bekommen und garantiert für die höchste Reinheit seiner Produkte. Wenn man trotzdem nach einer feuchtfröhlichen Nacht mit einem Kater aufwacht, kann es nur an der Menge des Genossenen liegen.
Auch das Biertrinken hat hierzulande Tradition. Es gab echte Bierbrauerdynastien, die viel zur Entwicklung von Hopfen und Malz beitrugen. Die Familie Mautner Markhof etwa, die eine neue Methode zur Lagerung des Gerstensaftes erfand und die Trinkkultur durch den damals weitverbreiteten »Normal-Bierlagerkeller System Mautner« bereicherte. Oder die Familie Dreher, bereits 1921 der führende Bierproduzent der Welt – in Italien etwa ist die Marke »Birra Dreher« noch heute ein geachteter Qualitätsbegriff.
Wer lieber ganz auf den Alkohol verzichtet – es gibt auch solche Menschen –, der kann sich mit österreichischem Mineralwasser trösten. Das »Vöslauer« etwa übertrumpfte bei einer Verkostung in Amerika alle anderen Weltmarken.
Und der österreichische Marktleader »Römerquelle« ist nur deshalb international wenig bekannt, weil er sich trotz zahlreicher Angebote, vor allem aus dem arabischen Raum, standhaft weigert, die Kapazität seiner berühmten Quelle auszuweiten.
Über den Keller ist damit wohl genug gesagt; was die Küche anbelangt – nun, da gibt es nicht sehr viel zu sagen. Die österreichische Küche verfügt nur über zwei signifikante Eigenheiten: sie ist zu fett und zu reichhaltig. Für ein von zwei Weltkriegen und diversen Hungerjahren geprägtes Volk zählt noch immer, daß möglichst große Portionen auf den Tisch kommen.
Aber eine typisch österreichische Küche hat es ja eigentlich nie gegeben. Das Gulasch kommt aus Ungarn, die Knödel

aus Böhmen, das Schnitzel aus Italien und das Wiener Würstchen aus Frankfurt. Und in den letzten Jahren ist das Niveau überhaupt eher »weltweit« geworden. Die jungen Leute essen Hamburger und Pomm Fritz und die Erwachsenen, was ihnen gerade von der Mode diktiert wird – Steaks, Sushi oder Pizza. Und mancher wagt sich sogar an eine Auster, obwohl ihm die Schale gar nicht schmeckt!

Aber wenn Österreich auch keine bedeutende Küche hat: es hat bedeutende Köche. Der Einfluß dieser Künstler macht sich heute bereits in aller Welt bemerkbar. Eckard Witzigmann gilt unbestritten als Großmeister, der in Europa – außer vielleicht ein paar Franzosen – alles übertrumpft.

Die New Yorker Feinschmecker sind auf Österreich geradezu abonniert. Peter Grünauer war nur der erste, der sich dort seine Sterne verdiente, inzwischen sind auch andere dazugekommen. Grünauers Lokal »Vienna 79« ist heute schon Legende – gemeinsam mit seinem Küchenchef Andreas Kisler konnte er dafür vier Sterne einheimsen, und Kisler war auch der Jüngste, der je in der PBS-Fernsehserie »The Master Chefs of New York« auftreten durfte.

Heute machen die beiden Österreicher weiter, mit zwei Fledermaus-Bars nächst der Wallstreet und dem neuen »Scampi« – aber da ist eher italienische Küche angesagt. Damit hofft Grünauer weiterhin Stammgäste wie Jackie Onassis und Liza Minelli zu verwöhnen.

Auch das »Via Via« ist ein italienisches Restaurant, wo sich schon mal Prominenz wie Kirk Douglas niederläßt, wenn nicht gerade Außenminister Mock den besten Platz besetzt hält, denn auch dieses Lokal liegt fest in österreichischen Händen.

Und das legendäre »Spago« in Hollywood führt natürlich auch ein Österreicher: Wolfgang Puck. Selbst schon populär wie ein Filmstar, kreiert er und serviert er für die populärsten Filmstars, und hätte er nicht für die Delikatessen bei Madonnas Hochzeit gesorgt, wer weiß, ob sie überhaupt geheiratet hätte, und dann hätte die ganze Welt drei Jahre lang auf ihre rührenden Trennungs- und Versöhnungsversuche mit Sean Penn verzichten müssen. Ein schrecklicher Gedanke!

Aber wir liefern der Welt nicht nur die vortrefflichsten Köche, sondern manchmal auch die Zutaten für ein Gourmet-Diner. Wild zum Beispiel ist eine österreichische Spezialität. Die Firma Draxler kann in ihrem neuen Wiener Kühlhaus jetzt 5 000 Tonnen davon lagern – viel zuviel für die inländischen Feinschmecker, also wird auch gehörig exportiert. Sogar in der Hochburg der Genießer, in Paris, kann man also einem österreichischen Bambi begegnen – bei Pierre Cardin beispielsweise im »Maxim's«.

Wie gesagt, die österreichische Küche hat auch ihre dunklen Punkte. Der steirische Sterz und die Wiener Burenwurst haben nicht gerade internationales Niveau. Unbestritten aber ist der Ruf heimischer Mehlspeisen.

Das beginnt schon bei den einfachsten Arten. Seit der ehemalige IBM-Manager Helmut Schuster Europas größte Brotfabrik aufkaufte, hat das Anker-Brot wieder einen so guten Ruf, daß auch im Ausland die Nachfrage danach steigt. Und daß hier ein Branchenfremder über Nacht zum Bäcker wurde, ist auch kein Einzelfall. Der Wiener August Zang war zuerst Leutnant in der k. und k. Armee und erfand das Perkussionsgewehr. Später gründete er die *Presse*, anschließend eine Bank, und zuletzt endete er gar noch als Politiker. Aber dazwischen ging er nach Paris und machte den Franzosen das Wiener Gebäck schmackhaft, ehe er 1848 sein ungeheuer erfolgreiches Unternehmen verkaufte und nach Wien zurückkehrte, um als frischgebackener Zeitungsgründer seine Brötchen zu verdienen.

Die Pariser schnabulieren heute noch ihr »pain Viennois«, ohne freilich zu wissen, daß sie es Herrn Zang verdanken.

Und noch viel weniger wissen die Dänen, wem sie danken sollen, wenn sie Sonntag vormittags ihr süßes »Wiener bröd« kaufen. Der Begriff »Wien« als Symbol für feine Backwaren hat sich eben schon selbständig gemacht.
Daß es in Österreich die wunderbarsten Mehlspeisen gibt, ist inzwischen weltbekannt. Adressen wie der Demel, das Sacher oder der Zauner in Ischl dürfen in keinem Freßführer fehlen. Und wer nach Salzburg kommt, sucht den Konditor Hartwig Ratzka, dessen süße Sachen ein ungemein weitverbreiteter Geheimtip unter Feinschmeckern sind.
Zur Mehlspeis' gehört natürlich auch der Kaffee. Obwohl er in Österreich längst nicht in solchen Mengen getrunken wird wie etwa in Amerika oder Finnland, wird er doch stets ein österreichisches Symbol bleiben, weil er eben nirgends so angenehm genossen werden kann wie im typischen Wiener Kaffeehaus. Deshalb wollen wir ja jetzt auch der restlichen Welt helfen, zu Hause diese Atmosphäre zu genießen.
Die gemeindeeigene Gastronomiekette Wigast hat gemeinsam mit einem der größten japanischen Lebensmittelkonzerne die neue Kaffeemarke »Café Schwarzenberg« auf den Markt gebracht. Die Japaner müssen zwar für dieses Luxusprodukt tief in die Tasche greifen, aber was tut man nicht alles, wenn man damit gleichzeitig ein bißchen Wiener Flair konsumieren kann.
Sogar die chinesischen Genossen soll das Produkt mit dem Namen eines Fürsten bald verwöhnen – im neuesten Pekinger Luxushotel ist ein Original Wiener Kaffeehaus geplant. Und dann wird auch in China »Genossen« nur noch die Vergangenheitsform von »genießen« sein. Und Österreich wird auch in diesem Teil der Welt seine Rolle als Botschafter des guten Geschmacks weiterspielen.

WASSER
oder
Des Meeres und der Liebe Wellen

Österreich ist heute ein Binnenland. Man kann es binnen weniger Stunden durchqueren, aber welche Richtung man auch einschlägt, man landet nicht am Meer. Früher, im Großreich der Habsburger, war das natürlich anders, da hatten wir unsere Küsten von der Nordsee bis zur Adria. Freilich nur zeitweise, und selbst dann war Wien halt nie eine richtige Hafenstadt.

Um so erstaunlicher ist es, daß Österreich eine tiefe Beziehung zum Wasser besitzt und selbst für die Seefahrt eine Menge geleistet hat.

Daß wir sogar einmal einen echten Seehelden hatten, ist bekannt: Admiral Tegetthoff. Jawohl, sogar Admiral konnte man damals in Österreich werden. Es war allerdings ein harter Beruf, denn wenn sich Österreich auch eine Marine hielt – so ganz ernst nahm es die ja doch nicht. Der Flotte ging es so ähnlich, wie es heute dem Heer geht: sie war klein und mit hoffnungslos veraltetem Kriegsgerät ausgerüstet. Nicht viel mehr als eine Drohgebärde, so als könnte man den bösen Feind mit erhobenem Zeigefinger in die Flucht schlagen – aber das gilt ja noch immer bei uns als wirksames Verteidigungskonzept.

1866 versenkte Tegetthoff mit seinem Flaggschiff »Erzherzog Ferdinand Max« das italienische Panzerschiff »Rè d'Italia« und gewann damit die Seeschlacht von Lissa. Der Erfolg rief bald die Neider auf den Plan. Man warf dem Helden vor, er hätte beim anschließenden Feiern zuviel Spesen gemacht – was ja auch heute noch eine beliebte Taktik ist, um Politiker abzuschießen, und Tegetthoff reagierte

auch wie ein Politiker: er drohte zwar mit dem Rücktritt, aber dann blieb er doch. Gott sei Dank, denn so viele Seehelden hatten wir ja doch wieder nicht. Schon gar nicht von einem Kaliber, das sogar eine Seemacht wie England anerkennen mußte. Denn die *Times* schrieb am 20. August 1866: »Admiral Tegetthoff hat dem östereichischen Volk die Augen über die Tatsache geöffnet, daß es eine Flotte und noch dazu eine gar nicht verächtliche Flotte besitzt, obwohl sie vom Kriegsministerium geleitet wurde . . .«
Das haben die Engländer fein durchschaut: Es geschieht manchmal Großes in Österreich, obwohl ein Ministerium die Finger im Spiel hat – und daran hat sich bis heute nichts geändert.

Allerdings: auch zu Zeiten, in denen wir keine so stolze Armada hatten, ließ sich die Beziehung der Österreicher zum Wasser nie unterdrücken. Wenn sie zu stark wurde, dann segelte man auch mit fremden Flottillen.
1685 etwa fuhr der Jesuit Georg Joseph Kamel nach Manila und gründete die erste Apotheke auf den Philippinen. Und eine ganz besonders schöne Pflanze wurde dort nach ihm benannt: die Kamelie, ohne die es nie eine Dame gegeben hätte.
Sein Berufskollege Samuel Fritz war noch wassersüchtiger. Erst bewältigte er den Ozean und fuhr dann zweimal den Amazonas hinab. Als Ergebnis dieser Touren schuf er 1691 die erste brauchbare Karte des Amazonas, von seinem Ursprung im peruanischen Hochland bis zur Mündung.
Ja, die österreichischen Pfadfinder waren schon auf Draht! Der Missionar Martini widmete sich der Vermessung des Hoangho und des Jangtsekiang, und Pater Tieffenthaler kartierte den Ganges.
Als Oscar Baumann dann 1893 noch herausfand, daß der aus den Mondbergen kommende Kagera die langgesuchte eigentliche Quelle des Nils war, konnte man wohl sagen,

daß die Östereicher die größten Wasserläufe der Welt unter Kontrolle gebracht hatten.
Und wenn es keine Flüsse waren, dann entdeckten sie halt etwas anderes. Admiral Ludwig Ritter von Höhnel entdeckte beispielsweise ein paar unbekannte Seen in Ostafrika. Und als er von Afrika genug hatte, fuhr er nach Neuseeland und siedelte dort österreichische Gemsen an. Und nicht nur die Gemsen wurden dort heimisch, sondern auch der Forscher Andreas Reischek, der es bis zum Maorihäuptling brachte.
Man kann hier wirklich gar nicht aufzählen, wohin es die Einwohner des Hauses Österreich überall verschlug. Aber die Atlanten künden ohnehin davon; denn insgesamt wurde mehr als die Hälfte der Erdoberfläche von Kosmographen und Seefahrern der Casa de Austria benannt.
Das bekannteste Beispiel dafür ist ein ganzer Kontinent: Australien. Denn als der Portugiese Quiros den langgesuchten Südkontinent entdeckt zu haben glaubte, rief er emphatisch aus: »Zum glücklichen Gedenken Eurer Majestät und um des Namens Österreich willen gab ich diesem Lande den Namen ›Austrialia des Heiligen Geistes‹, an dessen Tag ich von ihm Besitz nahm.«
Und seither glauben die Leute in Texas und Wladiwostok steif und fest, daß es bei uns in Austria so viele Känguruhs gibt!

Aber auch noch auf andere Art haben wir Binnenländer dem Wasser gehuldigt. Der Zoologe Hans Hass beispielsweise ist seit 1937 einer der bekanntesten Unterwasserforscher. Er gilt weltweit als bester Kenner der Hai-Society und ist mit den berüchtigten Raubfischen seit langem auf du und du.
Ein ganz anderes Hobby hatte Robert Kronfeld: die Segelfliegerei. Die hat ja an sich mehr mit Luft zu tun, aber er muß trotzdem hier erwähnt werden, denn er hat als erster

im Segelflugzeug den Ärmelkanal überquert, der vorher immer mühsam durchschwommen werden mußte.
Und damit die Feministinnen auch einmal Oberwasser erhalten, darf auch eine Frau nicht unerwähnt bleiben. Die Wienerin Ida Laura Pfeiffer war 1851 die erste Frau, die eine Weltumseglung unternahm. Als sie 1858 an einer tödlichen Krankheit, die sie sich in langer Gefangenschaft auf Madagaskar zugezogen hatte, verschied, hatte sie insgesamt mehr als 150 000 Seemeilen zurückgelegt.
Ein anderer, der auch ganz schön weit herumkam, war Julius Ritter von Payer, der gemeinsam mit Karl Weyprecht die östereichisch-ungarische Nordpolexpedition 1872–1874 leitete. »Totenstille herrscht im Umkreis über den Gestalten des Eises, die ihre bleichen Glieder überallhin ausdehnen und das ganze große Eismeeer in ein riesiges Leichentuch verwandeln«, notierte er in seinem Tagebuch. Beinahe wäre es auch für ihn das Leichentuch geworden, aber obwohl man das festgefrorene Schiff aufgeben mußte, kam Payer nach unsäglichen Strapazen mit dem Leben davon. Vorsichtshalber hatte man den größten Erfolg der Expedition – die Entdeckung einer Insel – in einer Flaschenpost für die Nachwelt festgehalten: »Ende August 1873 Land entdeckt, dasselbe Franz-Joseph-Land getauft.« Die Flaschenpost wurde auch tatsächlich gefunden, allerdings erst 48 Jahre später!
Payer war jedenfalls vor der Postzustellung wieder in Wien und berichtete persönlich von seinen Abenteuern. Und siehe da, man glaubte ihm kein Wort! Verbittert nahm er – mit 44 Gulden Abfertigung – seinen Abschied vom Militär. Eine etwas kärgliche Ausbeute, wenn man bedenkt, daß er im Gletscherlicht auch noch auf einem Auge erblindet war. Und was unternahm er nun, mit seinem kleinen Handicap? Er wurde Maler! Ausgerechnet. Aber unter Blinden ist eben der Einäugige König, und Payer wurde sogar ein ganz ausgezeichneter Maler. Vor allem mit seinen Bildern von der

Nordpolexpedition erwarb er sich neuen Ruhm, schließlich setzte man dem großen Forscher eine Ehrenpension aus, und so hatte die Geschichte doch noch ein Happy-End. Man las wieder seine Berichte und hörte gern von seinen Abenteuern, nur als der kranke, alte Herr vor einem anderen Abenteuer warnte – nämlich vor dem Ersten Weltkrieg –, da hörte wieder keiner hin. Payer mußte die Schrecken, gegen die er zu Felde zog, wenigstens nicht mehr miterleben – er starb 1915.

Doch nicht nur österreichische Forscher hatten auf Wasser gebaut. Auch Geschäftsleute verspürten einen gewissen Drang. Der Eisenbahnbeamte Gottfried Schenker gründete 1867 die »Offene Handelsgesellschaft Schenker & Cie.«, und wenn er auch anfangs gestand: »Ich war alles in einer Person: Calculant, Correspondent, Rechnungsleger und Acquisiteur«, so wurde er doch bald der größte Speditionsunternehmer weit und breit mit Filialen in ganz Eueopa. Und weil ihm der Kontinent auch noch zu klein schien, beteiligte er sich 1895 an der Gründung des Unternehmens »Vereinigte Schiffahrts AG, Austro-Amerika« und hielt 50 Prozent der Aktien dieser Linie, die von Triest in die USA dampfte. Vor der Jahrhundertwende also hatte Österreich bereits eine eigene Seeverbindung nach Nordamerika – wovon wir heute nur noch träumen können.
Ein anderer, der sich beruflich mit dem Wasser beschäftigte, war Alois Negrelli Ritter von Moldelbe. Als gelernter Techniker befaßte er sich voererst einmal mit der Eisenbahn. So baute er unter anderem die erste Bahnlinie der Schweiz von Zürich nach Baden und in Österreich die Verbindung Wien–Salzburg. Aber das Wasser ließ ihm keine Ruhe. Von 1846 bis 1856 entwarf er eines der kühnsten Projekte menschlichen Geistes: die Pläne für den Bau des Suezkanals. Aber Negrelli wäre kein echter Österreicher, wenn da alles glattgegangen wäre! Als Ferdinand de Les-

seps den Kanal schließlich baute, wurde dieser Wasserweg mit allem nur denkbaren Pomp eröffnet – nur wer ihn entworfen hatte, wurde leider verschwiegen. Negrelli wurde »nicht einmal ignoriert«, und erst nach einem langwierigen Prozeß in Paris wurde er als Schöpfer des gigantischen Bauwerks offiziell anerkannt.
Aber mit dem Suezkanal hatte viel später noch ein anderer Österreicher zu tun. Gottfried Freiherr von Banfield, der berühmte »Adler von Triest«, hatte sich schon seit 1918 auf die Bergung von Schiffen spezialisiert. Und seine ganz große Zeit kam 1956.
In Ägypten wurde damals über Lautsprecher verkündet: »Der dritte Weltkrieg hat begonnen!« Dabei war es nichts als eine ebenso ruhmlose wie sinnlose Aktion britischer und französischer Fallschirmtruppen, die im Zuge nahöstlicher Auseinandersetzungen in Port Said gelandet waren, um die Kanalzone zu besetzen, die für den Westen wirtschaftlich unersetzbar schien. Als man begann, von einem nuklearen Schlagabtausch der Supermächte zu sprechen, wurde die Kommandoaktion beendet. Aber 46 versenkte Schiffe lagen im Suezkanal und machten die Durchfahrt unmöglich. Die Ölversorgung Europas war unterbrochen, in England und Frankreich wurde Benzin streng rationiert, Amerika verabschiedete ein Notstandsprogramm für die Unterstützung Westeuropas.
Und da erinnerte man sich wieder an den alten Banfield, den Österreicher mit dem irischen Namen, und der gefürchtete Haudegen, der einst die Luft beherrscht hatte, konnte sich auch im Wasser, bei der Räumung des Suezkanals, noch einmal unsterbliche Verdienste erwerben.
Allerdings, meist waren die großen Pläne der Österreicher ein Schlag ins Wasser. Nehmen wir Fritz Franz Maier, geboren 1844. Als Schiffbauingenieur hatte er sich bald einen klingenden Namen gemacht, und der Kaiser holte ihn als Fachmann nach Wien, wo er Österreich in einer Studien-

kommission vertrat, die sich über die Schiffbarmachung der sibirischen Flüsse den Kopf zerbrach.

Anschließend konstruierte Maier kentersichere Boote speziell für die Drina, wie sie noch heute nachgebaut werden. Und 1905 entwickelte er schließlich eine neue Schiffsform, die erhebliche Vorteile bot, die sogenannte »Maier-Form«. Nicht gerade ein besonders spektakulärer Markenname, aber die Erfindung war gut, und Österreich wollte sogar Torpedoboote nach diesem Prinzip bauen. Da kam der Weltkrieg, das Geld ging aus, und zum Schluß gab es mangels einer Monarchie auch keinen Bedarf an Torpedobooten mehr.

Maier war inzwischen total verarmt, da kam 1926 der erste Hoffnungsstrahl: ein Fährschiff in Hamburg wurde nach seinen Plänen ein großer Erfolg. Endlich gab es einen Großauftrag für das heruntergekommene Genie, aber leider langte die Bestellung erst einen Tag nach seinem Tode ein.

Seine Söhne versuchten dann zwar noch, mit einer »Maier Schiffsform Verwertungsgesellschaft Bremen-New York« ins Geschäft zu kommen, aber insgesamt kann man wieder einmal sagen: beim Schicksal standen die österreichischen Erfinder immer auf der schwarzen Liste.

Das gilt ganz besonders für einen der größten: Joseph Ressel, geboren 1793.

Schon in der Jugend waren ihm die Schicksalsgöttinen nicht gerade gut gesinnt. Er mußte aus finanziellen Gründen sein Technikstudium aufgeben. Und als er durch des Kaisers Gnade endlich ein Stipendium erhielt, da galt das – für die Forstakademie!

Ressel wurde Förster, Vizewaldmeister und Forstverwalter, aber zum Glück kein Hinterwäldler. Sein technisches Genie ließ sich nicht unterdrücken, so konstruierte er die verschiedensten Dinge: eine Öl- und Weinpresse, einen verbesserten Pflug und einen Straßenbahndampfwagen. Und sogar die Pläne für eine Rohrpostleitung von Wien nach Triest hatte er ausgearbeitet – ganz schön vielseitig für einen Waldmeister. Aber vor allem zog's ihn zum Wasser, und so entwickelte er auch noch die Schiffsschraube. Aber da schlug das Schicksal schon wieder zu. 1829 bei der Probefahrt des neuen Schraubendampfers »Civetta« platzte ein Dampfrohr, und die große Show fiel ins Wasser. Der neidische Besitzer eines Raddampferunternehmens intrigierte bei der Obrigkeit, und die Behörden wußten auch sofort, was sie zu tun hatten: sie verboten jede weitere Probefahrt »aus Sicherheitsgründen«.

Anerkennung gab es keine für Ressel – außer in Paris. Dort hatte Ressel, auf der Suche nach einem geeigneten Dampfkessel, den schwersten Fehler seines Lebens gemacht. Er legte seine Pläne vor und erntete bei den Fachleuten helle Begeisterung. Doch nach einigen praktischen Erprobungen erklärten die Franzosen plötzlich, sie hätten kein Interesse, die Erfindung anzukaufen. Wozu auch? Die Pläne hatten sie ja schon!

Ressel stand mittellos am Montmartre und mußte sogar noch das Patent einer anderen Erfindung verscherbeln, damit er sich die Rückfahrkarte nach Wien leisten konnte.

Inzwischen machte seine Erfindung Furore und revolutionierte die christliche Seefahrt, nur der Erfinder schaute zähneknirschend zu, wie 1840 die englischen Schraubendampfer die Meere eroberten.

Noch einmal gab es Hoffnung auf Anerkennung. Als 1850 die britische Admiralität eine Prämie von 20 000 Pfund für den eigentlichen Erfinder der Schiffsschraube aussetzte, bewarb sich Ressel guten Mutes. Aber er erhielt nicht einen Groschen, da alle seine Unterlagen verschwunden waren.

Joseph Ressel starb 1857, verarmt und verbittert – wie das bei österreichischen Erfindern eben schon längst so der Brauch war.

Ganz aber haben solche Schicksalsschläge den Österreichern ihre Vorliebe für das feuchte Element nicht ausgetrieben, wie man noch heute beobachten kann. Zwei Tiroler etwa, Christian Rhomberg und Alexander A. Lochs, die eine Nobeldiskothek in Hongkong betreiben, wollen sich nun mitten ins Wasser setzen. Sie haben die Philippinen-Insel Katakian aufgekauft und sieben kleinere Inseln dazu geleast. Dort wollen sie ein neues Atlantis schaffen, mit Hotels, Restaurants und Nightclubs sowie hundert Privathäusern, von denen jedes eine halbe Million Dollar kosten wird. Das ist nicht billig, aber es gibt schließlich genügend Leute mit dem nötigen Kleingeld. Vor allem die singenden Nervensägen der Pop-Kultur. Elton John und Mark Knopfler samt den Dire Straits haben schon reserviert.
Während die Tiroler aber noch auf einer Insel sitzen, hat sich ein Kärntner direkt in den Pazifischen Ozean gesetzt: Fritz Kahler leitet das »Four Seasons«, das einzige schwimmende Hotel der Welt, das vor Australiens Küste am Großen Barriere-Riff liegt. Das siebenstöckige Gebäude wurde in Singapur errichtet, mit Spezialtransportern übers Meer gebracht und im schönsten Tauchgebiet der Welt verankert. Dazu, daß sich die 350 Gäste dort wie im Paradies fühlen, braucht der Kärntner Manager wahrscheinlich gar nicht mehr viel beitragen. Höchstens die Touristen warnen, daß sie sich leicht nasse Füße holen, wenn sie ein Stückchen zu weit joggen.
»Wasser hat keine Balken«, heißt es im Sprichwort. Für einige unserer Landsleute hat es sich dennoch als tragfähig erwiesen. Für einige bedeutete es Ebbe in der Kasse, für andere eine Flut des Reichtums. Aber eines hätte sich selbst Neptun nicht träumen lassen: daß heute ein Österreicher die größte Privatflotte der Welt kommandiert!
Helmut Sohmen, geboren 1939 in Linz, hat seinen Wohnsitz in Hongkong. Er ist der Schwiegersohn des Reeders und Multimilliardärs Sir Yue-Kong Pao. Seit 1986 führt er

als Chairman die World Wide Shipping Agency Ltd., die größte private Reederei der Welt, und gilt als einer der bedeutendsten Wirtschaftsmanager überhaupt.
Was den Österreicher Sohmen an seinen Landsleuten stört, ist das ständige Jammern, das ständige Kokettieren mit der eigenen Minderwertigkeit. »Dieser Pessimismus hält davon ab, die Welt zu erobern«, sagt er in schöner Offenheit, die er sich als Ausnahme von der Regel ja ohne weiteres leisten kann.
Es wäre schön, mit einem so erfolgreichen Mann das Kapitel zu beenden, aber wir müssen doch noch einen Fall erwähnen, der zeigt, wie nahe Österreich am Wasser gebaut hat.
Seit Jahren untersucht man nun das Gerücht, der mit allen Wassern gewaschene Liebling der Wiener Gesellschaft und Chef der Hofzuckerbäckerei Demel hätte den Frachter »Lucona« auf offener See mit Mann und Maus absaufen lassen, um eine hohe Versicherungssumme zu kassieren. Noch ist nichts bewiesen, aber der Zuckerbubi ist untergetaucht, und schon nach den ersten Erhebungen eines parlamentarischen Untersuchungsausschusses sind ein Innenminister und ein Nationalratspräsident sang- und klanglos untergegangen.
Auch weiteren Prominenten soll das Wasser bis zum Halse stehn. Also für ein Binnenland ist das alles doch recht beachtlich!

(Achtung! An alle Leser! Dieser Bericht über österreichische Höchstleistungen zur See sollte mit allen Mitteln von der Öffentlichkeit ferngehalten werden!
Nach dem visionären Horrorfilm »Die Surf-Nazis kommen« fürchten die Amerikaner ohnehin schon, österreichische Rollkommandos könnten auf ihren Surfbrettern eine Invasion Floridas vorbereiten und in Miami die friedliche Infrastruktur von pensionierten Mafia-Bossen und fröhli-

chen kubanischen Drogendealern mit einem Schlag zerstören! Also Hände weg vom Wasser! Einem guten Österreicher sollte dieses gefährliche Element weiterhin nur von der Taufe und vom Zähneputzen her bekannt sein!)

MALEREI
oder
Die Einsamkeit der Einmaligen

Dieses Kapitel ist mangels Inhalt eigentlich überflüssig, soll aber allen Österreichern, die sich nach der bisherigen Lektüre schon für kulturell besonders wertvoll halten, einen kleinen Dämpfer versetzen: mit Pinsel und Palette haben wir nicht die Welt erobert!

In den großen Museen ebenso wie in den großen Auktionshäusern der Welt sucht man vergeblich nach rot-weiß-roten Spuren. Italien hat seine großen Meister, Holland, Spanien, Deutschland, ja sogar England! Und Österreich? Gab es hier keine Farbe, keinen Pinsel oder keine Modelle? Also die Nachtwächter, die Herr Rembrandt verewigt hat, die Schnupperhäschen des Herrn Dürer oder die Wäscherinnen, die für Toulouse-Lautrec posierten, hätte man hier auch gefunden. Irgendwie fehlte es wohl an den Malern, die das so richtig umzusetzen verstanden. Und wenn sich einer mal an einer nackten Maya versuchte, wurde daraus immer nur die nackte Frau Mayer, und schon wieder war's mit dem Nachruhm Essig.

Wir können uns jetzt natürlich herausreden: zum österreichischen Imperium gehörten sie ja fast alle einmal: die Niederlande, Spanien, Venedig und Deutschland sowieso, also könnten wir auch Goya, Rubens oder Dürer für uns beanspruchen. Aber ehe wir damit einen internationalen Aufschrei der Empörung auslösen, gestehen wir lieber gleich, daß das Zeichnen und Malen nicht unser Metier war. Da konnte sich die Welt nun wirklich nicht viel abschauen.

Vereinzelt wurde einmal ein Österreicher irgendwo im Ausland bekannt, umständehalber. Etwa Joseph Keppler,

dessen Vater 1848 von den Wiener Barrikaden nach Amerika floh. Später nahm der Verschollene mit Joseph wieder Kontakt auf, der sich als Schauspieler durchschlug, und holte ihn ebenfalls über den großen Teich, wo Joseph Keppler schließlich die satirische Zeitschrift *Puck* gründete, die als erste farbige Illustrationen verwendete. Ein begabter und deshalb in Österreich viel zuwenig bekannter Mann, gewiß, aber in der Oberliga hat er auch nicht mitgespielt. Und die übrigen Klassiker – vom Kremser-Schmidt bis zum Gauermann –, das ist und bleibt doch Regionalliga Ost.
Aber eines Tages geschah doch noch ein Wunder, und seither darf Österreich auch in der internationalen Kunstszene mitspielen. Auch wenn es eigentlich nur drei Namen gibt, die von Händlern, Sammlern und Mäzenen buchstabiert werden können: Kokoschka, Klimt und Schiele. Nach einigen Jahrhunderten von Null auf Drei, das ist immerhin eine vielversprechende Entwicklung. So richtig begonnen hat sie eigentlich erst in den siebziger Jahren, verlief aber immerhin so stürmisch, daß heute auch schon die miesesten Skizzen von Klimt oder Schiele ihren fixen Marktwert auf intenationalen Auktionen behaupten – was konkret heißt, daß sie für den Österreicher unerschwinglich geworden sind. Aber der Kunstmarkt agiert ja seit langem jenseits aller Vernunft, und so haben eben auch drei fast verblichene Bleistiftlinien auf zerknittertem Packpapier ihren Preis, wenn nur die richtige Signatur darunter steht. Oder der richtige Gutachter bestätigt, daß der richtige Künstler die richtige Signatur hätte darunter setzen können, wenn er dieses Produkt seinerzeit schon als richtiges Kunstwerk erkannt hätte.

Oskar Kokoschka, geboren 1886 in Pöchlarn, erlebte seine Anerkennung noch. Diesen Umstand verdankte er hauptsächlich seiner Zählebigkeit, denn er wurde 93 Jahre alt.

Danach sah es anfangs gar nicht aus, denn als er sein Theaterstück »Mörder, Hoffnung der Frauen« herausbrachte, regte der Thronfolger persönlich an: »Man solle dem Kerl die Knochen im Leibe zerbrechen.« Er war als Dichter eben genauso avantgardistisch wie als Maler. Als solcher hatte er am Beginn seiner Laufbahn noch brav Fächer für die Wiener Werkstätten bemalt, aber bald fand er zu seinem persönlichen Expressionismus, und so kam er folgerichtig auch bei dem Kunstsachverständigen Adolf Hitler auf die Liste derer, denen man eigentlich die Knochen brechen sollte. Kokoschka nahm den Führer wörtlich und schuf 1937 das »Selbstbildnis eines entarteten Malers«. Doch während Hitlers Kunsttheorie im Führerbunker begraben wurde, rissen sich später die Würdenträger der Welt darum, so »entartet« porträtiert zu werden – Papst Pius XII. beispielsweise oder Konrad Adenauer.
Kokoschka, von seiner Frau nur OK genannt und mit »Sie« angesprochen, wie sich das eben für einen großen Meister gehört, hat nach der Emigration zum Glück wieder nach Österreich zurückgefunden. Wenn er sich auch endgültig am Genfer See niederließ, blieb er doch Österreicher und arbeitete in seiner Heimat weiter. Vor allem in Salzburg, wo er nicht nur Opernausstattungen schuf, sondern auch in seiner »Schule des Sehens« jungen Talenten die Möglichkeit gab, vom Urteil eines der ganz Großen dieses Jahrhunderts zu profitieren.

Gustav Klimt, 1862 bei Wien geboren, hatte Kokoschkas Entwicklung ursprünglich noch beeinflußt, wurde aber, international gesehen, später von dem »Oberwildling« OK überflügelt. Zu viele seiner Werke gehörten zur Innenausstattung von Theatern und Museen und waren also nicht transportabel. Aber auch in Wien selbst fand er nicht nur Anerkennung. Die von der Universität bestellten Fakultätsbilder – die symbolische Auseinandersetzung mit Philoso-

phie, Juristerei und Medizin – erregten eine derartige Empörung, daß Klimt sie freiwillig zurückkaufte. Sein Beethoven-Fries in der Sezession – heute einer unserer nationalen Kunstschätze – erregte ebenfalls heftigste Kritik. Allerdings sprach man nicht gleich vom »Knochenbrechen«, und überhaupt war Klimt als Gründer und Präsident der Sezession und – gemeinsam mit Hoffmann und Wagner – Gründer der Wiener Werkstätten, zumindest in Künstlerkreisen, ein überaus geachteter Mann. Mit der Innendekoration des Palais Stoclet in Brüssel hatte er sich eindeutig als führender Exponent des Jugendstils etabliert.
Was selbstverständlich von Staats wegen ignoriert wurde: eine ordentliche Professur an der Akademie war der begnadete Künstler den Ministerialräten nicht wert!
Und trotz aller Anerkennung, die sein »Kuß« oder seine »Danae« inzwischen gefunden haben, ist er selbst heute noch ein wenig unterbewertet. Allerdings haben erst kürzlich die Ausstellungen »Vienna 1900« in New York und »Traum und Wirklichkeit«, die im Pariser Centre Pompidou alle Besucherrekorde brach, die österreichische Kunstszene der Jahrhundertwende ein wenig deutlicher ins Rampenlicht gestellt. Und wenn erst ein paar Moderichtungen in der Kunst sich überholt haben und wenn der Yen seine Kaufkraft behält und wenn die Japaner erst die atemberaubende, sinnliche Schönheit der Klimt-Gemälde zu schätzen beginnen, dann könnte Gustav Klimt noch immer zum absoluten Star dieses Jahrhunderts werden.

Auch der dritte der großen österreichischen Maler, Egon Schiele, stammt aus derselben Epoche. Geboren 1890 als Sohn des Bahnhofsvorstands von Tulln, stand auch er anfangs unter dem Einfluß von Klimt, fand aber bald einen ganz eigenen Weg in seiner Kunst. Es war kein leichter Weg, denn wenn Klimt ein Maler der Schönheit war, so war Schiele ein Maler der Häßlichkeit. Wenn man bei

Klimt noch von Erotik sprach, sprach man bei Schiele schon von Pornographie. Weil er eine »unzüchtige Darstellung« nicht sorgfältig genug verwahrte, mußte er drei Tage in den Arrest. Und nur zu gerne hätte man ihn wegen »Verführung Minderjähriger« eingelocht, mußte ihn dann aber doch nach drei Wochen Untersuchungshaft wieder laufenlassen. Verführt hatte er nur zum Modellstehen, so wie er sich selbst immer Modell stand, nackt vor dem Spiegel, für unzählige Bilder von sezierender Ehrlichkeit. Die Akte sind seine eigentliche Stärke, wie ein Besessener zeichnet er Hunderte, Tausende und nie ein lächelndes Gesicht. Aber er wollte ja beweisen, »daß Kunst mehr ist als eine Angelegenheit des bürgerlichen Luxus«. Luxus, den er nie kennengelernt hat. Zwar hat er Glück, denn als er zum Militär eingezogen wird, muß er nicht an die Front, sondern kann seinen Dienst im Wiener Heeresmuseum ableisten. Und es kommt noch besser. Seine Ausstellung wird ein phänomenaler Erfolg, Geld kommt ins Haus. Jetzt könnte Egon Schiele anfangen, das Leben zu genießen. Aber das Glück dauert nicht einmal ein halbes Jahr lang, dann stirbt seine Frau, im sechsten Monat schwanger. Und drei Tage später tötet die spanische Grippe auch ihn.
»Der Krieg ist aus – und ich muß gehn – meine Gemälde sollen in allen Museen der Welt gezeigt werden«, sagt er und stirbt mit 28 Jahren. Seine Gemälde werden heute in allen Museen der Welt gezeigt.
Aber nicht nur Museen haben inzwischen die großen Österreicher entdeckt, auch Privatleute. Ronald S. Lauder beispielsweise, der in seinem New Yorker Domizil in der Park Avenue haufenweise europäische Kunst beherbergt. Die Familie entstammt ja auch der österreichisch-ungarischen Monarchie, und der feine Kosmetikkonzern von Estée Lauder nahm eigentlich seinen Ursprung von »Dr. Schotz Viennese Cream«.
Ronald Lauder, als US-Botschafter in Wien nicht gerade

von Erfolg verwöhnt, hatte als Sammler eine glücklichere Hand. Immer wieder durfte er wichtige österreichische Kunstschätze ausführen, mal Klimts »Dame mit Federhut«, mal Schieles »Kahle Bäume«. Wie das bei den strengen österreichischen Exportgesetzen möglich war? Völlig legal natürlich. Aber schließlich ist Ronald Lauder ja auch nicht irgendwer. Das mag ein bißchen geholfen haben.
Und kurz vor seinem Auszug aus Wien erhielten Ronald und seine Gattin Jo Carol sogar noch die Gustav-Klimt-Ehrung verliehen. So dankbar ist Östereich, daß einige der schönsten Jugendstil-Bilder nun bei den Lauders hängen dürfen!

So viel zum Dreigestirn der österreichischen Malerei. Aber einen Namen sollte man vielleicht noch – in einigem Abstand – erwähnen, einen ganz anderen Maler: Albin Egger-Lienz. Der Tiroler malte Bauern und Soldaten und wird deshalb oft etwas verächtlich als Blut-und-Bodenmaler abgetan. Aber Blut und Boden war für ihn keine Ideologie, sondern die Realität. Und selten hat jemand die Last des ländlichen Alltags und die anonyme Brutalität des Krieges besser dargestellt als er. Dafür, daß seine Kunst irgendwie den Maximen des Dritten Reiches zu nahe kam, kann er nun wirklich nichts. Und doch ist das sicher ein Grund, weshalb er weltweit nie gebührende Anerkennung fand.
Obwohl also die Ausbeute an international bekannten Künstlern so gering ist, haben sie eine wahre Malwut in diesem Land ausgelöst. Jeder zweite Österreicher malt, der Rest betreibt eine Galerie, leitet ein Museum oder schreibt unglaublich gescheite Sachen über Kunst. Davon läßt sich sogar leidlich leben, denn da die staatlichen Kunstförderer absolut nichts von Kunst verstehen – selbst die dafür zuständigen Minister werden nach diesem Kriterium ausgesucht –, wird das vorhandene Geld sorgfältig aufgeteilt. Das meiste bekommen natürlich die Protektionskinder der Parteien. Da schreckt man auch vor höheren Millionenbeträ-

gen nicht zurück. Solche Staatskünstler dürfen dann Antifaschismusdenkmäler meißeln, Bankfilialen ausmalen oder besonders attraktive Parteibonzen in Bronze gießen, und das läppert sich dann schon zusammen.
Aber der Sozialstaat Österreich vergißt auch die schwächeren Glieder der Künstlergemeinschaft nicht. Genau wie bei den staatstragenden Künstlern wird ohne Rücksicht auf Talent und Qualität, wenn irgend so ein Unglücksrabe die Alimente oder die Stromrechnung nicht mehr bezahlen kann, von ihm ein Bild angekauft, das dann für immer in einem dunklen Depot verschwindet, oder ein Relief bestellt, das dann einen städtischen Kindergarten verziert.
Wobei man mit Rücksicht auf die zarte kindliche Psyche das Verschwinden in dunklen Depots allgemein noch immer für die bessere Lösung hält.
Freilich, bei dieser Menge von bildenden Künstlern gibt es auch einige, die über unsere Grenzen hinauswirken. Erich Sokol war einer der beliebtesten Cartoonisten des *Playboy*, Gottfried Helnwein hat Covers für das *Time Magazine* entworfen, ein »Schneebrett« von Tone Fink hängt in Hollywood bei Fay Dunaway, und Manfred Deix konnte sogar einen wirklichen Kunstkenner wie Billy Wilder begeistern.
In den Wirtschaftszeitungen, wo ja heute am meisten über Kunst geschrieben wird, seit das Gemälde als »Aktie an der Wand« eine völlig neue Bedeutung bekam, notiert allerdings seit Jahren nur ein einziger Österreicher ständig in der Hit-Parade der Top-Investitionen: Arnulf Rainer. Schon immer bei weitem der Cleverste unter seinen Zeitgenossen, hat er sich – ohne daß man es in Österreich besonders bemerkt hätte – einen wirklich internationalen Ruf aufgebaut. Der nach seiner großen Ausstellung im New Yorker Guggenheim-Museum noch beträchtlich steigen wird. In Dollar und Yen meßbar. Aber wenn man alles vergleicht, was heute als Kunst bezeichnet wird, ist er ja wirklich nicht so übel.

Freilich, Rainer wird immer eher ein Fall für Fachleute bleiben. Die wahre Popularität hat er sich mit seinen Übermalungen nicht errungen, das Trumpf-As unserer Kunstszene ist kein anderer als Friedensreich Hundertwasser. Weniger durch seine Gemälde. Die bleiben seit geraumer Zeit im Dekorativen stecken. Auch wenn er mit Dunkelbunt oder Regentag signiert, das sieht immer ein bißchen aus wie die Neuauflage eines älteren Hundertwasser. Noch immer gekennzeichnet von der bezaubernden Naivität, die man seinerzeit für eine vorübegehende Entwicklungsphase des Meisters hielt.

Aber sehr dekorativ, das muß man schon sagen. Seinen Ruhm freilich hat er eher durch Aktionen erworben. Am Anfang stand das »Verschimmelungsmanifest«. Gut, das war noch ein bißchen intellektuell. Aber spätestens als er sich, anläßlich einer Vernissage, vor einer Spitzenpolitikerin nackt auszog, wußte man, daß sein Durchbruch nicht mehr aufzuhalten war. Als er dann gar eine neue Flagge für Neuseeland entwarf, hätte er schon sterben können, ohne je in Vergessenheit zu geraten: wer künftig in die Kiwis beißt, wird an ihn denken müssen. Aber damit war sein Repertoire noch lange nicht erschöpft. Hundertwasser kam nach Wien zurück und baute das Hundertwasser-Haus! Wer dort wohnen muß, ist nicht unbedingt zu beneiden, denn Tausende und Abertausende von Touristen besichtigen inzwischen dieses Haus. Ein Kunstwerk ist eben doch mehr zum Betrachten als zum Wohnen geeignet.

Vor allem jedoch ergab sich noch eine Folgeerscheinung, mit der niemand gerechnet hatte. Bei den Betrachtern traten plötzlich mit elementarer Wucht die sogenannten »menschlichen Bedürfnisse« zutage. Straßenecken, Hauseingänge, alles mögliche wurde von den Massen zwecks Erleichterung okkupiert. Solches stank zum Himmel, und so blieb dem Meister nichts übrig, als in der Nähe seines Hauses noch ein weiteres architektonisches Kleinod zu schaf-

fen: das Hundertwasser-Häusel! (Für unsere Freunde in Übersee eine Rohübersetzung: »Next to the Hundertwasser-House Hundertwasser built the Hundertwasser-Outhouse! No! Not mereley a WC! A HWC! Hundred-Water-Closet! You got me? Thanks!«)
Damit nicht genug, konnte die Stadt Wien den Unermüdlichen für die Außengestaltung einer neuen Müllverbrennungsanlage gewinnen. Die Umweltverträglichkeit einer solchen Anlage mitten in der Stadt ist zwar umstritten, aber dafür sieht sie jetzt ganz bezaubernd aus. Was der Meister schon als vollen Erfolg betrachtet, denn für ihn ist auch die Häßlichkeit ein Faktor der Umweltzerstörung.
Dieser Logik zufolge genügt es vielleicht auch zur Rettung der Wälder, wenn man sie von Hundertwasser mit frischem Grün streichen läßt.
Jedenfalls hält er die Ästhetik hierzulande hoch, und so hat er sich auch spontan eingemischt, als das Verkehrsministerium den Österreichern neue Autokennzeichen verordnen wollte. Die von der Regierung geforderten Schilder wären eine Preisgabe unserer nationalen Identität und aller kultureller Traditionen, behauptete der engagierte Künstler, und bald teilte sich die Nation in zwei Lager von Schild-Bürgern.

In Österreich wird jedenfalls das ganze Leben von der Kunst bestimmt. Das wurde ganz besonders im Jahr 1988 deutlich. Erst diskutierte die Bevölkerung monatelang, ob und wo man ein Antifaschismusdenkmal aufstellen dürfe und wie ein Künstler, der solches täte, beschaffen sein müßte – inklusive menschlicher Werte, parteipolitischer Zugehörigkeit und Kragenweite. Danach entbrannte ein monatelanger Bürgerkrieg über die Direktion des Burgtheaters und ihre Spielplangestaltung. Und schließlich begann der monatelange Kulturkampf um verkehrssichere oder künstlerisch gestaltete Autokennzeichen.

Wo in der Welt könnte es das sonst noch geben? Daß ein Land an der Schwelle zum 21. Jahrhundert keine anderen Sorgen hat? Daß sich ein ganzes Volk für nichts anderes interessiert als für künstlerische Detailfragen?
Nirgends! Österreich ist eben einmalig. Und wenn es auch gerade auf dem Gebiet der Malerei bisher noch ein wenig unterentwickelt scheint, die zeitgenössische Begeisterung für die Kunst gibt Anlaß zur Hoffnung. Und wenigstens einen Maler hat Österreich ja doch hervorgebracht, dessen Lebenswerk bis in die entlegensten Gebiete dieser Welt bekannt und geschätzt ist. Denn der Künstler, der den Spinat unsterblich gemacht hat, der den Comic-Strip »Popeye the sailor« kreierte – Max Fleischer –, stammt aus Österreich. Und damit haben wir eigentlich auch in diesem Kapitel viel mehr zu bieten, als uns zusteht. Ja, zum Teufel, wann finden wir denn endlich ein Gebiet, auf dem wir wirklich minderwertig sind?

AUTO
oder
Macht euch die Pferde untertan

Für alles im Leben gibt es einen Ersatz. Einen Wald kann man durch eine Müllhalde ersetzen. Eine Frau durch eine Geliebte. Einen Ehemann durch Selbstverwirklichung. Religion durch Kokain. Sogar Politiker, die von sich selbst natürlich glauben, daß sie unersetzlich sind, kann man beliebig austauschen, ohne daß unsere Lebensqualität dadurch entscheidende Fortschritte macht.
Aber für das Auto gibt es keinen Ersatz. Wollte man heute das Auto abschaffen – und welcher vernünftige Mensch wollte das nicht –, würde mit einem Schlag die gesamte Weltwirtschaft zusammenbrechen. Seit Jahrzehnten hat sich die Menschheit total vom Auto abhängig gemacht. So, wie sie heute dabei ist, sich vom Computer abhängig zu machen. Was der großen Freiheit dienen sollte, hat uns in die Knechtschaft geführt. Aber anscheinend braucht der Mensch diese Abhängigkeit vom Blech.
Obwohl das Auto der Herr der Welt ist, betrachten die Hersteller heute ihre Zukunft mit Bangen. Natürlich werden alle braven Bürger weiterhin diese kleinen Blechbüchsen kaufen, mit denen man so schön geschwind gegen unvorsichtige Alleebäume oder verkehrsbehindernde Rentner knallen kann. Die große Frage ist nur: Von wem wird man diese Autos kaufen? Von Amerika, von Japan, von Deutschland? Auch Korea will mitmischen, und Italien ist noch immer im Rennen. Aber nur wenige werden übrigbleiben, und deshalb zittern die Konzernherren in allen Ländern, die heute noch Automobile produzieren.
Nun könnten wir Österreicher ruhig vor diesem beinharten

Konkurrenzkampf die Augen verschließen und sagen: Was geht uns das schon an?
Wenn wir unseren Beitrag zur Verkehrsunfallstatistik leisten wollen oder mit einem Strafzettel wegen Falschparkens die heimische Polizei unterstützen, dann müssen wir sowieso auf ein ausländisches Produkt zurückgreifen. Wir haben keine eigene Autoindustrie. Also: was geht uns die Entwicklung an?
Und dennoch verfolgen wir den Konkurrenzkampf der Giganten mit atemloser Spannung. Schließlich will man doch wissen, was aus dem Kind wird, das man einmal in die Welt gesetzt hat. Und es läßt sich beim besten Willen nicht leugnen: der Bastard geht auf unser Konto. Das Auto wurde in Österreich erfunden.
Angesichts der Blechlawine, die im Sommer gegen Süden donnert, angesichts der Energieverschwendung und Umweltzerstörung, die von den Kraftfahrern heute betrieben wird, und vor allem angesichts der Tatsache, welche Bestialität auch ein sonst gesundheitlich hinfälliger und menschlich gehemmter Aushilfsbuchhalter entwickelt, sobald er sich hinter ein Lenkrad klemmt, müßte heute noch jeder Österreicher schamrot werden. Aber was können wir dafür, daß unsere Ahnen alle möglichen Visionen hatten – außer der Horrorvision von der Stoßzeit im heutigen Großstadtverkehr?

Das erste Auto jedenfalls fuhr in Wien! Sein Vater, Siegfried Marcus, kam 1853 an die Donau und arbeitete zuerst beim Hofmechaniker Kraft, dann am Physikalischen Institut der Universität, denn er war ein sehr geschickter Mann, der insgesamt 38 Erfindungen machte.
1860 gründete er seine eigene Werkstätte, und dort schlug zehn Jahre später die Geburtsstunde des benzingetriebenen Automobils. Das war natürlich eine recht miese Karre, eigentlich nichts als ein alter Handwagen mit Motor – aber

was kann man vom ersten Auto verlangen? Auch heute noch sehen manche östlichen Modelle nicht viel besser aus. 1888 baute dann eine böhmische Firma nach seinen Plänen ein neues Modell – das erste Auto der Welt mit elektromagnetischer Zündung. Aber es blieb beim Prototyp. Niemand, nicht einmal Marcus selbst, interessierte sich sehr für die kommerzielle Auswertung. Und das Puplikum fand wenig Gefallen an Autos. Was war so eine stinkende Kiste schon gegen eine prachtvolle Kutsche?
Aber österreichische Erfinder lassen sich durch das Ausbleiben schnöder Profite nicht erschüttern. Überall tüftelten sie an neuen Maschinen herum, bis hinein ins tiefste Tirol. Dort werkte etwa der Schlosser Johann Kravogl und erfand – kein Mensch wußte, wie er ausgerechnet auf die Idee gekommen war – eine Lokomotive mit Preßluftantrieb. Vielleicht eignete sich die Tiroler Gebirgsluft nicht besonders zum Pressen, jedenfalls wollte niemand seine Erfindung ausprobieren. Erst später tat man das erfolgreich in Paris, aber da hatte der Kravogl natürlich nichts davon.
Also machte er eine noch wichtigere Erfindung: 1867 konstruierte er den ersten Elektromotor. Dafür bekam er zwar vom Kaiser 1 000 Gulden, aber das Sparen hatte Kravogl nicht erfunden, und folgerichtig starb er später in bitterer Armut.
In seinem Todesjahr 1898 wurde in Wien gerade wieder eine wichtige Entdeckung auf dem Gebiet der Automobilistik gemacht. Die Brüder Carl, Heinrich und Franz Gräf konstruierten das erste Auto der Welt mit Vorderradantrieb! Das Patent lautete auf »Carl Gräf in Wien, Antriebsvorrichtung für Lenkräder von Automobilen« und wurde im November 1900 erteilt. Der Wagen ist übrigens, zur Freude der Oldtimer-Fans, bis heute erhalten geblieben.
Nun war also schon allerhand Grundsätzliches erfunden, und in allen möglichen Ländern begann der Konkurrenzkampf um den künftigen Automobilmarkt.

Für die Pferde sah es schlecht aus. Man hatte ihnen auf den Kopf zugesagt, daß sie in einem nicht mehr zu bewältigendem Maß Umweltverschmutzung betrieben. Wenn man der Entwicklung nicht Einhalt gebieten konnte, würden Europas Großstädte in absehbarer Zeit im Pferdemist versinken. So wurde der Ruf nach einem sauberen, umweltfreundlichen Fortbewegungsmittel immer lauter. Und weil der Mensch in solchen Fällen dazu neigt, den Teufel mit Beelzebub auszutreiben, war der Siegeszug des Autos nicht aufzuhalten.
(Ein ähnlicher Schnitzer passierte der Menschheit ja erst kürzlich, als man begann, Kohle und Öl durch den »sauberen« Atomstrom zu ersetzen.)
Jedenfalls sah auch der k. und k. Hofkutschenbauer Jakob Lohner die Zeichen an der Wand und gründete 1896 die erste Österreichische Automobilfabrik – also noch lange vor der berühmten Ford Motor Company in Detroit.
Lohner hatte zu dieser Zeit bereits einen sehr tüchtigen Mitarbeiter: Ferdinand Porsche, geboren 1875 als Sohn eines Spenglers und fanatisch interessiert an allem, was mit Elektrizität zusammenhing. Aus diesem Grund beschäftigte er sich auch nicht mit schmutzigen Benzinkutschen, sondern konstruierte ein Elektromobil mit einem Radnabenmotor. So wurde also auch das elektrische Auto von einem Österreicher erfunden, und der Radnabenmotor war so gut, daß die NASA dieses System verwendete, als das erste Auto über die Mondoberfläche fuhr.
Das Elektromobil von Lohner-Porsche entwickelte eine Geschwindigkeit von 45 Stundenkilometern und war eine echte Sensation auf der Pariser Weltausstellung von 1900. »Unter den zwei bis drei wirklichen Novitäten zählt fast als markanteste derselben das einzige österreichische Auto der Ausstellung«, hieß es damals.
Der geniale junge Konstrukteur ruhte sich nicht auf seinen Lorbeeren aus. Mit 30 Jahren ist er schon Chef bei Austro-

Daimler und konstruiert alles mögliche von der Zugmaschine bis zum Flugzeugmotor.
Und auch ein Auto namens »Maja«, benannt nach Maja Jellinek, der Tochter eines Hauptaktionärs. Die jüngere Tochter erwies sich allerdings nicht als so haltbar wie die ältere, deren Namen der deutsche Daimler-Konzern unsterblich machte: Mercedes. Zum Glück gab es diese beiden Töchter, sonst hätte die High-Society heute als Repräsentationsfahrzeug wahrscheinlich einen »Jellinek«.
Porsche wechselt zu Daimler Deutschland, kommt dann wieder zurück nach Österreich zu Steyr, aber nur kurz, ehe er 1931 in Stuttgart sein eigenes Konstruktionsbüro gründet. Und dann bekommt er seine größte Aufgabe. Auf Hitlers Wunsch schließt der Reichsverband der deutschen Automobilindustrie einen Vertrag mit dem unvergleichlichen Konstrukteur. Und er entwirft den Volkswagen – das Fahrzeug für Herrn Jedermann, zum Preis von 990 Mark.
Leider muß das Volk auf den Wagen warten. Rund 1 000 Jahre, denn das ebenso lang lebige Reich veranstaltet den Zweiten Weltkrieg, und vom Volkswagen gibt es nur Spezialanfertigungen für das Heer.
Aber gleich danach beginnt der große Boom – der Käfer wird zum meistverkauften Auto der Welt. Daß die ganze Welt heute so anfällig gegen Erpressungsversuche verbohrter Ölscheichs ist, hat also auch ein Österreicher mit zu verantworten.
Aber Porsche war das nicht genug. 1947 aus französischer Haft entlassen, stürzt sich der ungebrochene Greis noch einmal auf ein neues Projekt. In dem Kärnter Örtchen Gmünd konstruiert er einen Sportwagen – den Porsche. Bis heute ein Begriff für Schönheit und Geschwindigkeit, das beliebteste Statussymbol der internationalen Erfolgsgeneration.
Nur einen Schönheitsfehler hat der Porsche: er wird nicht in Österreich gebaut. Politiker und Finanzleute haben diese

Chance verschlafen, und Porsche ging wieder nach Stuttgart, wo die Produktion noch heute läuft. Momentan nicht ganz so gut, weil den amerikanischen Yuppies nach dem Börsen-Crash ein wenig das Kleingeld ausgegangen ist. Aber dafür springen nun die Japaner in die Bresche und verlangen mehr denn je nach einem europäischen Luxusschlitten. Und das Topmodell, der Porsche 959, ist so begehrt, daß selbst lebende Götter wie Boris Becker oder Herbert von Karajan sich in die Warteliste eintragen müssen.

Immerhin, auch nach diesem Bericht muß man wieder einmal die Frage stellen: Was wäre die Welt ohne Österreicher? Eine einzige Fußgängerzone vielleicht! Gut, die großen Zeiten der Automobilbauer sind für Österreich vorbei. Aber wie man Vollgas gibt, können wir dem Rest der Welt immer noch zeigen. 1970 wurde der Österreicher Jochen Rindt Weltmeister der Formel I. 1975 war es der Österreicher Niki Lauda. 1977 war es Niki Lauda. Und 1981 war es abermals Niki Lauda. Und schon wartet im Rennstall von Ferrari Gerhard Berger auf seine Chance. Auf das Tempobolzen – was ja für die Autofahrer laut Unfallstatistik anscheinend das wichtigste ist – haben wir also noch immer beinahe ein Monopol.

Aber noch von einer anderen Pionierleistung muß auf dem Kraftfahrzeugsektor die Rede sein, denn während die Erfinder meist nicht sehr gut abschnitten, gab es einen Österreicher, der aus den Autos einen beträchtlichen Nutzen zog. Wahrscheinlich weil er etwas kommerzieller dachte, wanderte er nach Amerika aus. Wo er freilich anfangs auch nichts mit Autos zu tun hatte, sondern nur mit dem Trödlerkarren seines Vaters.

Das befriedigte ihn keineswegs, er brannte von zu Hause durch und schlug sich, ohne richtige Schulbildung, mit den unmöglichsten Berufen herum. Sogar als Boxer versuchte er sich, bekam aber glücklicherweise nicht genügend

Schläge ab, sondern rettete sein helles Köpfchen über die harte Zeit hinweg, und ab 1915 begann sein Name, John David Hertz, zur Legende zu werden. Seit damals gab es in Amerika die Yellow Cabs – jene berühmten gelben Taxis, die sich noch heute in den US-Fernsehfilmen so dekorativ ausnehmen, daß man sie eigentlich als folkloristisches Element der USA einstufen könnte. Zehn Jahre später verkaufte Hertz sein Unternehmen an General Motors, für satte 30 Millionen Dollar. Das hieß 1925 noch etwas!
Und weil ihm das Geld ein Loch in die Tasche brannte, investierte er es in ein anderes Unternehmen, das heute in seinem Bereich noch immer die Nummer 1 auf der Welt ist: der Hertz-Autoverleih. »Hertz puts you in the driver's seat« wurde zu einem geflügelten Wort, und wer immer es benützt, würdigt damit einen großen Österreicher. Einen der wenigen, der es verstand, mit dem Auto wirklich in die Gewinnzone zu fahren.
Für ihn war das Auto von großer Bedeutung. Daß es aber für den Rest der Menschheit völlig überflüssig ist, bewies ein anderer Österreicher. Der Lateinamerikaexperte und Zivilisationskritiker Ivan Illich, geboren 1926 in Wien, entwarf eine einfache Rechnung.
1 500 Stunden im Jahr widmet sich etwa der Durchschnittsamerikaner seinem Auto. Das betrifft sowohl die Zeit, die er im Wagen verbringt, als auch die Arbeitsstunden, die er benötigt, um seinen Wagen, samt Benzin, Steuern, Polizeistrafen usw. zu bezahlen. (Längere Aufenthalte in der Werkstatt, dem Krankenhaus oder der Familiengruft sind da noch gar nicht berücksichtigt.)
Wenn man nun berücksichtigt, daß der normale Autofahrer im Jahr 10 000 Kilometer hinter sich bringt, kann man die Kilometerzahl durch die Zahl der Stunden dividieren – dann kommt man auf etwas mehr als 6 Kilometer pro Stunde. Also ungefähr die Strecke, die ein Fußgänger in derselben Zeit zurücklegt. Der Autofahrer gewinnt also gar

nichts – er betreibt mit seinem Motor lediglich die Energieverschwendung und die Umweltzerstörung.
Aber das Auto ist eben doch mehr als ein Fortbewegungsmittel, und so erscheint es höchst zweifelhaft, daß einer, der einmal 100 Pferdekräfte unter seiner Motorhaube gesammelt hat, wieder zu Schusters Rappen zurückkehren wird.

MEDIZIN
oder
Die Götter in Weiß

Das folgende Kapitel ist mit Vorsicht zu genießen! Viele der angeführten Fakten sind dazu angetan, Österreichs Ruf schwer zu gefährden. Wer glaubt uns noch die gemütlich-versoffenen Alpendodel, wenn er plötzlich lesen muß, daß zahlreiche Österreicher die medizinische Laufbahn eingeschlagen haben, ohne dadurch die Sterblichkeitsquote in der Bevölkerung wesentlich zu erhöhen? Zuzugeben, daß hier sogar eine Art Heilkunst entstanden ist, könnte unser Image erheblich verändern. Denn nichts nehmen die Menschen so ernst wie die Gesundheit, und wer dazu etwas beigetragen hat, wird nur zu leicht zum verehrungswürdigen Idol hochstilisiert.

Gerade im Gesundheitswesen jedoch haben Österreicher solche Erfolge erzielt, daß man selbst in Kreisen der aggressivsten Viren und Bazillen ihre Namen nur zu flüstern wagt. Das darf unter keinen Umständen bekannt werden, wenn wir verhindern wollen, daß Österreich künftig eine Welle von Sympathie und Hochachtung entgegenschlägt!

Um den verantwortlichen Stellen einen Eindruck davon zu vermitteln, was auf diesem Sektor alles verschwiegen werden muß, müssen im vorliegenden Kapitel leider einige Namen genannt werden.

Natürlich handelt es sich dabei nur um eine streng subjektive Auswahl, nur um einen Bruchteil der tatsächlich erwähnenswerten Persönlichkeiten, denn über die großen Mediziner müßte eigentlich ein eigener Geheimreport verfaßt und dann sorgfältig von der Öffentlichkeit ferngehalten werden. Unsere Aufgabe hier kann es aber nur sein, die

Büchse der Pandora einmal ganz kurz zu öffnen, um den Verantwortlichen auf einen Blick zu zeigen, daß sie wahrhaftig mit Dynamit gefüllt ist.

Die glorreiche Geschichte der österreichischen Medizin begann schon im Mittelalter. Mit einer besonders markanten Erscheinung: Theophrastus Bombastus von Hohenheim, genannt Paracelsus. 1516 promovierte er in Ferrara zum »Doctor beyder arzneyen«, und von da ab zog er von Ort zu Ort, mal prunkvoll und pompös, dann wieder bescheiden und zerlumpt, aber immer und überall als Wunderheiler gesucht. »Ein Arzt, der nicht die Gicht, Epilepsie, Wassersucht und Aussatz heilen könne, ist kein echter Arzt«, hat er einmal behauptet, aber von ihm erwartete man noch viel mehr. Aufgrund seiner chemischen und alchemistischen Erfahrung wurde er so etwas wie ein erster Vorläufer der Chemotherapie, und da, wo auch er versagen mußte, bat er um Geduld: »Alle Krankheiten ohne Ausnahme können geheilt werden, nur gibt es manche, bei denen wir es noch nicht verstehen.« Das waren die Worte eines Forschers, der nicht aufgab.
Aber er hatte nicht nur Bewunderer. Den Kaiser hatte er verärgert, wohl weil er ihm den Ausbruch der Pest – übrigens völlig richtig – voraussagte. Also erhielt der große Arzt auch keine Subvention, und ein Brief, in dem er sich bei seiner Majestät über seine Gegner beklagte, wurde ungnädig aufgenommen, obwohl er viel Wahres enthielt: »Allergnädigster Herr, der Haufe ist groß, der sich wider mich einlegt; klein aber ist ihr Verstand und ihre Kunst, darum sie mir nichts abkämpfen, denn sie haben der Proben zu wenige ... Die Ärzte wollen mich umstoßen. Ich aber werde grünen, und sie werden dürre Feigenbäume werden.«
Und so kam es ja auch, denn von den Konkurrenten des Paracelsus hat man wenig gehört. Aber er hätte es heute mit

den Chemiekonzernen wohl auch nicht leichter gehabt als mit den Quacksalbern seiner Zeit. Schon weil er immer nach dem nächstliegenden Heilmittel suchte und sich nicht von modischen Wunderpülverchen beeindrucken ließ. Etwas überspitzt formulierte er diese Einstellung so: »Wie kann man Krankheiten, die in Deutschland auftreten, mit Arzneien heilen, die Gott am Nile wachsen läßt?«
Die Profitmacher der Gesundheitsindustrie können überhaupt zufrieden sein, daß Paracelsus schon 1541 in Salzburg starb. Denn so ist inzwischen genug Zeit vergangen, daß sein vielleicht wichtigster Satz in Vergessenheit geraten konnte:
»Für das lange Leben ist die beste Lebensweise eine mäßige Diät.«

Mit Paracelsus hatte es begonnen, und bald sollte die Kette der großen Mediziner nicht mehr abreißen. Van Swieten wurde als Leibarzt von Maria Theresia bekannt, und sein Schüler Leopold Auenbrugger wurde zum eigentlichen Begründer der physikalischen Diagnostik. Auenbrugger war ein hochmusikalischer Mensch – er schrieb sogar für Mozarts Intimfeind Salieri das Opernlibretto »Der Rauchfangkehrer« –, aber er lauschte nicht nur den schönen Tönen auf der Opernbühne, sondern auch den häßlicheren, die beim Abklopfen des Brustkorbs entstanden. Dieses Abklopfen, um Erkrankungen der Lunge, des Rippenfells und des Herzens festzustellen, war seine geniale Erfindung. 1761 publizierte er seine Erkenntnisse unter dem nicht gerade bestsellerverdächtigen Titel: »Inventum novum ex percussione thoracis humani ut signo abstrusos interni pectoris mortos detegendi.« Und erntete sofort jede Menge Spott und Hohn. Die Kollegen wollten sich schier totlachen über seine Methode; Auenbrugger verließ das Spital und widmete sich nur noch seinen Privatpatienten und der Hausmusik. Fast ein halbes Jahrhundert lang, bis er wenige Mo-

nate vor seinen Tod vom Leibarzt Kaiser Napoleons glänzend rehabilitiert wurde!
Ob Auenbrugger auf seine bahnbrechende Erfindung wirklich stieß, als er im Weinkeller seines Vaters die Fässer abklopfte, um sich über den Inhalt Aufschluß zu verschaffen, ist nicht verbürgt, aber daß eine gewisse Verwandtschaft zwischen einem Weinfaß und einem Österreicher besteht, scheint nicht ganz aus der Luft gegriffen. Jedenfalls war er einer der Ärzte, die wie nach ihm Frank, Rokitansky und Skoda den Ruf der Wiener Medizinischen Schule international populär machte. So populär, daß beispielsweise zwei Drittel aller amerikanischen Medizinstudenten, die sich zwischen 1870 und 1914 im Ausland fortbildeten, an die Wiener Universität kamen.

Die Kapazitäten der Wiener Medizin sind freilich so zahlreich, daß man hier nur einige ganz typische Beispiele nennen kann.
Zu den wichtigsten gehört zweifellos Ignaz Semmelweis, geboren 1818 in Buda. Er spezialisierte sich auf Geburtshilfe und mußte ohnmächtig zusehen, wie Tausende Frauen im Wochenbett starben. Andere Ärzte nahmen das als gottgewollt hin, Semmelweis dachte nach. Und als ein Kollege durch eine kleine Verletzung beim Sezieren an Blutvergiftung starb, sah er plötzlich den Zusammenhang zwischen der Verunreinigung einer Wunde und dem tödlichen Kindbettfieber. Es waren die Ärzte, die ihre Patientinnen ansteckten. Aber das ließen sich die Ärzte nicht so einfach ins Gesicht sagen. Die Verantwortlichen reagierten empört, als Semmelweis in offenen Briefen schrieb: »Für mich gibt es kein anderes Mittel, dem Morden Einhalt zu tun, als die schonungslose Entlarvung meiner Gegner, und niemand, der das Herz auf dem rechten Fleck hat, wird mich tadeln, daß ich dieses Mittel ergreife.«
Anscheinend hatten die angegriffenen Ärzte aber einen

Herzfehler, denn sie tadelten ihn sehr wohl. Sie machten ihn fertig. Dabei hatte Semmelweis nichts anderes verlangt, als daß sich die Ärzte vor der Berührung ihrer Patientinnen mit gelöstem Chlorkalk die Hände wuschen. Kein vernünftiger Mensch hätte daran Anstoß nehmen können, zumal er mit dieser Methode die Sterbequote bei den von ihm betreuten Frauen von 31 Prozent auf weniger als 1 Prozent senken konnte, aber die großen Götter in Weiß wollten davon nichts hören. Er wurde verhöhnt, verspottet, erniedrigt und mußte hilflos zusehen, wie weiterhin Frauen sinnlos starben. Irgendwann verwirrte das seinen Geist, er wurde in die Irrenanstalt gebracht, wo er sich durch die Zwangsjacke kleine Abschürfungen zuzog, die in einer Blutvergiftung endeten – und dann starb der große Ignaz Semmelweis an genau der Krankheit, die er sein Leben lang bekämpft hatte. Unbedankt und unbeweint von seiner Zunft – erst von der Nachwelt als Retter der Mütter anerkannt.

Dr. Joseph Hyrtl hätte beinahe den Lebenstraum des Österreichers verwirklicht: er begann tatsächlich als Sängerknabe und endete als Hofrat. Nur zum Lipizzaner hatte er es doch nicht gebracht.
Er galt als Wegbereiter der Anatomie und war so berühmt, daß er noch zu Lebzeiten ein Denkmal im Arkadengang der Wiener Universität erhielt – was noch keinem vor ihm widerfahren war. Seine Nachbarn kannten den ehrwürdigen Herrn allerdings auch noch von einer anderen Seite, denn er pflegte splitternackt in Haus und Garten herumzulaufen. Und wenn er ausging, war er manchmal so dürftig gekleidet, daß ihm mitleidige Passanten schon einmal eine Semmel schenkten oder ein Essen im Gasthaus bezahlten – um dann überrascht festzustellen, daß der Sandler sich mit großzügigen Geschenken dafür revanchierte.
Aber er wußte auch, wann er anders auftreten mußte. Als ihn seine Studenten mit einem großen Fest im Sophiensaal

ehrten, legte er all seine Orden an. Man hatte ihm zwar gesagt, das wäre nur Brauch, wenn man mit den allerhöchsten Personen des Staates zusammenkäme, aber da erwiderte Hyrtl: »Eben, das sind für mich meine Studenten.«

Ebenso humorvoll und ebenso beliebt bei seinen Studenten war Ferdinand von Hebra. Ein Mann, der ein wahnsinniges Arbeitspensum von sich selbst verlangte und dazu nur lakonisch bemerkte: »Zweimal einen Eßlöffel irgend etwas zu verschreiben ist leicht – ein Hausarzt muß mehr können.« Er konnte es und verblüffte die Mitwelt immer wieder mit seinen Blitzdiagnosen, wenn er Beruf, Alter oder Krankheit eines Menschen auf einen Blick feststellte. Er erfand die Wasserbett-Behandlung und war der Begründer der modernen Dermatologie, was ihm besonders für unsere Zeit, wo durch die Umweltverschmutzung ständig neue Hautkrankheiten auftreten, wieder größte Bedeutung verleiht.

Der bedeutendste Chirurg seiner Zeit war zweifellos Theodor Billroth. Von seinen Operationen am Kehlkopf und am Magen sprach damals die ganze Welt. Wie viele Ärzte war er aber nebenbei auch ein hochmusikalischer Mensch, innig befreundet mit Johannes Brahms, obwohl er seiner Tochter einmal gestand: »Er macht es einem recht schwer, ihn liebzubehalten.« Aber er freute sich wie ein Kind, als er durch Zufall erfuhr, daß in seinem Haus einst der berühmte Arzt Frank gewohnt hatte, der ebenfalls Umgang mit den musikalischen Größen seiner Zeit unterhielt, und er schrieb darüber an seinen Freund Brahms: »Das Interessanteste bleibt mir immer, daß Johann Peter Frank und Beethoven in meinem Haus verkehrten und daß sich ein solcher Verkehr – seien wir einmal arrogant! – fast hundert Jahre später in demselben Haus zwischen Dir und mir wiederholte!«
Aber so ein Zufall war das ja gar nicht, wenn man bedenkt,

daß es in Wien vor Giganten der Musik und der Medizin nur so wimmelte.
Als Billroth 1894 starb, herrschte eine einzige Meinung: »Wer wird es wagen, die große Sendung eines Lehrers, Forschers und Arztes an derselben Stelle zu erfüllen, an welcher Billroths glänzender Geist erstrahlte?«

Aber die bange Frage war rein rhetorisch, denn immer wieder traten hier die hervorragendsten Mediziner zutage. Hermann Nothnagel etwa, der berühmte Internist, der als erster die Bedeutung des Blutdrucks erkannte. Er predigte immer wieder, daß Wissen allein nicht genügt, wenn seine Anwendung nicht vom Geist der Humanität geprägt wird, und sein Ausspruch hat bis heute nicht an Gewicht verloren: »Nur ein guter Mensch kann ein großer Arzt sein.«
Und noch heute sollte man manche Mediziner an ihn erinnern, denn Nothnagel haßte nichts mehr, als wenn ein Arzt seinen Patienten fragte: »Was fehlt Ihnen?«
»Das herauszukriegen, dazu sind Sie ja da!« knurrte Nothnagel dann erbost.

Ein weltberühmter Arzt wurde auch Adolf Lorenz. Durch Zufall! Denn der hatte sich zwar als Chirurg habilitiert, aber es stellte sich heraus, daß seine Haut gegen Karbol allergisch war. Und mit ungewaschenen Händen durfte man 1884 schon nicht mehr operieren. Notgedrungen wandte er sich der Orthopädie zu, und auf diesem Gebiet wirkte er wahre Wunder. Ihm gelang es mit speziellen Methoden erstmals, angeborene Deformationen der Hüfte unblutig zu heilen. Ebenso den Klumpfuß und eine ganze Reihe anderer Verrenkungen und Verkrümmungen, bei denen seinerzeit trotz schwerster Operationen oft keine echte Hilfe möglich war. So konnte er Tausenden verkrüppelten Kindern zu einem normalen Leben verhelfen – die Ehrenbür-

gerschaft der Stadt Newark war eine der vielen Auszeichnungen, die er weltweit dafür erhielt.
Stolz konnte er aber auch auf seine Schüler sein. Der vielleicht bedeutendste davon war Lorenz Böhler, Gründer des Unfallkrankenhauses in Wien, das zum Vorbild solcher Spitäler in aller Welt wurde.

Auf einem ganz anderen Gebiet bewegte sich Julius von Wagner-Jauregg. Da er als Internist keinen Job fand, wandte er sich der Psychiatrie zu und galt bald als anerkannter Fachmann. Er kämpfte gegen Kropf und Kretinismus – wovon es ja in Österreich wahrhaftig genug zu bekämpfen gab –, und auf ihn gehen die Bestimmungen zurück, daß bei der Aufnahme in geschlossene Anstalten auch die Ärzte ein Wort mitzureden hatten, wodurch der Behördenwillkür in Österreich schon früh eine gewisse Grenze gesetzt wurde.
Allerdings war auch er diesbezüglich in einen Skandal verwickelt, als er den beliebtesten Schauspieler des Landes, Alexander Girardi, »aus Gefälligkeit« ins Irrenhaus einweisen ließ, ohne ihn vorher untersucht zu haben. Karl Kraus empörte sich darüber, meinte aber, »ein gewissenhafterer Kollege hätte sich diese Gefälligkeit mit einer Million vergüten lassen«, was man Wagner-Jaueregg wirklich nicht nachsagen konnte.
Aber alles, Leistung oder Skandal, wurde von einer ganz großen Entdeckung des genialen Arztes überstrahlt. In einer Zeit, als die Syphilis die furchtbarsten Verheerungen anrichtete und ihr Spätstadium, die »progressive Paralyse«, zu einem entsetzlichen Tod führte, gelang ihm durch Infektionen mit Blut eines Malariakranken der erste Heilerfolg. 1927 erhielt er »für die Entdeckung der therapeutischen Bedeutung der Malariaimpfung bei progressiver Paralyse« den Nobelpreis verliehen.
Er hätte sich noch lange in diesem Ruhm sonnen können,

aber als er ein Jahr später seine Abschiedsvorlesung hielt, tat er es mit den weisen Worten: »Man hat mich veranlassen wollen, noch weiter im Amt zu bleiben. Ich aber merke, daß ich alt werde. Lassen Sie mich weggehen, bevor auch Sie es bemerken.«
Wagner-Jauregg wurde 83 Jahre alt. Zwei andere große Ärzte endeten jünger und unter tragischen Umständen. Guido Holzknecht am 30. Oktober 1931 nach langem schweren Leiden. Er, der das Wiener Röntgeninstitut zu einer Ausbildungsstätte mit internationalem Ruf machte, er, der eine Publikation über »Methode zur Messung der Röntgenstrahlen, Vermeiden von Schädigungen« veröffentlicht hatte, konnte diese Schädigungen nicht vermeiden. Seine Methode schützte zwar die nach ihm, aber er war schon längst von den Strahlen verseucht und starb nach 28 Operationen, nach ununterbrochenem Leiden, an seinem Forscherdrang.

Clemens von Pirquet hingegen schied freiwillig aus dem Leben. Allerdings erst, nachdem er viele andere Leben gerettet hatte. Er war der erste, der eine Methode entdeckte, um bei Kindern Tuberkulose festzustellen, in einem Stadium, wo sie noch heilbar ist. Und für die Kinder hat er noch mehr getan. Als Leiter der amerikanischen Hilfsaktionen nach dem Ersten Weltkrieg und an der Spitze des Völkerbundkomitees für Säuglingspflege in Genf.
Was Pirquet aber gerade heute wieder so interessant macht, ist noch etwas anderes: Er begründete die Lehre von den Allergien und hat den Begriff »Allergie« überhaupt erst eingeführt. Hätte er nur Lizenzen für dieses Wort kassiert, könnte er jetzt, wo uns die chemische Industrie mit ihren in Nahrung, Kleidung, Wohnung und Umwelt versteckten Giften jeden Tag eine neue Allergie beschert, ein Vermögen machen!
Das waren vielleicht die meistzitierten Mediziner, die

Österreich hervorgebracht hat. Aber darf man deswegen die übrigen, ganz großen vergessen? Zumindest ein paar, ganz willkürlich herausgegriffen aus dem übervollen Reservoir, müssen noch erwähnt werden.

Ferdinand von Arlt erkannte als erster die Ursachen der Kurzsichtigkeit.
Anton von Grohs-Fligely, ein Apotheker, der als Bierbrauer begonnen hatte, erfand die Gelatinepräparate, die bald in aller Welt den Heilmittelmarkt eroberten.
Johann Florian Heller ist der Begründer der Harnuntersuchung zur Feststellung von Eiweiß und Zucker.
Max von Gruber fand eine Methode zur Typhusbestimmung, und Hermann Franz Müller gilt als der Entdecker des Pestbazillus.
Thaddäus Haenke kam 1789 nach Südamerika und führte dort die erste Blatternschutzimpfung durch. Jaromir von Mundy ist der Begründer des modernen Rettungswesens. Wer heute von einem rasenden Krankenwagen niedergefahren wird, sollte also daran denken, daß er einer österreichischen Idee zum Opfer fiel.
Robert Barany, der sich mit dem Innenohr beschäftigte, erhielt seinen Nobelpreis in russischer Kriegsgefangenschaft während des Ersten Weltkriegs.
Karl Landsteiner war wieder einer der ganz großen Forscher aus Wien. Als der Zusammenbruch der Monarchie seine Arbeit nahezu unmöglich machte, ging er mit Weib und Kind nach Amerika. Während er am Rockefeller-Institut arbeitete, erhielt er 1930 den Nobelpreis. Er hatte als erster die verschiedenen Blutgruppen bestimmt, dadurch waren Bluttransfusionen nicht länger eine Art russisches Roulett.
Bis sie es durch das Aufkommen des Aids-Virus wieder wurden. Aber dafür kann Landsteiner ja nun wirklich nichts.

Sechs Jahre später erhielt Otto Loewi den Medizin-Nobelpreis, und 1947 kam das Ehepaar Carl und Gerty Cori für die Leistungen in der Enzym-Forschung zu Nobelpreis-Ehren – aber das war leider schon die Generation der Emigranten.
In Amerika machten auch noch andere österreichische Ärzte von sich reden. Vor allem Manfred Sakel, der die Schock-Therapie erfunden hat, und Joseph Goldberg, der die gefürchtete Pellagra (Vitaminmangelkrankheit) in den Südstaaten der USA durch seine Erkenntnisse praktisch zum Erliegen brachte.
Und ins Scheinwerferlicht der Öffentlichkeit trat auch noch Dr. Hans Kraus, der 1962 Gesundheitsberater des Präsidenten John F. Kennedy wurde und sich intensiv um dessen Rückenleiden kümmerte.

In Österreich selbst bemüht man sich zur Zeit, den Ruf der alten Wiener Schule durch neue Methoden und Erkenntnisse wieder aufzufrischen. Auch nach dem Krieg hat es wieder einige Mediziner von Weltruf gegeben, zum Beispiel Professor Karl Fellinger, der vom indonesischen Staatspräsidenten Sukarno ebenso konsultiert wurde wie von König Ibn Saud.
Und auch neueste Operationstechniken werden in Wien wieder angewandt, etwa an der Universitäts-Augenklinik, wo man in der Hornhautverpflanzung ohne Naht und Klebstoff allen anderen Nationen voraus ist.
Daß Österreich aber nicht wieder zu beispielhaft für die Welt wird, dafür haben die Politiker in den letzten Jahren gesorgt: durch den Bau des neuen Allgemeinen Krankenhauses, das wohl zum teuersten und verpfuschtesten Spital der Welt heranreifen dürfte. Durch eine Baukostenüberschreitung in Höhe vieler Milliarden und die horrenden Unterhaltskosten wird im Budget nicht mehr viel übrigbleiben, um Gesundheitspolitik zu betreiben. Und der kärgli-

che Rest wird von Luxusbürohäusern der Krankenkassen und die überhöhten Gehälter der dort beschäftigten Parteibonzen aufgefressen werden. Dann können die großartigen Ärzte wieder ins Ausland gehen und dort den Ruhm des österreichischen Gesundheitswesens verbreiten. Die einheimischen Kranken werden sich dann mit Kamillentee und Essigsocken selbst kurieren dürfen, und statt einer ärztlichen Diagnose wird man ihnen das Werk Wagner-Jaureggs nahelegen, der in seiner letzten Arbeit schon 1940 die Frage erhob, ob eine immer höhere Lebenserwartung für den Menschen wirklich so vorteilhaft ist.

Ganz so brutal muß man allerdings die Frage nicht gleich beantworten wie jene Pflegeschwestern in Lainz, die sich den beschwerlichen Nachtdienst erleichterten, indem sie Dutzende Senioren zum frühzeitigen Ableben brachten. Worüber man nicht vergessen sollte, daß die Wiener Medizin die Geriatrie überhaupt erst salonfähig gemacht hat und dadurch unzähligen älteren Menschen die Chance gab, alt zu werden.

Wenngleich man diese Chance anscheinend anderswo besser nützt, denn selbst für Österreicher, die nicht von Schwester Waltraut betreut wurden, beträgt die durchschnittliche Lebenserwartung nur 75 Jahre. Das ist weniger als in allen anderen westlichen Industrienationen. Aber dort gibt es eben mehr Materialisten und bei uns mehr Patrioten, die angesichts ihrer horrenden Pensionsansprüche lieber frühzeitig dahinwelken, um dem geliebten Staat eine kleine Last abzunehmen.

MÄNNER
oder
Da schlagen Frauenherzen höher

»Sag mir, wo die Männer sind«, sang Marlene Dietrich verzweifelt und dachte: Die Antwort darauf gibt ganz allein der Wind. Aber was der Wind kann, können wir schon lange. Wir sind der Frage gewissenhaft nachgegangen und haben nach umfangreichen Recherchen beinahe zweifelsfrei festgestellt: Männer gibt es überall.

Aber so richtige Männer kommen hauptsächlich in Österreich vor. Keine Machos. Hierzulande braucht man keinen Männlichkeitswahn. Keine aufgeblasenen Attrappen, die sich ihre Überlegenheit nur einbilden. Hier ist noch das echte, alte Naturprodukt zu finden!

Früher einmal, als die Menschen noch in verschiedene Klassen eingeteilt wurden, war es besonders der Ritterstand, der als Ausbund männlicher Tugend galt. Wenn die edlen Ritter in schimmernder Rüstung beim Turnier, geschmückt mit den Farben ihrer Dame, zum tödlichen Zweikampf antraten, schlugen alle Herzen höher. Allerdings: außer besser töten konnten sie auch nicht viel und waren ansonsten genausolche Ferkel wie ihre Untertanen. Aber aus dem Töten resultierte ja der Ruhm und der Reichtum des Adels, und man kann fast sagen: Je höher ein Geschlecht aufstieg, desto mörderischer und gerissener müssen seine Angehörigen gewesen sein. Auch wenn man das damals höchst ritterlich als Tapferkeit und Weisheit bezeichnete.

Die Damen waren natürlich stolz, wenn sie einen besonders rüstigen oder besonders reichen Ritter ergattert hatten, aber die Freude schwand bald, denn die edlen Herren waren viel außer Haus – auf Kreuzzügen, Kriegszügen oder Raubzügen, je nachdem, wie fein man sich ausdrücken will. Die Damen saßen dann nicht nur mit verschlossener Miene da, sondern auch anderweitig gut versperrt – und das machte sich eine Gruppe von Männern zunutze, die sich seither in Österreich größter Beliebtheit erfreut. Nicht nur die Schlosser, die den nötigen Nachschlüssel für den Keuschheitsgürtel lieferten, sondern vor allem die Künstler, die alle weiteren Utensilien zum Entzücken der Damen bereithielten. Damals nannte man die Liedermacher noch Minnesänger, weil sie sich auf die Liebe genausogut verstanden wie auf die Musik, und die berühmtesten, von Walther von der Vogelweide bis zu Oswald von Wolkenstein, waren natürlich Österreicher.

Seltsamerweise ist es, trotz aller Umwälzungen in der Zwischenzeit, heute wieder ähnlich wie im Mittelalter: Adelige und Künstler sind total in. Und von beiden haben wir reichlich. Die Gesellschaftskolumnen quellen nur so über von erlauchten Namen, unter denen der Kaiser-Enkel Karl von Habsburg-Lothringen sicherlich den schönsten trägt. Aber auch Schwarzenberg, Fürstenberg, Liechtenstein, Windischgrätz, Cernin, Salm oder Thurn und Taxis sind Namen, die es der bürgerlichen Konkurrenz nicht leicht machen, wenn es darum geht, Missen, Models und Starlets zu erobern. Außer einem Rechtsanwalt, dem sie aus unerfindlichen Gründen alle verfallen, sind es am ehesten noch die Badewärter und Skilehrer, die beim Herzensbrechen einigermaßen mithalten können.
Und natürlich die Künstler. Neben den Adeligen, die vor allem in der Bundesrepublik als Frühstücksdirektoren reißenden Absatz finden, waren Künstler schon immer ein wichtiger österreichischer Exportartikel. Die durch und durch männlichen.
Johnny Weißmüller, der Tarzan-Darsteller, der sich in un-

zähligen Filmen durch den Urwald jodelte, war, was man seinem Lendenschurz gar nicht ansah, von österreichischem Geblüt.
Curd Jürgens, der »normannische Kleiderschrank«, einer unserer größten Herzensbrecher, einer der letzten wirklichen »Herren« der Leinwand, brachte es als »Des Teufels General« ebenfalls zum Weltstar. Curd, der immer ein wenig aussah, als hätte er einen preußischen Offizier verschluckt, war übrigens ein viel besserer Schauspieler, als man es ihm bei seiner blendenden Erscheinung zutraute, vielleicht der beste »Jedermann« in Salzburg, weil er, der reiche Prasser, der sinnliche Feinschmecker, Trinker und Frauenheld, wirklich wußte, wovon er sprach. Und in »Jacobowski und der Oberst« ein durchaus gleichwertiger Partner für den bravourösen Danny Kaye.
Klaus Maria Brandauer, von Statur her eher mittelmäßig, spielt neben dem »Hamlet« auf der Bühne im Film auch eher harte Männer: Spione, Boxer und natürlich auch einen Bösewicht als Gegenspieler von James Bond. Für »Out of Africa« erhielt er immerhin den Golden Globe Award und ist seither auch international ein Typ, für den die Frauen schwärmen.
An Schönheit freilich kann er nicht mit einem anderen lebenden Exportartikel »Made in Austria« konkurrieren: Model Walter Schupfer ist der Adonis unserer Tage. Vor ein paar Jahren noch war ein männliches Mannequin eine ziemlich lächerliche Figur und eher im Tuntenhaften angesiedelt. Heute ist das der Rohstoff, aus dem die Träume der kleinen Mädchen sind.
Schupfer, für eine Modeschau von Helmut Lang entdeckt, wurde bald zum Cover-Kopf. Und schon meldete sich Paris. Karl Lagerfeld holte ihn zu Chanel, Dior und Girbaud schickten ihn ebenfalls auf den Laufsteg. Und dann schlug Avantgarde-Designer Jean-Paul Gautier weltweit mit Schupfer zu. An so einem begehrten Typ konnte auch der

Film nicht vorbei: Paul Morissey engagierte ihn neben Jane Birkin und Frankreichs Erotikwunder Nathalie Baye für den Streifen »Beethovens Neffe«. Was wiederum seinen Marktwert als Fotomodell in die Höhe trieb. 1986 wechselte er zur Agentur »Click« und ging nach New York, wo er bald im Weihnachtskatalog des Nobelkaufhauses Bloomingdales prangte. Leider nicht als Geschenk, wie die Damen enttäuscht seufzten.

Aber der schöne Schupfer ist nicht der einzige österreichische Supermann, nach dem die Damenwelt bisher vergeblich lechzt. Als die Zeitschrift *Madame* einen großen Bericht über »die begehrtesten Junggesellen der Welt« veröffentlichte, fand auch ein Österreicher in dieser Liste Eingang. Thaddaeus Ropac führt eine Galerie in Salzburg und ein Büro in New York, 52. Straße, Ecke Broadway. Er vertritt Künstler wie das Pop-Idol Andy Warhol oder das Rokker-Idol Dennis Hopper in Europa und zum Ausgleich verschiedene europäische Künstler in den USA. Warum der erfolgreiche junge Mann noch immer als Single frei herumläuft? Vielleicht weil er ziemlich hohe Ansprüche stellt: »Meine zukünftige Frau soll etwas von der geheimnisvollen Exotik der Turandot, meiner bevorzugten Opernfigur, und der erotischen Naivität der Marilyn Monroe besitzen und für meine Arbeit Verständnis und Begeisterung aufbringen.« Gestand er der *Madame.*

Aber haben wir uns nicht alle in der Pubertät einmal so ein Wunderwesen gewünscht? Oder vielleicht sagt er das auch nur, weil er lieber ein begehrter Junggeselle bleiben will, als ein bekehrter Ehemann zu werden.

Natürlich stehen in Österreich noch weitere Idole der postmodernen Männlichkeit zur Verfügung. Der Schauspieler Paulus Manker etwa mit seiner stacheligen Sensibilität als Schwarm der Intellektuellen. Und natürlich noch immer in der Bestsellerliste: André Heller in der Inszenierung von André Heller.

Daneben noch ein paar sportliche Typen: Peter Seisenbacher, der beste Judo-Kämpfer der Welt; Gerhard Berger, einer der besten Autorennfahrer der Welt; Thomas Muster, der Tennis-Crack, und der Allerschönste: Freikletterer Thomas Bubendorfer. Wer sich diesen tollen Männern widmen möchte, muß allerdings einen kleinen Umweg machen: die meisten haben sich inzwischen in Monte Carlo niedergelassen. Dort gibt es keinen Militärdienst und keine Steuern, und das sind ja zwei Dinge, die ein echter Mann auf den Tod nicht ausstehen kann.

Aber unser Männlichkeits-Export beschränkt sich nicht auf Monte Carlo. Das beste Stück haben wir gleich nach Amerika geschickt. Und dort hat der Steirer Arnold Schwarzenegger bewiesen, daß man auch heute noch aus dem Nichts zum Weltstar werden kann, wenn man Köpfchen hat.
Anfangs sah es ja so aus, als gebrauche Schwarzenegger das Gehirn nur sparsam und konzentrierte sich ganz auf den Körper. Statt Bildung gab's für ihn nur Building. Mit eisernem Fleiß unterzog er sich einem barbarischen Training und wurde zum absoluten König aller Bodybuilder. Aber je konkurrenzloser seine Muskeln wurden, desto heftiger taten ihn die Neider als geistloses Stück Fleisch ab. Sehr voreilig, denn das Muskeltraining war nicht Arnolds Lebensinhalt, sondern nur seine Eintrittskarte in die große Welt. Nebenbei lernte er die Gesetze der Wirtschaft, und bald schon verdiente er als Realitätenmakler mehr als in der Muskelbranche. Und dann wurde er Filmstar. Aus Arnold wurde »Conan, der Barbar«. Die Kritiker zerfetzten ihn, und jetzt lachten die Neider erst recht. Aber die Kinokassen klingelten im Takt zu der Melodie »A star is born«. Und während sich die Kritiker noch immer vor Lachen ausschütten wollten über seinen steirischen Akzent, lieferte der strahlende Barbar Hollywood einen Hit nach dem anderen.
Heute gehört Arnold Schwarzenegger zu den zehn bestver-

dienenden Entertainern der Welt. Durch seine Heirat mit Maria Shriver, die sich als Moderatorin der »Morning Show« einen Namen gemacht hat, zählt Schwarzenegger auch für amerikanische Snobs jetzt zur Upperclass – immerhin kommt seine Angetraute aus dem legendären Kennedy-Clan. Was der urige Österreicher durchaus nicht überbewertet. Auf die ehrfürchtige Bemerkung eines deutschen Showmasters, daß er ja nun in die Kennedy-Familie eingeheiratet hätte, erwiderte er nur mit frischfröhlichem Grinsen: »Bei uns in der Steiermark sagt man, die Maria hat in die Schwarzenegger-Familie eingeheiratet!«

Tatsächlich müssen sich seine amerikanischen Verwandten auch damit abfinden, daß er ihre politische Meinung nicht teilt. Arnold ist Republikaner. Und seine Unterstützung für den Präsidentschaftskandidaten Bush hat auch schon Früchte getragen. Inzwischen ist er so etwas wie der offizielle Fitneß-Berater des Präsidenten, steht also zumindest mit einem Bein schon im Weißen Haus. Und wenn er auch als geborener Österreicher nicht selbst Präsident werden kann – außer dem einen Amt scheint für diesen erstaunlichen Mann nichts unerreichbar.

Es scheint, als hätte Arnold, der Barbar, die ganze Welt hineingelegt mit seiner monströsen Figur und den starken Sprüchen. Denn hinter den Muskeln steckt noch eine Menge mehr. Ohne eine gehörige Portion Intelligenz kommt keiner ganz an die Spitze, geschweige denn, daß er dort bliebe. Aber hier scheint es einmal zu stimmen: mens sana in corpore sano.

Und deshalb wird man auch an Österreich nicht vorbeikommen, wenn man von den letzten richtigen Männern dieser Epoche spricht. Also falls Marlene Dietrich noch einmal nachfragen sollte: die Adresse ist bekannt!

MUSIK II
oder
Heimat bist du zwölfer Töne

Obwohl Österreich das Musikland par excellence ist, gab es natürlich auch einige Komponisten, die in ihrer Heimat weit weniger verwöhnt wurden als im Ausland. Meist waren es die Anspruchsvollen, die Perfektionisten, die Neuerer, die man mit den Klassikern verglich und dann als gewogen und zu leicht befunden abtat.
Auch Gustav Mahler, geboren 1860, gehörte zu ihnen. Obwohl er zehn Jahre lang Hofoperndirektor war und das Haus zu neuen künstlerischen Höhen führte, zählte man ihn zu den Schwierigen, nicht zu den Beliebten. Aber er war auch ein rechter Dickschädel. Selbst den Wunsch des Kaisers, eine stimmlose Sängerin, die allerhöchste Protektion genoß, auf die Bühne zu stellen, wollte er nicht erfüllen. Für ihn zählte nur die Leistung, alles wollte er noch besser machen, sogar Beethovens Coriolan-Ouvertüre, die er mit einer Es-Klarinette versah. Was prompt in einem Artikel über »Die Judenherrschaft in der Wiener Hofoper« von der *Deutschen Zeitung* kritisiert wurde: »Wenn Herr Mahler Korrekturen anbringen will, dann soll er sich Mendelssohn oder Rubinstein dazu wählen – am Ende lassen sich das die Juden nicht gefallen –, aber unseren Beethoven soll er fein in Ruhe lassen.«
Von solchen Attacken erholte sich Mahler auf seinem Besitz am Attersee, wo er die Schönheiten der Natur rings um ihn in seine 3. Symphonie einfließen ließ. Der Dirigent Bruno Walter besuchte ihn einmal und war über die Landschaft dort hellauf entzückt.
Aber Mahler winkte ab. »Sie brauchen sich gar nicht mehr

umzuschauen. Das hierherum habe ich schon alles wegkomponiert!«
Bei aller Genialität Mahlers – er war für Wien nicht geeignet. Nun ist ja die Direktion der Staatsoper ohnehin der schwierigste Posten in dieser Stadt, große Persönlichkeiten, die daran gescheitert sind, gibt es in Hülle und Fülle – und wer immer dafür in Betracht kommt, an seinem Sessel wird schon gesägt, noch ehe er sich darauf niedergelassen hat. Aber Mahler hatte sich besonders viele Gegner gemacht: den Hof, die Antisemiten und die Kulturbanausen jeglicher Art. So warf er denn 1907 das Handtuch: »Ich gehe, weil ich das Gesindel nicht mehr aushalten kann«, sagte er und dirigierte künftig an der Metropolitan Opera in New York. Dort bekam er nach anfänglich stürmischen Erfolgen wegen seiner Kompromißlosigkeit auch wieder Schwierigkeiten, vor allem mit den Förderern der Philharmonic Society, worauf er den Taktstock niederlegte und zum Sterben nach Wien zurückkehrte. Sein früher Tod war tragisch, aber wenigstens mußte er nicht miterleben, welch miese Filme später über sein Leben gedreht wurden.

Einer der neuen Musiker, die Mahler unterstützt hatte, war Arnold Schönberg. Geboren 1874 in Wien, hatte er außer einer kurzen Lehrzeit bei Alexander von Zemlinsky keine musikalische Ausbildung und auch keine spektakulären Anfangserfolge, wenn man davon absieht, daß er ein beliebter Dirigent im Kabarett »Überbrettl« war. Finanziell ging es ihm in seiner ersten Zeit sehr schlecht, und um seine »Gurre-Lieder« in fast zehnjähriger Arbeitszeit vollenden zu können, mußte er nebenbei Tausende Seiten fremder Werke überarbeiten und orchestrieren, die qualitativ weit unter seinem eigenen standen.
Dennoch war auf die Dauer nicht aufzuhalten, daß die Fachleute Schönberg und die von ihm erfundene Zwölftonmusik ernst nahmen, und als er 1934 als Emigrant nach Los

Angeles kam, war er ein geachtetes und wichtiges Mitglied der europäischen Künstlerkolonie. Selbst George Gershwin wollte bei ihm Stunden nehmen, man einigte sich aber schließlich darauf, lieber gemeinsam Tennis zu spielen. Andere Musiker wurden sehr wohl seine Schüler, etwa Alfred Newman, einer der prominentesten Filmkomponisten Hollywoods, der seine Möglichkeiten in den Studios ausnützte, um mit stillschweigender Duldung von Sam Goldwyn, dem allmächtigen Filmzaren, Schönbergs Quartette auf Platten aufzunehmen.

Ein anderer dankbarer Schüler, Hanns Eisler, brachte den Komponisten mit Bert Brecht zusammen. Die beiden verstanden einander ganz gut, aber von einer Zusammenarbeit wollte Brecht nichts wissen. Schönbergs Musik war ihm »zu melodisch«!

Auch mit Thomas Mann war Schönberg befreundet, als aber 1947 dessen Meisterwerk »Doktor Faustus« erschien, wähnte sich Schönberg darin karikiert und verunglimpft, und aufgehetzt von der alten Intrigantin Alma Mahler-Werfel, brach er eine bittere Fehde vom Zaun, die durch alle Medien ging. Schönberg hatte deutlich den Eindruck, daß Mann sich auf seine Kosten berühmen wollte, und tat den trotzigen Ausspruch: »Die Zukunft wird ja zeigen, wer wessen Zeitgenosse war!«

Nun, die Zukunft hat Schönberg als Genie anerkannt, wenngleich seine Musik niemals wirklich populär wurde und nur von besonders intellektuellen Intellektuellen als Genuß geschätzt wird. Immerhin ist seine Wirkung auf die nachfolgenden Musikgenerationen unbestritten.

Seine berühmtesten Schüler waren wiederum zwei Österreicher: Alban Berg und Anton von Webern. Schönberg sah mit Mißtrauen, daß sie in der alten Heimat blieben, denn fast jeder Komponist, der etwas auf sich hielt, saß schon als Emigrant in New York oder Hollywood. Selbst Robert Stolz, an dessen Abstammung und Musik die Nazis keinerlei Anstoß nehmen konnten, ja den man unbedingt als Paradekomponisten im tausendjährigen Reich haben wollte, ließ Hitler lediglich bestellen, daß er ausschließlich daran interessiert sei, dessen Begräbnismusik zu komponieren und diese fröhliche Komposition gerne spielen möchte – je eher, desto lieber. Webern und Berg blieben in Österreich, aber trotz ihrer arischen Herrkunft nicht als gefeierte Komponisten. Ihre Musik wurde als »entartet« eingestuft und durfte nicht aufgeführt werden. Schlimmeres blieb ihnen im Dritten Reich erspart. Alban Berg, der Schöpfer der »Lulu« und des »Wozzeck«, starb 1935 an einer Blutvergiftung.

Anton von Webern überlebte den Krieg nur kurz. Er hatte sich und seine Familie vor der russischen Besatzung in die amerikanische Zone nach Mittersill in Sicherheit gebracht. Als eine amerikanische Patrouille seinen in Schwarzmarktgeschäfte verwickelten Bruder suchte, wurde Webern in der Dunkelheit vom Kompaniekoch der Amis irrtümlich erschossen. Auch ein österreichisches Schicksal.

Weltberühmt sind Berg und Webern zwar geworden, aber eben nur für Insider. Ähnlich erging es ihrem Kollegen Ernst Křenek. Mit seiner Oper »Jonny spielt auf« landete er 1927 einen Sensationserfolg. Und entfesselte einen beispiellosen Skandal, denn die Jazzelemente in seiner Musik waren allen echten deutschen Männern ein Horror. National gesinnte Menschen fürchteten wieder einmal, daß nun neben den Juden auch noch die Neger die schöne altdeutsche Kultur abwürgen könnten, und sahen schon hinter jedem Gebüsch vom Jazz aufgepeitschte Schwarze, die nichts im Sinn hatten, als sich mit blonden Greteln zu verlustieren. Immerhin fand Křenek auch begeisterte Zuhörer. Das Stück wurde in 18 Sprachen übersetzt und 1929 auch an der Met aufgeführt.

Damit hatte Křenek auch eine gute Visitenkarte, als er 1938 in Hollywood auftauchte, wo ihn der Komponist George

Antheil und der bekannte Drehbuchautor Ben Hecht zu Sam Goldwyn schleppten, um ihm einen Job beim Film zu verschaffen. Goldwyn hatte natürlich keine Ahnung von Křeneks Werk, war aber beeindruckt, als Hecht ihm sagte, Křeneks »Rosenkavalier« sei in Europa ein Riesenerfolg. Sein »Faust« wäre fast noch besser, meinte daraufhin Antheil. Und Hecht, der sich nicht übertrumpfen lassen wollte, behauptete, Křeneks »Traviata« sei überhaupt das Größte. Daraufhin wurde Goldwyn munter: »Aha, das ist der Bursche, der ›La Traviata‹ geschrieben hat. Den wollte ich schon lange mal zwischen die Finger kriegen! Bloß weil ich einmal ein paar Takte der lausigen Oper in einem Film verwendet habe, hat mich sein Verleger fast ruiniert. Den bringen Sie mir nur her!«
Ernst Křenek machte keine Karriere als Filmkomponist. Auch der Ruhm seiner Oper ist heute, wo man sich weder über Zwölftonmusik noch über Jazz mehr aufregen kann, leicht verblaßt. Nur die Zigarette, die man in Österreich danach genannt hat, die »Johnny«, existiert noch immer. Bis die militanten Nichtraucher auch dieses letzte Zeichen von Kultur einmal ausgemerzt haben werden.

Wirklich Glück in Hollywood hatte eigentlich nur ein österreichischer Komponist: Erich Wolfgang Korngold. Mit zehn Jahren schon von Mahler als Wunderkind gerühmt, hatte er bereits als blutjunger Mann einen Welterfolg mit seiner Oper »Die tote Stadt«. Von Max Reinhardt zum erstenmal nach Amerika gerufen, empfing man ihn auch in Hollywood als Berühmtheit. Und er lernte rasch, wie man mit den Filmproduzenten verhandeln mußte: nämlich gar nicht. Er stellte sich tot. Ließ sich bitten. So lange, bis er erreichte, was er wollte. Sein erster großer Film war »Captain Blood« mit Errol Flynn. Für seine zweite Filmusik von »Anthony Adverse« erhielt er bereits den »Oscar«. Danach konnte sich Korngold seine Verträge praktisch selber schreiben. Man munkelt, daß niemals einem Komponisten in Hollywood bessere Bedingungen eingeräumt wurden. Und wenn auch die junge Generation heute nicht mehr viel Ahnung von Korngold hat, unbewußt feiert sie ihn ja doch, wenn sie sich von Hollywoods grandiosen alten Abenteuerschinken wie »Captain Blood« und »Robin Hood« immer wieder aufs neue begeistern läßt.

Daß Österreich noch Hunderte anderer Komponisten hervorgebracht hat, die erwähnenswert wären, wie Hugo Wolf, Virtuosen wie Fritz Kreisler oder Rudolf Serkin, international renommierte Opernchefs wie Rudolf Bing oder eine Unzahl der bedeutendsten Dirigenten von Karl Böhm bis Herbert von Karajan – das soll hier gar nicht mehr zur Sprache kommen.

Daß Österreich eine musikalische Großmacht ist, haben wir ja hinreichend dokumentiert. Und daß uns deshalb die anderen Nationen nicht mit Neid und Mißgunst verfolgen, liegt ja nur daran, daß es auf der Welt so viele Schweinsohren gibt. Aber lieber nicht daran rühren, sonst nehmen sie uns am Ende auch noch unsere letzten zwölf Töne.

GEFAHR
oder
Wie wir die Welt das Fürchten lehrten

Wo Miß Marple mit ihren Stricknadeln auf Verbrecherjagd geht, wo es unmöglich ist, von Edgar Wallace nicht gefesselt zu sein, wo James Bond seinen nächsten unlösbaren Auftrag erhält und Jack the Ripper vom Nebel verschluckt wird – also um ganz ehrlich zu sein, das ist London.
Wenn es um Verbrechen geht, dann sind die klassischen Metropolen wie London, Chicago und Los Angeles nicht zu schlagen. Auch nicht die Aufsteiger wie Miami und Frankfurt.
Wenn es um niveauvolle Spionage geht, dominieren noch immer der Mossad, der BND und der KGB.
Und für reine nackte Gewalt sind das Weiße Haus und der Kreml zuständig.
Da kann Österreich wirklich nicht mithalten. Aber so harmlos sind wir auch wieder nicht. Im Laufe unserer glorreichen Vergangenheit waren wir hie und da ganz schön gefährlich. Da haben die Feinde Österreichs regelrecht gezittert. Manchmal sogar die Freunde!
Man denke nur an König Richard Löwenherz, der sich gemeinsam mit den österreichischen Babenbergern und anderen beutelüsternen Vertretern des europäischen Hochadels auf den Kreuzzug begab. Kaum hatte man gemeinsam die bösen Muslims geschlagen, gab's schon Stunk im christlichen Lager. Löwenherz zerkrachte sich mit dem österreichischen Herzog, weil beide die Eroberung von Akkon für sich beanspruchten. Aber solche Fälle gibt's ja in der Geschichte genug: zwei streiten um etwas, das eigentlich einem Dritten gehört. Es wäre auch bei den üblichen Verbal-

injurien geblieben, hätte Löwenherz nicht bei der Rückreise – mutig, aber bescheuert – ausgerechnet den Weg über Österreich gewählt. Dort wurde er gleich verhaftet und bis zur Zahlung eines Lösegeldes eingekerkert. Inzwischen konnte sein Halbbruder in England regieren und tat es derartig gemein, daß das Volk in Scharen einem anderen Banditen zulief: Robin Hood! Dieser Robin Hood bestahl nur die Reichen, seit er herausgefunden hatte, daß bei den Armen einfach nicht so viel zu holen war. Immerhin wurde er zum Nationalidol und zum Vorbild aller »Rächer der Enterbten« von Zorro bis Django.
Auch das ist eine Entwicklung, die nur durch österreichische Mithilfe möglich war.
Aber nicht nur England, auch der Schweiz schenkten wir ihren großen Nationalhelden. Der biedere Wilhelm Tell hätte doch zeitlebens nichts anderes produziert als Emmentaler und Milchschokolade. Erst als ihn der österreichische Vogt dazu zwang, seinen besten Apfel zu erschießen, brach sein schweizerisches Temperament durch. Er versammelte alle unabhängigen Uhrmacher und Käsebohrer, und seither gibt es die Eidgenossen, die im Rütli-Schwur feierlich versprochen haben, nie und nimmer das Schweizer Bankgeheimnis anzutasten.

Wie man sieht, hatten österreichische Interventionen eigentlich immer wenig Erfolg, aber weitreichende Folgen. Und weil man nie wußte, wie ein Konflikt mit Österreich enden würde, hatten eben die meisten Angst davor. Eines Tages sogar die USA!
Der amerikanische Ex-Präsident Jefferson hatte zwar 1810 etwas herablassend erklärt: Der König von Österreich sei ein Idiot, wie so viele andere europäische Herrscher. Aber als die Leopoldinen-Stiftung ihre Missionstätigkeit in Amerika aufnahm, warnte Lyman Beecher schreckerfüllt vor den katholischen Mächten Europas und den »Bajonetten

Österreichs«, und Elizabeth Peabody schrieb ein zornerfülltes Buch über »Die Verbrechen des Hauses Österreich gegen die Menschheit«.
Samuel F. R. Morse, der Erfinder des Telegrafen, war überhaupt der erbittertste Gegner Österreichs, das er als Krebsgeschwür der Welt bezeichnete, einen vergifteten Brunnen, der zugeschüttet gehört, damit nicht Amerika der Verschwörung von Papst und Kaiser zum Opfer falle!
Man sieht, österreichfeindliche Strömungen haben in den USA Tradition. Auch der Kaiser stand schon auf der Watchlist!
Die Österreicher wußten natürlich damals wenig von ihrem Weltruf als gefährliche Bedrohung der Menschheit und wären darüber gewiß sehr erstaunt gewesen. Doch ganz von ungefähr kam dieser Ruf natürlich nicht, es gab schon ein paar gefürchtete Haudegen in der österreichischen Geschichte. Da war zum Beispiel Don Juan d'Austria, geboren 1547 als unehelicher Sohn Kaiser Karls V. Nach dem Sieg seiner Flotte über die Türken bei Lepanto feierte ihn die ganze Welt als Bewahrer der Christenheit. Aber Friedrich von Schiller bescheinigte ihm auch »Hinterlist und Tücke«, und sogar die eigene Familie traute ihm nicht. Der Don Juan hegte nämlich heimlich den verwegenen Plan, Maria Stuart zu befreien, England und Schottland zu vereinigen und sich selbst dort als Herrscher zu etablieren. Auch noch auf Englands Thron ein Österreicher! Was hätte das für Folgen gehabt!
Ein Commonwealth hätte es wahrscheinlich nicht gegeben, weil es die Österreicher nie so recht verstanden, sich mit harter Hand ihre Kronkolonien zusammenzustehlen. Selbst Amerika hätte man eher mit Charme erobert, statt sauertöpfischer Puritaner regierten dort jetzt jodelnde Apachen! Und was noch wichtiger ist: die englische Küche wäre nicht bis heute die gefürchtetste Waffe dieses Inselstaates geblieben.

Leider eine versäumte Gelegenheit. Und davon gab es in der Geschichte noch mehr.
Im Oktober 1757 beispielsweise gelang dem Feldmarschall Andreas Hadik von Futak ein ganz besonderes Husarenstück. Mit nur vier Geschützen und einer lächerlichen Truppe eroberte er Berlin. 24 Stunden später ließ er es gegen eine reichliche Entschädigung wieder frei, aber – hätte er das nun nicht getan, hätte er auf das Lösegeld verzichtet und statt dessen Berlin behalten?
Dann wären die Preußen heute Österreicher, die deutsche Gründlichkeit längst in Wiener Schlamperei ausgeartet, und die Berliner Mauer wäre schon vom Winde verweht, weil korrupte österreichische Bauunternehmer statt Beton nur Styropor verwendet hätten. Graf Hadik hat diese Chance verspielt, und das hat er nun davon: heute muß er als Name für eine Wiener Popgruppe herhalten.
Schrecken unter den Völkern der Erde verbreitete auch Rudolf Carl Freiherr von Slatin. Er erlernte zwar den eher friedlichen Beruf eines Buchhändlers, schloß sich aber dann General Gordon an. 1880 wurde er General und englischer Militärgouverneur im Sudan, geriet schließlich in die Fänge des Mahdi und konnte sich erst 1895 durch eine tollkühne Flucht befreien.
Queen Victoria war so stolz auf ihren weißen Söldner, daß er sich nun Generalleutnant Sir Rudolf, Freiherr von Slatin Pascha nennen durfte.
Auf militärischem Gebiet also waren die Österreicher schon richtig zum Fürchten. Außer vielleicht der Offizier Gunther Burstyn. Er konstruierte zwar bereits im Jahre 1911 den ersten geländegängigen Panzerwagen mit drehbarem Geschützturm, aber da man in Österreich von Erfindungen, die ihrer Zeit voraus waren, niemals Gebrauch machte, konnte auch Burstyns Panzer keinerlei Unheil anrichten.
Ein richtiger Teufelskerl hingegen war der Freiherr Gott-

fried von Banfield, der letzte Maria-Theresien-Ritter, der seit 1916 den Beinamen »Adler von Triest« führte. Als Marineflieger war er in 21 Luftkämpfen siegreich, und 1917 gelang ihm der erste »Nachtabschuß« der Kriegsgeschichte.

Aber Kriegsgeschichte wurde in Österreich nicht nur mit dem Hinterlader oder dem Zielfernrohr geschrieben, sondern auch mit dem Taktstock. Carl Michael Ziehrer, ein Hutmacher, der es bis zum Hofballmusikdirektor brachte, war hauptberuflich Komponist von Operetten, die uns noch heute auf der Bühne und dem Bildschirm begegnen, und schuf über 600 kleinere Musikstücke, wie etwa »Das ist der Zauber der Montur«.
Darüber hinaus aber war er auch noch Kapellmeister beim traditionellen Infanterieregiment Nr. 4, »Hoch- und Deutschmeister«. Die Deutschmeister wurden unter ihrem genialen Dirigenten zum Inbegriff der Militärmusik. 1893 bei der Weltausstellung in Chicago versetzten sie das Publikum in einen Taumel der Begeisterung, und spontan wurden nach diesem Vorbild in Amerika, England und Spanien solche Militärkapellen gegründet. Auch Glenn Miller ist also eigentlich ein Enkel von Carl Michael Ziehrer.
Freilich, Ziehrer hatte die Militärmusik nur zur höchsten Vollendung geführt – erfunden hat sie ein anderer Österreicher, Franz Freiherr von der Trenck. Natürlich hatte es vorher schon Trommler gegeben und sogar Posaunisten – vor Jericho etwa. Aber richtige Musik brachte uns erst »Trenck der Pandur«, wie er von Freund und Feind genannt wurde. Hauptsächlich von Feind, denn Freund gab es für ihn kaum, hatte er doch neben seinem militärischen Genie auch die Anlagen zum Strauchdieb und Frauenschänder. Aber das trifft sich ja öfter.
Als Königin Maria Theresia mit ihren Feinden nicht mehr fertig wurde, bot der kühne Mann seine Dienste an. Gegen einen Generalpardon wollte er alle Räuber, Wilderer und

Pferdediebe seiner engeren Heimat zu einem Freikorps zusammenschweißen. Gesagt, getan. Mit dieser Pandurentruppe paradierte der fesche »Commandeur der Galgenvögel-Brigade« dann vor Ihrer Majestät. Und damit die Show auch richtig ankam, hatte er einen Marsch komponiert, der von Zigeunermusikern gespielt wurde. Dabei hatte Trenck nicht nur die Regimentsmusik erfunden, sondern auch noch das klassische Kostüm, das bis heute von allen Zigeunermusikern der Welt getragen wird.

Leider hat der innovative Geist das Plündern und Morden zu sehr übertrieben und – was die sittenstrenge Monarchin noch mehr entsetzte – auch das Verführen ländlicher Schönheiten, und er mußte den Rest seines Lebens in strenger Festungshaft verbringen. Aber gewiß gab auch er der Legende von den furchterregenden Österreichern gewaltigen Auftrieb.

Dazu kam noch, daß die österreichischen Waffen Weltruf besaßen. Schon Lederstrumpf und seine Kollegen benützten sie, um aufmümpfige Indianer auf den rechten Weg zu bringen, also auf die Direktroute zu Manitou.

Und nicht nur Hobbykiller, auch die Militärs fanden Gefallen an Waffen made in Austria. Der Büchsenmacher Joseph Werndl – der übrigens auch die erste elektrische Straßenbeleuchtung Europas in Steyr installierte – hatte in den USA gelernt und konstruierte daraufhin einen Hinterlader, der die berühmten Remington-Gewehre weit übertraf. Zum Zentrum der europäischen Waffenindustrie wurde Steyr aber dann erst durch ein Repetiergewehr, das Ferdinand Ritter von Mannlicher erfunden hatte. Zwar wurde es auch für die österreichische Armee produziert, aber praktische Erprobung fand das Mannlicher-Gewehr erstmals 1890 im chilenischen Bürgerkrieg. Der Schrecken neuer Waffen bleibt ja auch wesentlich geringer, wenn man selbst weit vom Schuß ist.

Auf diesem Sektor ist Österreich auch bis heute konkurrenzfähig geblieben. Da ballert Marokko mit österreichischen Kürassier-Panzern auf die Polisario, daß die Sahara nur so staubt. Und wenn die islamischen Brüder kleine Meinungsverschiedenheiten haben, wie der Iran und Irak, kann man auf Qualitätswaffen von der Noricum nicht verzichten. Freilich hat Österreich als sozialer und neutraler Staat ein unglaublich strenges Exportgesetz für Waffen, so daß wir in Krisenregionen gar nichts liefern dürfen. Also gehen die Waffen nur an befreundete harmlose Staaten, die sie dann in die Krisenregionen weiterleiten.

Natürlich sind nicht einmal österreichische Regierungsstellen naiv genug, zu glauben, daß irgend jemand Waffen kauft, der nicht die Absicht hat, sie auch zu gebrauchen. Aber da hält man sich an die internationalen Regeln: Was die anderen damit anfangen, ist ihre Sache. Man kann schließlich auch mit dem Buttermesser einen Gattenmord begehen – aber deswegen wird man doch nicht gleich die Buttermesser verbieten!

Und wenn irgendein rabiater Staat uns glaubhaft versichert, daß er unsere Panzer nur braucht, um Essen auf Rädern zu verteilen und unsere Kanonen zum Tontaubenschießen, dann können wir doch nicht so kalt und herzlos sein.

Allerdings, unter den Militärmächten und Waffenproduzenten der Welt sind wir heute nur noch der siebente Zwerg. Und das ist gut so. Uns ist lieber, man sieht Österreich nur noch als Gefahr, wenn es gilt, das Böse zu verfolgen. Und auf diesem Gebiet haben wir ja auch eine untadelige Tradition.

Zwar kommen österreichische Detektive in der Weltliteratur kaum vor. Kein Phil Marlowe, kein Maigret. Aber die Bewaffnung für einige Vertreter dieses Genres liefern wir noch immer. Hochspannungsautor William Diehl schwört in seinem letzten Bestseller »Thai Horse« auf eine »Austrian Aug«, mit der er sogar in der Badewanne die schön-

sten Erfolge erzielt. Und der geheimnisvolle J. W. Rider stattet seinen schießfreudigen Helden Malone mit einer 19schüssigen Steyr aus, die ganz New Jersey zum Zittern bringt.
Auch die leichteste Mordwaffe, die aus Plastik gegossene Glock, die besonders bei Terroristen auf der Wunschliste steht, weil man sie besser durch die Alarmanlagen schmuggeln kann, ist natürlich ein österreichisches Qualitätsprodukt. Und es wird nicht lange dauern, bis auch die Fernsehdetektive damit ausgerüstet sind, denn die machen es sich bei der Aufklärung ihrer Fälle gerne besonders leicht.
Aber das sind wirklich nur Werkzeuge für die letzten Abenteurer. Bei der Aufklärung von Verbrechen könnte man eigentlich auf solche Requisiten verzichten, wenn man bedenkt, was Österreich in der Kriminologie der Welt an die Hand gegeben hat.
Seltsam: ein Land, das verhältnismäßig wenig Kriminelle zu bieten hatte – hin und wieder ein Dienstmädchenmörder von Format oder eine begabte Giftmischerin –, hat eine Menge wichtiger Kriminalisten hervorgebracht. Keine Praktiker wie Sam Spade und Mike Hammer, aber ganz wichtige Theoretiker. Ebenso wie beim Sex waren bei uns auch im Crime die Professoren führend.
Der bedeutendste war sicherlich der Grazer Kriminologe Hans Gross. Er hat die wissenschaftliche Kriminalistik eigentlich erfunden und gründete das erste Kriminologische Universitätsinstitut, das später in aller Welt kopiert wurde, um Sherlock-Holmes-Nachwuchs heranzubilden. Auf einem Polizeikongreß in New York verblüffte er selbst die hartgesottensten amerikanischen Detektive mit neuen Methoden zur Verbrechensaufklärung, und sein 1893 erschienenes »Handbuch für Untersuchungsrichter« wurde, in zahlreiche Sprachen übersetzt, zur Bibel der Kriminalisten. Auch die Errichtung des ersten Kriminalmuseums der Welt gehört zu seinen unvergessenen Leistungen.

Daß die »Grazer Schule« der Kriminalisten so berühmt wurde, ließ natürlich auch die Wiener nicht ruhen. Prof. Dr. Roland Grassberger machte in den dreißiger Jahren sogar ein Polizeipraktikum direkt an der heißesten Front: in New York und Chicago. Und man weiß ja aus der Fernsehserie »Chicago 1930«, was damals dort los war, da konnten Elliott Ness und seine Untouchables sicherlich ein bißchen österreichische Unterstützung brauchen!
Auch Grassberger schrieb natürlich einige wichtige Bücher, und seither wissen wir alles über »Die Brandlegungskriminalität« oder »Die Unzucht mit Tieren«. Wer also eine Schachtel Streichhölzer oder einen Goldhamster zu Hause hat, kann da gelegentlich einmal nachschauen.

Neben den vielen Theoretikern gab es aber auch einige Praktiker, die wesentlich zur Verbrechensverhinderung beitrugen.
Beispielsweise den Erfinder Jakob Degen. Ein interessanter Mann, der nicht nur des Kaisers Uhren in der Hofburg ständig in Gang zu halten hatte, sondern nebenbei auch noch Flugversuche unternahm. Und gar nicht so erfolglos, denn 1810 flog er eine ganze Stunde lang, von Laxenburg nach Vösendorf – und das ohne Motor und Treibstoff, nur mit Muskelkraft.
Aber die Erfindung, von der hier die Rede sein soll, lag auf einem ganz anderen Gebiet: er entwickelte das Doppeldruckverfahren, mit dem sich erstmals fälschungssichere Banknoten und Wertpapiere herstellen ließen. Ein harter Schlag für alle Maler und Grafiker, die sich gerade auf die künstlerische Herstellung von Papiergeld spezialisieren wollten. Jetzt konnten sie ihre private Kellerwerkstatt zumachen, denn schon 1821 begann die Oesterreichische Nationalbank – als erste der Welt – mit dem Druck der fälschungssicheren Scheinchen. Und noch heute wird in der ganzen Welt nach diesem Verfahren gearbeitet.

Aber wenn man schon echte Scheine in größeren Mengen hat, muß man sie auch sicher aufheben können. Dachte sich zumindest Franz Freiherr von Wertheim aus Krems an der Donau. 1848 hatte man nämlich bei ihm eingebrochen und eine beträchtliche Summe mitgehen lassen. Das brachte den Papierfabrikanten dermaßen in Wut, daß er nur noch daran dachte, wie man die Kasse einbruchsicher und feuerfest machen könnte. Er fand eine Methode, und bald begann er Kassen zu produzieren, um die eigene Kasse zu füllen. Damit sich alle von ihrer Qualität überzeugen konnten, ließ er drei seiner Panzerschränke auf einem riesigen Scheiterhaufen am Stadtrand von Wien schmoren. Die clevere Werbeidee hatte einen Riesenerfolg, und als er das Experiment in Anwesenheit des Sultans in Konstantinopel wiederholte, konnte er sich auch vor Exportaufträgen kaum noch retten. 1876 stellte er dann auch noch die erste Stahlpanzerkasse her und beendete damit erst recht für viele Menschen aller Rassen und Religionen eine ebenso aussichtsreiche wie ertragreiche Karriere als Einbrecher.

Aber nicht nur die Verbrechensverhinderung, sondern auch die Verbrechensaufklärung trieb weitere Blüten in Österreich.

Schon 1911 konstruierte der Psychologe Vittorio Benussi in Graz den ersten Lügendetektor! Leider kam der Apparat nie zur Anwendung, denn der schon zitierte Kriminologe Hans Gross riet entschieden davon ab. Mit der Begründung: »Schauen Sie, wenn so einem armen Teufel schon gelingt, sich herauszureden, so wollen wir ihm doch seine letzte Chance nicht nehmen.«

In Österreich hatten die Kriminalisten eben auch noch ein Herz für ihre Stammkunden!

Weniger Verständnis für Gesetzesbrecher hatte allerdings später Johannes Schober, der im Lauf seiner Karriere mehrmals Bundeskanzler, Außenminister und Polizeipräsi-

dent war. Immer wenn man in dieser Zeit einen starken Mann suchte, griff man einfach auf Schober zurück.
Als nach dem Ersten Weltkrieg die Verbrechensstatistik anschwoll und die Kriminellen auch vor all den neugezogenen Grenzen keinen Respekt zeigten, berief Schober eine Art europäische Sicherheitskonferenz ein, die von Fachleuten aus aller Herren Länder besucht war. Man war sich einig, daß die Polizei ein neues Instrumentarium brauchte, und Schober wußte auch welches: auf seine Veranlassung gründete man 1923 die Internationale Kriminalpolizeiliche Kommission. Mit großem Erfolg, denn die INTERPOL besteht heute noch und wirft ihre Netze aus, wenn sich die reiselustigen Ganoven in irgendeinem noch so entlegenen Winkel der Welt verstecken wollen.
Österreich war also auch für die Verbrecherzunft ein ziemlich gefährliches Pflaster, und so kam es denn auch bis zum ungeklärten Untergang der »Lucona« selten zu besonders eindrucksvollen Schandtaten. Und obwohl Wien natürlich auch über eine Art Unterwelt, eine U-Bahn und ein halbes Dutzend Skinheads verfügt, gilt es noch immer als eine der sichersten Großstädte auf dem Erdball. In Wien müssen sich die Touristen nicht vor motorisierten Handtaschenräubern in acht nehmen wie in Paris und Rom und auch nicht vor messerbewehrten Junkies wie in New York. Ja man kann selbst abends noch, in Smoking oder Abendkleid und mit dem notwendigen Geschmeide aufgeputzt, zu Fuß durch die City gehen, ohne gleich sämtliche Ganoven aus ihren Löchern zu locken. Das ist auch ein Stückchen Lebensqualität, das anderswo kaum noch zu finden ist.

Nur eine ganz bestimmte Art von Straftätern war hierzulande immer besonders stark vertreten: die Spione und Geheimagenten. Früher einmal hatte sogar Österreich selbst welche! Man denke nur an Georg Franz Kolschitzky, der sich 1683 in die Reihen der türkischen Belagerer einschlich.

Er durfte sich dafür dann »khays. türckhischer hofkurier« nennen, was ein wenig kurios klingt, aber vielleicht den Nagel auf den Kopf traf. Denn möglicherweise war Kolschitzky ein Doppelagent, dem nicht nur die Österreicher trauten, sondern auch die Türken. Zumindest bewirtete ein Aga ihn in seinem Zelt mit dem »Türkischen Chavve Trunk« und warnte ihn vor der »Verderbtheit der Christen«, wie er selbst erzählte.
Ein weiterer Spion in österreichischen Diensten war Karl Glave-Kolbielski. Vom Fürsten Schwarzenberg finanziell unterstützt, betrieb er Industriespionage in England und schaffte heimlich Pläne und Maschinenteile einer Spinnerei nach Wien. Nebenbei trat er für allerhöchste Herren, vom Erzherzog bis zum Grafen, als Finanzberater auf – was wohl auch eher ein Deckmantel für andere Geschäfte war. Wer hätte schon einen hochverschuldeten Bankrotteur als Finanzberater eingestellt?
Naja, ein Erzherzog vielleicht.
Während der französischen Besatzung 1809 war er wieder als amtlicher Spion tätig, und wenn auch der Kaiser später nichts davon wissen wollte, erscheint es doch ziemlich wahrscheinlich, daß er damals auch die Ermordung Napoleons in die Wege leiten sollte. Er wäre ein Held geworden, so blieb er nur ein Spion und mußte bald erkennen, daß das kein guter Versorgungsposten ist. Als die Gefahr bestand, er könne den Franzosen ins Garn gehen, verhafteten ihn seine eigenen Auftraggeber und steckten ihn 1810 ins Gefängnis, damit er nur ja nichts ausplaudern konnte. Die nächsten 20 Jahre bis zu seinem Tod verbrachte er – nie rechtskräftig verurteilt – als Staatsgefangener. Das war der Dank vom Hause Habsburg.
Ein anderer berühmter Mann, der aus der Donaumonarchie stammte, soll auch ein Spion gewesen sein: der Film-Mogul Sir Alexander Korda. 1940 kam er, in England inzwischen ganz groß geworden als Regisseur und Producer,

von London nach Hollywood. Wie man später munkelte, auf ausdrücklichen Wunsch seines Freundes Winston Churchill, um als Filmemacher und Geheimagent Amerikas Neutralität gegenüber Hitler-Deutschland aufzuweichen. Er landete auch prompt vor einem Senatskomitee, das seine »Aufreizung zum Krieg« untersuchen sollte, so wenig verschleiert war die Botschaft seines ersten Hollywood-Films »Lady Hamilton«.

Die Gerüchte um Korda hielten sich allerdings die Waage. Sahen einige in ihm Churchills Agenten, der Amerika in den Krieg treiben sollte, beschimpften ihn andere als Verräter, der England in einer schweren Situation verlassen hatte, um es sich in Hollywood gemütlich zu machen.

Aber wäre letzteres der Fall gewesen, so hätte ihn wohl nicht Großbritannien ausgerechnet im Jahre 1942 geadelt.

Zur selben Zeit hatte Churchill aber jedenfalls einen besonders wichtigen österreichischen Spion, den Grazer Wissenschaftler und Publizisten Paul Rosbaud, Deckname »Greif«.

Durch seine Tätigkeit für wissenschaftliche Verlage war er in engem Kontakt mit Männern wie Albert Einstein, Niels Bohr und Leo Szilard und lernte die geheimsten Projekte der deutschen Forschung kennen. Sein Wissen gab der Nazi-Gegner an den britischen Geheimdienst weiter, doch waren seine Informationen so hervorragend, daß man sie anfangs gar nicht glauben wollte – die Engländer entschlossen sich deshalb auch erst in letzter Minute zu einem Angriff auf Peenemünde.

Die wohl wichtigste Information erhielt London aber zweifellos 1942: Rosbaud konnte melden, daß Deutschland nicht in der Lage war, die Atombombe zu bauen, die kriegsentscheidende Waffe überhaupt.

Churchill muß über diese Nachricht gejubelt haben. Allerdings nicht zu laut, damit die Amerikaner nichts davon hörten. Die bastelten damals nämlich an ihrer eigenen

Bombe, und Churchill hatte den Verdacht, die könnten vielleicht ihre Arbeit an dem Schreckensprojekt einstellen, wenn sie vom Scheitern der Deutschen Wind bekamen. Es ist schon was Schönes, das Vertrauen unter verbündeten Nationen!

Das kleine Österreich von heute kann sich natürlich eigene Spione kaum noch leisten. Nur ausländische. Davon haben wir vielleicht die meisten der Welt.

Wien hat einfach das ideale Klima für Agenten und ähnliche zwielichtige Typen. In den einschlägigen Filmen wird das immer wieder dokumentiert: »Der dritte Mann« hat hier sein Unwesen getrieben, Agent Charlie Muffin war hier im Einsatz, und James Bond hat hier den »Hauch des Todes« verspürt.

Österreich ist deshalb so beliebt, weil hier Spionage nur bestraft wird, wenn sie sich direkt gegen Österreich richtet. Unser k. u. k. Vorzeige-Spion, der selige Oberst Redl, verriet dem Zaren irgendwelche Aufmarschpläne. Da kannten seine Vorgesetzten keinen Pardon: man legte ihm eine Pistole hin und wartete vor der Tür darauf, daß er seiner Pflicht als Ehrenmann genügte und sich erschoß. Er tat es wirklich, und so ist es müßig, darüber zu grübeln, was die hohen Herrschaften wohl mit einem Spion getan hätten, der kein Ehrenmann war.

Heute kann sich Österreich weder Aufmarschpläne noch sonstige nennenswerte Geheimnisse leisten, folglich auch keine Ehrenmänner, die daraus Kapital schlagen. Die vielen ausländischen Spione haben eine andere Aufgabe: sie spionieren einander nach! In Wien werden nämlich die ganzen Lehrlinge dieser Zunft eingearbeitet. Die frischgebackenen Absolventen der Geheimdienstschulen lernen hier, wo ihnen nichts passieren kann, die praktischen Grundlagen ihres Berufs. Wie man bei Sonnenschein jemanden beschattet, wie man einen toten Briefkasten zum

Leben erweckt oder wie man einen russischen Modellanzug trägt, ohne gleich als Spion erkannt zu werden. Was sicherlich das schwerste ist.
Die meisten werden natürlich erkannt. Die Ostagenten an ihrem Chic und die westlichen an den dunklen Brillen und ihrer Überheblichkeit. Aber das macht ja nix. In Wien gibt es schon seit der Nachkriegszeit beispielsweise im zweiten Bezirk Kaffeehäuser, wo Agenten täglich mit ihren Konfidenten und anderen ehrsamen Bürgern Schach spielen und jeder Ober genau weiß, daß der russische Spion drei Stück Zucker zum Kaffee will.
Richtig idyllisch ist das hier. Man hat sich so aneinander gewöhnt, daß jeder Agent, der woandershin versetzt wird, weil es aus Wien ja nun wirklich nichts zu melden gibt, einem irgendwie fehlt. Gut, nicht immer waren die Agenten so drollig wie heute die Spezialisten aus Langley oder Bulgarien. Gleich nach dem Krieg gab es schon härtere Kaliber. Und auch vorher schon: 1933 beglückte uns der wohl berühmteste Spion der Welt, Kim Philby. Der KGB-Agent, den die ahnungslosen Engländer später zum Chef ihrer Spionageabwehr (!) machten und rund 30 Jahre lang für Moskau spionieren ließen, hatte in Wien gleich ein reiches Betätigungsfeld, als die Sozialisten nach den Februarunruhen 1934 immer mehr in den Untergrund getrieben wurden. Unter ihnen sollte er Mitglieder für Moskaus fünfte Kolonne anwerben, und bald verkehrte er regelmäßig an ihren geheimen Treffpunkten, im Café Louvre ebenso wie in den Kanälen, wohin sich viele geflüchtet hatten – ohne daß freilich Anton Karas dazu schon sein »Harry-Lime-Thema« gezithert hätte. Philbys erster großer Auftritt als Sowjetagent ließ sich gut an, obwohl er auch privat alle Hände voll zu tun hatte.
Er ehelichte nämlich am 24. Februar 1934 Lisl Kohlmann, die früher mit dem Herausgeber des kommunistischen Parteiblattes *Rote Fahne* verheiratet gewesen war. Allerdings

stellte er sie höchstens als seine Freundin und nie als seine Frau vor, denn nach außen hin mußte er jeden Kontakt zu Kommunisten meiden. Schließlich schöpften die sozialistischen Freunde aber doch Verdacht, daß Philby seine schier unbegrenzten Mittel nur von den Russen erhalten könnte, und damit wollten sie nichts zu tun haben. Aber noch ehe sie oder ein Polizeispitzel Genaueres herausbekam, erkannte Philby die Zeichen der Zeit und setzte sich gekonnt ab. Immerhin hatte der Meisterspion, wie so viele andere nach ihm, sozusagen seine Feuertaufe in Wien erhalten.
Bis heute ist Wien das internationale Tanzparkett für die Geheimdienste aus aller Welt geblieben. Und wenn irgendwo, sei es in Amerika, England, Norwegen oder der Bundesrepublik Deutschland wieder ein Spionagefall aufgedeckt wird, führt auch eine Spur nach Wien: hier sitzen die Führungsoffiziere, hier wurden die Kontakte geschlossen oder die Informationen übermittelt und die Bezahlung arrangiert.
Gewiß, so richtig gefährlich ist Österreich heute nicht mehr. Für niemanden. Aber ein gewisser Hauch von Romantik liegt noch über Wien, und mancher, dem man hier begegnet, erinnert noch daran, was wir einst für Teufelskerle waren. Zumindest jeder dritte Mann.

MODE
oder
Vom Lodenmantel zum Modenlandel

Kleider machen Leute! Das ist nicht so schlimm. Aber Leute machen auch Kleider – und je nachdem, wie diese ausfallen, sehen die Leute dann aus. In Österreich sehr unterschiedlich. Ein Sonntag in Wien erinnert den internationalen Trendsetter nicht von ungefähr an den Schichtwechsel in der Danziger Lenin-Werft. Aber das ist so eine dieser seltamen Zeiterscheinungen: früher putzte man sich an Sonn- und Feiertagen heraus wie ein Festtagsbraten. Heute schmeißt man sich in die ältesten Klamotten, um nur ja nicht als overdressed zu gelten. Seit in den Boutiquen die teuersten Stücke vorverknittert, ausgebleicht und mit dekorativen Rißquetschwunden versehen, angeboten werden, ist der Sandler-Trend eben nicht mehr aufzuhalten.
In besonders störrischen Landgemeinden ist das noch anders. Da legt man zum Kirchgang noch das silberne Kropfband an und holt ohne Zögern den Sonntagsjanker aus dem an sich recht kärglich bestückten Schrank. Wie gesagt, in Österreich ist alles sehr unterschiedlich. Vor allem die Mode.
Dennoch war dieses Land als Modegroßmacht schon bekannt, als man die Mode noch gar nicht als Großmacht einstufte. In Kuchl, von den alten Römern zärtlich Cucullis genannt, wurde seinerzeit der größte Modehit der Epoche produziert: der Wetterfleck aus Loden. Das ist nun etwa 2 000 Jahre her, aber der Loden hat nichts an seiner Attraktivität verloren. Und nicht nur in der Alpenregion. In Paris ist gerade heute der Lodenmantel so etwas wie ein Statussymbol für die Jeunesse dorée. Damit können nicht einmal

die Jeans konkurrieren. (Die übrigens von einem Herrn Levi Strauss aus Bayern erfunden wurden – und daß Bayern nur eine Art Wurmfortsatz von Österreich ist, weiß doch jeder!) Später ging es mit der Mode made in Austria zugegebenermaßen ein wenig bergab. Einerseits übernahm man viel aus Spanien und Frankreich, andererseits blieben die Konservativen bei ihrer Tracht, die sich kaum veränderte.
Aber eines Tages, völlig unerwartet, kam der nächste große Schlag: Österreichs Durchbruch in der internationalen Herrenmode. Die bunten Halstücher unserer kroatischen Heerscharen – im heimischen Dialekt liebevoll »Krowodn« genannt – wurden zu einem bis heute nicht mehr ausrottbaren Mode-must: zur Krawatte! Überall in der Welt zum Angedenken an ihre ersten Träger »Krawatte« genannt, außer in Deutschland, wo man dieses phallische Symbol aus Samt und Seide als »Schlips« bezeichnet. Aber wie es soweit kommen konnte, läßt sich nicht einmal von einem gutwilligen Chronisten erklären.
Danach ging es dann wieder so dahin, mal auf und meistens ab, bis ein genialer Mensch auftrat, der wieder etwas ganz Neues in die Mode einführte.
Johann Nepomuk Reithoffer wurde 1781 geboren und erlernte das ehrsame Schneiderhandwerk. Um sich dort, wo seit Menschengedenken die Haute Couture zu Hause ist, weiterzubilden, pilgerte er nach Paris.
Leider hatte er Pech und geriet mitten in die Französische Revolution. Auf den Barrikaden herrschten bekanntlich die Sansculotten, also die »Hosenlosen« – da gab's für einen Schneider natürlich nicht viel Arbeit. So mußte er zwar hungern, hatte aber Zeit, sich an der Sorbonne Vorlesungen über Chemie anzuhören, was ihm später noch sehr zustatten kommen sollte.
Nach Österreich zurückgekehrt, konnte er sich durch eine günstige Heirat selbstständig machen, und als Kenner der französischen Mode machte er sich bald einen guten Na-

men. Die Kollegen neideten ihm dieses, und weil er auch noch als erster eine lebensgroße Schaufensterpuppe mit seinen Modellen in die Auslage stellte, waren sie erst recht sauer. Aber dem Reithoffer war das egal, denn sein Streben ging längst über die simple Schneiderei hinaus. Er hatte heimlich den Unbillen des Wetters den Kampf angesagt und erhielt 1824 das Privileg »Wolltücher zu Kleidern wasserdicht zu machen«. Aber das war erst der Anfang. Er experimentierte weiter mit Kautschukfäden, und 1829 erhielt er das Patent auf seine Erfindung »mittels Maschinen zweierlei Gattungen elastischer Federschnüre und Gewebe zu verfertigen«.
Das klingt zwar etwas geschwollen, aber konkret wurde damit die Geburtsstunde der mächtigen Gummiindustrie eingeläutet.
Reithoffer hatte die Menschheit wasserdicht gemacht! Als er seine Erfindung dann auch noch billig genug umsetzen konnte und das Privileg zur alleinigen Verarbeitung von Kautschukfäden erhielt, stand der Massenproduktion nichts mehr im Wege.
Er gründete eine Fabrik in Wimpassing und stellte 1843 bereits größere Mengen her. 6 000 Paar wasserdichter Schuhe beispielsweise. Und 60 000 Hosenträger! Diese segensreiche Erfindung, die Hosenträger, mit denen man so schön auf der Brust schnalzen konnte, stammt also auch von einem Österreicher!
Und die Damen hatten erst recht Grund zum Jubeln, denn jetzt gab es endlich elastische Mieder, die sich den barokken Formen doch etwas besser anpaßten als das herkömmliche Fischbeinkorsett. Und erst die Strumpfbänder, oh, là là!
Freunde gepflegter Damenwäsche, und insbesondere die Gummifetischisten unter uns, sollten also hin und wieder, wenn sie ihren Vergnügungen nachgehen, eine kurze Verschnaufpause einlegen und Johann Nepomuk Reithoffer,

diesen Pionier der gehobenen Lebensqualität, hochleben lassen!

Auch der Jugendstil brachte natürlich etwas Neues in der Mode. Den berühmtesten Salon führte damals Emilie Flöge, die Freundin von Gustav Klimt. Natürlich entwarf ihr der große Meister manchmal ein besonders schönes Dessin, und ansonsten trug sie eben Modelle von Wimmer-Wisgrill oder Kolo Moser, die ja auch nicht zu verachten waren.
Zum Glück hatte der renommierte Londoner Kunsthändler Dr. Wolfgang Georg Fischer (natürlich auch ein Österreicher) den Nachlaß der Emilie Flöge aufgekauft, und so werden diese Dokumente einer avantgardistischen Wiener Modeströmung der Nachwelt erhalten bleiben. Aber das ist nur eines von vielen Verdiensten, die sich Dr. Fischer um die österreichische Kunst erworben hat.
Freilich, auch die Mode des Jugendstils war kein internationaler Erfolg. Den hatten andere. Beispielsweise Henrietta Kannengießer, die als ganz junges Mädchen nach Amerika kam. Zwar konnte sie nicht einmal einen geraden Saum nähen und wurde dennoch zur tonangebenden Modeschöpferin ihrer Zeit und konnte jeden Preis verlangen. Daß sie nirgendwo als Österreicherin aufscheint, hat seinen Grund wahrscheinlich darin, daß sie sich rechtzeitig den guten alten amerikanischen Namen Hattie Carnegie zulegte.
1893 – fünf Jahre später als Hattie – wurde in Wien eine Nettie geboren. Sie kam als Kind nach Amerika und wurde während des Ersten Weltkriegs mit ihren Kleidern und selbstentworfenem Modeschmuck berühmt. Sie erhielt eine Menge Preise, die höchste Auszeichnung für Nettie Rosenstein aber bedeutete es, daß Mamie Eisenhower zweimal zur Angelobung des Präsidenten in ihren Modellen aufkreuzte.
Dennoch haben die Damen weniger für die Mode geleistet

als unsere Männer. Von Reithoffer haben wir schon gesprochen, und ein anderer übertraf ihn noch, obwohl er wahrscheinlich zeitlebens nie einen Modesalon betrat oder in der *Vogue* geblättert hat.
Hermann Franz Mark, geboren 1895 in Wien, war nämlich Chemiker. Korrekt müßte man sagen: Prof. Dr. rer. nat. Dr. Dr. Dr. (40mal schreiben) Dr. h. c. Mark. Man hielt ihn nämlich für so bedeutend, daß man ihm nebst zahleichen anderen Auszeichnungen 40 Ehrendoktorate verlieh.
Als erster Fachmann für Polymer-Chemie an der Wiener Universität, wurde er 1938 von der Gestapo festgenommen. Kurz darauf gelang ihm die Flucht in die Schweiz und von dort weiter bis in die USA. Er hatte rechtzeitig mit dem Schlimmsten gerechnet und sich vorsorglich eine recht kuriose Fluchtgeldkasse angelegt: sein Vermögen steckte in Kleiderbügeln aus Platin!
In Amerika wurde Hermann Francis Mark, wie er nun hieß, reich und berühmt wie kaum je ein Wissenschaftler. Zu Recht, denn was er dort – zuletzt an seinem 1946 gegründeten Brooklyn Institute of Technology und in den 18 Jahren seiner Beratertätigkeit für den Chemiekonzern Du Pont – leistete, brachte das 20. Jahrhundert erst so richtig in Schwung. Ohne ihn gäbe es kein Plastik, gäbe es keine Kunststoffe wie Orlon, Dralon und Nylon.
Für die Mode wurden diese Kunstfasern über Nacht unentbehrlich, und besonders das Damenbein war niemals vorher besser zur Geltung gekommen.
Und wenn im Nachkriegs-Wien ein junges Mädchen ihre Unschuld für ein paar Nylonstrümpfe opferte, dann war das im Grunde nichts anderes als der Tribut an einen großen Österreicher.

Nachdem die Beine versorgt waren, konnte man sich um andere Körperteile kümmern. Der Österreicher Rudi Gern-

reich – nomen est omen – versuchte mit dem Busen ins Geschäft zu kommen. Und da in der Modebranche bekanntlich die Faustregel gilt: je weniger Stoff, desto mehr Geld kostet das Modell, entwarf er den Monokini. Aber für den nackten Busen war es noch ein wenig zu früh. Gernreich machte zwar Schlagzeilen, aber kaum Geschäfte. Und inzwischen hat der Tanga, der nur noch aus zwei Schnürsenkeln besteht, seinen einst so kühnen Monokini längst zu einer Tracht für verklemmte alte Jungfern degradiert.
In der folgenden Zeit trug Österreich relativ wenig zur internationalen Mode bei. Aber dann kam das Jahr 1986, und im Rahmen der Ausstellung »Traum und Wirklichkeit« stellte ein junger Österreicher erstmals seine Kreationen in Paris vor: Helmut Lang. Das fachkundige Publikum war baff, ein unbekannter Ausländer wird zum Shooting star der Szene! Ohne Debatte in das Chambre Syndicate du Prêt-à-Porter des Couturiers aufgenommen! Damit ist Helmut, der als Boubou Lang erst 1979 zu designen begann, in der Reihe der großen französischen Modeschöpfer akzeptiert.
In Italien bietet man ihm die Linie Calla an, die vorher von Superstar Gianni Versace betreut wurde. Für Fallwick entwickelt er moderne Trachtenmode, für Licona betreut er die Herren.
Helmut Lang, der »Kosmopolit mit Berglerseele«, pendelt heute zwischen den Modenzentren Europas. »Meine Frauen sind Trabanten des Neuen und Agenten der Klassik«, sagt er. Bei dieser Bandbreite ist zu erwarten, daß man von Lang noch viel hören wird. Und erst recht von seinen Frauen.

Also einen haben wir wenigstens, der international mitmischen kann. Und auf heimischem Terrain gibt es auch noch eine ganz besonders interessante Modeschöpferin. Die blutjunge Ruth Girlinger-Fitzka ist die einzige »Säcklermeiste-

rin« in Salzburg. Und sie produziert nicht etwa Säcke, sondern jene ganz exklusiven, handgearbeiteten und bestickten Lederhosen, die von so prominenten Kunden wie Baron Rothschild in Salzburg bestellt werden.
Und wenn schon von Leder die Rede ist, warum sollte man nicht auch die österreichische Schuhmode erwähnen. Sie mag insgesamt nicht so berühmt sein wie die englische oder italienische, aber auch auf diesem Gebiet gab es immer herausragende Einzelerscheinungen.
Bertl Meierhofer etwa, dessen Schuhe in aller Welt vertreten sind und werden. Königin Silvia von Schweden hat ihre zierlichen Füßchen ebenso in Meierhofers Kreationen gesteckt wie Rudolf Nurejew. Und Frank Sinatra schrieb: »Ihre Schuhe werden mit Freuden in Hollywood getragen.« Also wenn Frankie-Boy auch nie das hohe C erreicht hat, für die große Zeh wußte er zu sorgen. Aber der allerprominenteste Kunde war wohl Seine Majestät Kaiser Bokassa I. Und das ist ein Qualitätszeugnis, denn wer sein Volk derartig mit Füßen trat wie dieser selbsternannte Kaiser, braucht wirklich strapazierfähige Schuhe.
Und die Moral von der Geschicht'? Eine Modegroßmacht sind wir vielleicht nicht. Aber für Gustostückerl in dieser Branche ist made in Austria eine selbstverständliche Legitimation.
Die Namen der großen Modeschöpfer unserer Epoche von Yves St. Laurent bis Valentino und Issake Missaya klingen zumeist nicht sehr österreichisch. Aber daß sie überhaupt so berühmt werden konnten, daß die Mode von der Haute Couture bis zur Kaufhauskonfektionen so ein wichtiges Element unserer heutigen Lebenskultur werden konnte – das hat wieder ein Österreicher bewirkt. Ein kleiner Schneider, geboren 1768 in Tirol und getauft auf den Namen Joseph Madersperger.
Er sann sein Leben lang darüber nach, wie er sich die Arbeit leichter machen könnte, und so konstruierte er 1808

die erste Nähmaschine. 1815 bekommt er ein Privileg auf seine Erfindung, und 1817 berichtet die *Wiener Zeitung* über diese Maschine, mit der man »alle Arbeiten der Nähterey mit einer die menschliche Handarbeit bey weitem übertreffenden Schnelligkeit und Genauigkeit verrichten« könne. So dürfe man dieser Neuigkeit mit ruhigem Gewissen »alle mögliche Aufmunterung wünschen«.
Aber was hat eine Nähmaschine schon davon, daß man sie aufmuntert? Kaufen müßte man sie. Doch die Schneider waren dagegen und quälten sich lieber weiter mit der Handarbeit ab, denn schon damals ging das Schlagwort von der »Arbeitsplatzerhaltung« um, und jede »Automatisierung« wurde mit Mißtrauen verfolgt.
Madersperger machte kein Geschäft mit seiner Erfindung. Nach drei Jahren erlosch sein Privileg, weil er die dafür nötigen Gebühren nicht aufbringen konnte. Unterstützung erhielt er von keiner Seite, wohl aber 1840 vom Niederösterreichischen Gewerbeverein für seine »als sinnreich anerkannte Erfindung« die bronzene Medaille. Wovon er natürlich auch nichts abbeißen konnte. Die Nähmaschine landete im Museum, wo sie noch heute funktionsfähig zu besichtigen ist – das große Geschäft damit machte ein Amerikaner.
Madersperger hingegen schlug sich mühsam durch, ehe er 1850 im Versorgungshaus St. Marx starb.
Weder die Textilindustrie noch die Modeschöpfer haben ihm ein Denkmal gesetzt. Aber am Fall Madersperger zeigt sich wieder einmal ganz deutlich, daß der österreichische Erfindungsreichtum für die Welt gar nicht so gefährlich ist – weil ohnehin immer andere Nationen davon profitieren.

LITERATUR
oder
Man kann nicht alles haben

Dieses Kapitel birgt keine besondere Brisanz und gehört zu den eher harmlosen in unserem Geheimreport. Selbst wenn es ein Ausländer zu lesen bekäme, er müßte nicht vor Scham in den Boden versinken oder vor Neid erblassen. Gäbe es auf der Welt nichts anderes als die Literatur, müßten wir unsere Bedeutung nicht so sorgfältig geheimhalten. Da gibt es nämlich nichts zu verbergen. Was Österreich zur Weltliteratur beigetragen hat, füllt nicht einmal einen hohlen Zahn!

Gut, dazu ist Literatur auch nicht da, aber es ist trotzdem traurig. Die Österreicher sind nämlich sehr stolz auf ihre Literatur und schätzen ihre Dichter sehr, sobald sie nur erst gestorben sind. Aber das schaffen die meisten spielend, und wenn sie in Österreich gelebt haben, hat der Tod auch keine Schrecken mehr für sie, und sie entschließen sich nicht selten recht frühzeitig dazu.

Was der österreichischen Literatur nie so recht gelungen ist, das war seit jeher der große internationale Durchbruch.

Gewiß, die erste deutschsprachige Dichterin, Frau Ava, war eine von uns. Ebenso der König aller Minnesänger, Walther von der Vogelweide. Aber wer kennt sie schon außer ein paar irregeleiteten Absolventen des humanistischen Gymnasiums? Wer auf der Welt liest schon Grillparzer, Nestroy, Hofmannsthal? Trakl, Doderer und Drach? Oder gar Herzmanovsky-Orlando?

Was einer weltweiten Verbreitung im Wege steht, ist vor allem die Sprache. In einer Zeit, in der man selbst auf der Reeperbahn unter »Hamburger« keinen Einheimischen mehr versteht, sondern ein fast eßbares Häufchen gebratener Fleischabfälle, ist die deutsche Sprache kein internationales Verständigungsmittel mehr. Und so, wie die deutsche Sprache in der österreichischen Literatur gehandhabt wird, entzieht sie sich den Fremden meist gänzlich.

Die Österreicher waren immer Meister des Wortes, des Wortwitzes, der Mehrdeutigkeit – eine wunderbare Sache für jeden, der ganz in die Sprache eintauchen will –, nur leider scheitert daran jeder Übersetzer. Der grimmige Witz eines Nestroy, die skurrile Komik von Herzmanovsky, die geschliffene Kurzprosa von Polgar, Friedell oder Altenberg, die messerscharfe Polemik des Sprachzauberers Kraus, das alles sieht so einfach und leicht aus und ist so schwer zu goutieren, wenn einem die österreichische Tradition fehlt.

Und die größeren Werke – oder sagen wir: die dickeren –, Musils »Mann ohne Eigenschaften«, Doderers »Strudelhofstiege« oder Güterslohs »Sonne und Mond« –, also das lesen nicht einmal die Österreicher! Und den Broch und den Drach schon gar nicht.

Der Hofmannsthal hat ein wenig internationalen Ruhm geerntet. Weil er die Opernlibretti für »Die Frau ohne Schatten« und den »Rosenkavalier« geschrieben hat. Und weil sein allerschlechtestes Stück jedes Jahr Tausende auf den romantichen Salzburger Domplatz lockt, denen es dann so schön schaurig über den Rücken rieselt, wenn der drohende Ruf ertönt: »Jeeederrmaaannn!«

Der Schnitzler hat wenigstens einen handfesten Skandal verursacht mit seinem »Reigen«. War überall lange verboten und wird deshalb noch immer von literaturbeflissenen Jugendlichen durchgeblättert, um ein paar schlüpfrige Stellen zu entdecken. Und der Handke hatte mal was mit Jeanne Moreau und ist deswegen sogar in Frankreich einigermaßen bekannt. Aber das sind doch nur Tropfen auf einem heißen Stein.

Die österreichische Literatur ist also hauptsächlich eine in-

nerösterreichische Angelegenheit. Allerdings, ein bißchen eingemischt in die Weltliteratur haben sich einige Österreicher schon. Eingeschlichen sozusagen. Als graue Eminenz im Hintergrund. Oder als Muse und Inspiration.
Selbst der große Goethe konnte ohne solche Inspiration nicht auskommen. Das beste Beispiel dafür ist sein »West-östlicher Diwan«. Daß er dieses völkerverbindende Sofa schuf, verdankt die Welt einem gewissen Joseph Freiherr von Hammer-Purgstall aus Graz. Der Freiherr, selbst ein bekannter Dichter und Historiker, war nebstbei ein profunder Kenner des Orients. Unter seinen Werken befand sich auch eine Nachdichtung des Werkes »Divan des Hafis«, und just diese brachte den Geheimrat Goethe auf die Idee, sich mit den Polstermöbeln auseinanderzusetzen. Aber damit ist die Geschichte noch nicht zu Ende. Während der Arbeit an diesem Werk lernte der alte Dichter eine junge Dame kennen – Marianne Jung, eine Balletteuse aus Linz. Als sie kurz danach die Gattin des Bankiers Willemer geworden war, kam der leicht entzündliche Goethe auf mehrere Wochen zu Besuch und fand in Marianne erstmals eine ihm ebenbürtige Partnerin. Auf rein geistiger Ebene natürlich, das wollen wir doch hoffen! Jedenfalls machte er sie als »Suleika« in seinem Werk unsterblich, und wehmütig notierte er bei seinem Abschied: »Das Buch Suleika, ohnehin das stärkste meiner Sammlung, möchte nun wohl für abgeschlossen anzusehen sein. Der Hauch und Geist einer Leidenschaft, der das Ganze durchweht, kehrt nicht so leicht zurück ...«
Man sieht: selbst ein Genie wie Goethe brauchte einen österreichischen Ideengeber und eine österreichische Ghostwriterin. Und anderen Größen der Literatur ging es nicht viel besser.

Auch im Leben von August Strindberg hat eine Österreicherin eine wichtige Rolle gespielt: seine zweite Frau Frida

Uhl. Mit 19 Jahren entdeckte die Tochter eines Wiener Journalisten den verkommenen Anarchisten in Berlin. Der damals vierundvierzigjährige Strindberg hatte das Dichten aufgegeben und verhökerte statt dessen selbstgemalte Ölbilder, als ihn Frida aus dem Sumpf zog und heiratete. Sie ließen sich im Mühlviertel nieder, wo Tochter Kerstin auf die Welt kam. Aber die heile Welt in der Provinz bleibt nicht lang heil. Schon vier Jahre später wird die Ehe der Strindbergs geschieden – Frida erwartet zu diesem Zeitpunkt bereits ein Kind vom nächsten Dichter: Frank Wedekind.
Der große Frauenhasser Strindberg hatte in Österreich also genügend Gelegenheit, wieder einschlägiges Material zu sammeln, das er dann auch weidlich ausgeschlachtet hat. Er hatte ja auch einiges nachzuholen, da er während seiner Ehe die Literatur sträflich vernachlässigt hatte. Hierzulande betätigte er sich nämlich mehr als Alchemist und versuchte allen Ernstes Gold zu machen. Aber solches ist ja bekanntlich einem Dichter in Österreich noch niemals gelungen!
Dem Einfluß einer österreichischen Ehefrau ist auch ein bedeutender Dramatiker der Gegenwart ausgesetzt: Arthur Miller. Der Autor vom »Tod des Handlungsreisenden« hatte ein Drehbuch für den letzten Film seiner zweiten Frau Marilyn Monroe geschrieben: »Misfits«. John Huston, der Regisseur des Streifens, holte die Journalistin und Fotografin Inge Morath zu den Dreharbeiten – so lernten sich Miller und Morath kennen, und seit 1962 sind sie verheiratet. Einer der erfolgreichsten Bühnenschriftsteller der Welt ist fest in den Händen einer österreichischen Muse.
Keine Gattin, wohl aber eine Heiratsvermittlerin holte sich der amerikanische Dichter Thornton Wilder aus Wien.
In der Nestroy-Posse »Einen Jux will er sich machen« fand er einen idealen Komödienstoff. Jetzt heißt das Stück »Die Heiratsvermittlerin« von Thornton Wilder. Und weil das Ganze so lustig war, wurde daraus auch noch ein Musical

gemacht – »Hello Dolly!« – und daraus wiederum ein erfolgreicher Film mit Barbra Streisand und Walter Matthau. So zehrt das amerikanische Showbusineß noch immer davon, daß sich ein österreichischer Komödiant 1844 einen Jux machen wollte!
Weniger von der Literatur als von der Natur des Alpenlandes ließ sich Ernest Hemingway inspirieren. Er verbrachte den Winter 1925/26 in Schruns, wo er von den Einheimischen liebevoll der »schwarze, Kirsch trinkende Christus« genannt wurde. Und wenn er nicht gerade trank, fuhr er Schi oder arbeitete – mitten im Vorarlberger Tiefschnee – an seinem großen Spanien-Roman »Fiesta«.

Diese Beispiele dokumentieren wohl hinlänglich, daß der indirekte Einfluß Österreichs auf die Weltliteratur nicht zu unterschätzen ist. Und so ganz ohne eigene Bestsellerautoren stehen wir natürlich auch nicht da. Zu den größten Welterfolgen heimischer Autoren gehören überraschenderweise zwei Tierbücher: »Die Löwin Elsa« von Joy Adamson und »Bambi« von Felix Salten. Das scheue Rehlein ist möglicherweise die bekannteste Figur, die je hierzulande erdacht wurde.
Ein Welterfolg war auch »Die Rothschilds« von Frederic Morton, viel gelesen und viel zitiert wurden die Bücher von Arthur Koestler, und zumindest in Europa ist Johannes Mario Simmel der anerkannte Auflagen-Kaiser.
Witz, Charme und Esprit österreichischer Prägung waren besonders bei Alexander King und Gregor von Rezzori zu finden, und eine der ersten internationalen Bestseller-Autorinnen war natürlich die intelligente und bezaubernde Vicky Baum, die in ihren Jugendjahren in Wien eigentlich davon geträumt hatte, als Harfenspielerin berühmt zu werden.
Eine geschätzte Autorin war auch Salka Viertel, Gründungsmitglied der Anti-Nazi-Liga in Hollywood und sehr

aktiv in der Screen Writers Guild, die bis heute die einzige Autorengewerkschaft der Welt ist, die tatsächlich über ein wenig Macht und Einfluß verfügt: Wenn ihr starker Arm es will, stehen sogar »Dallas« und »Dynasty« still, und der Bildschirm bleibt dunkel. Salka konnte es sich leisten, diesen damals gar nicht populären Organisationen anzugehören: sie war schließlich die einzige, von der die »Göttliche« Garbo ihre Drehbücher akzeptierte.
Einen gewissen literarischen Ruhm erwarb kurzfristig auch Alma Mahler-Werfel mit ihren Memoiren. Jetzt erfuhr die ganze Welt die pikanten Details, die von der Männersammlerin im privaten Kreis schon immer gerne zum besten gegeben wurden. Freunde Werfels erinnern sich mit Schaudern daran, wie sie im Beisein ihres damaligen Ehemannes ihre leidenschaftlichen Intimitäten mit den Großen der Zeit – ob Berg, Gropius oder Kokoschka – ausbreitete und dann zum Schluß kam, daß Gustav Mahler eigentlich der Interessanteste von allen war.
Aber den allergrößten Bucherfolg hatte wahrscheinlich eine Österreicherin, die kaum in der Kulturgeschichte erwähnt wird: Annemarie Selinko. Neben ein paar mäßig erfolgreichen Unterhaltungsromanen gelang ihr ein echter internationaler Bestseller: »Desiree«, eine Art historische Aschenputtelgeschichte, die auch zu einem großen Filmerfolg mit Jean Simmons und Marlon Brando wurde.
Joseph Roth, der große österreichische Dichter, der im Kaffeehaus zu Hause war und sich auch folgerichtig zu Tode getrunken hat, kann da nicht mithalten – immerhin haben seine Romane eine kleine Renaissance erlebt und erreichen auch in der Übersetzung – beispielsweise in Italien – hohe Auflagen. Auch Stefan Zweig ist einigermaßen bekannt in der Welt. Und einer hatte schon zu Lebzeiten den großen Erfolg: Franz Werfel. Ob er zur Weltliteratur zählt? Manchen seiner Zeitgenossen galt er als einer, der alles für alle machte, und man verspottete ihn mit dem bissigen Vers:

»Ich bin der Dichter Werfel.
Haben Sie kein Bederfel?«

Erfolgreich war er sicher, sonst hätte ihn auch die schöne Alma Mahler nicht genommen, die grundsätzlich nur Prominente erhörte. Sein größter Erfolg war freilich nicht »Jacobowsky und der Oberst« oder »Der Stern der Ungeborenen«, sondern ausgerechnet »Das Lied von Bernadette«, ein Lourdes-Roman, der nicht gerade als literarisches Elementarereignis zu werten ist. Allerdings reagierten nicht alle Kritiker auf Werfels Dichtungen so hart wie sein erster, Professor Rudolf Kampe, der ihm auf dem Gymnasium einmal ein Nicht genügend in Deutsch verpaßt hatte. Und jedenfalls wäre Werfel nach dem Welterfolg seiner »Bernadette« nicht mehr passiert, was ihm 1924 in Österreich zustieß. Damals lag sterbend ein unbekannter junger Mann in einem Sanatorium bei Klosterneuburg: Franz Kafka. Als Werfel in einem Brief bat, sich besonders um ihn zu kümmern, schüttelte der behandelnde Arzt leicht verwirrt den Kopf und sagte zu seinem Assistenten: »Also den Kafka kenn ich ja, das ist der Patient auf Zimmer zwölf. Aber wer bitte ist der Werfel?«

Und damit sind wir auch schon bei Österreichs einzigem offiziellen Beitrag zur Weltliteratur: Franz Kafka, geboren 1883 in Prag. Erfolglos im Leben, in der Liebe, in der Literatur. Aus gutbürgerlichem Hause stammend, promoviert er zwar zum Doktor iuris, wird aber zeitlebens nicht mehr als ein kleiner Versicherungsangestellter, der immer wieder auf die Unterstützung der Eltern angewiesen ist. Ein Einzelgänger, der selbst mit seiner Familie kaum ein Wort wechselt, einfach weil es keine gemeinsame Sprache gibt. Nicht direkt menschenscheu – er geht gerne in Kabaretts und Nachtlokale, und wenn ihm jemand einen Kaffee zahlt, bleibt er auch länger da. Und ist dennoch weit weg. Auch die Entfernung zu der Frau, mit der er sich zweimal verlobt, vermag er nicht zu überbrücken. Ein Außenseiter, der auch mit sich selbst nicht im reinen ist: »Ich schreibe anders, als ich rede, ich rede anders, als ich denke, ich denke anders, als ich denken soll, und so geht es weiter bis ins tiefste Dunkel.«

Am Tag ist er Versicherungsbeamter. Auch dabei darf er dichten, Richtlinien für die Unfallverhütung beispielsweise. Dann klingt Kafka so: »Durch die angeführten Vorrichtungen ist einerseits die überwiegende Möglichkeit beseitigt, mit den Fingern in die Spalte der Vierkantwelle zu geraten, andererseits aber ist selbst für den Fall, daß die Finger in die Spalte kommen, bewirkt, daß nur ganz unbedeutende Verletzungen sich ereignen können.« Das ist österreichische Beamtenprosa in ihrer ganzen Schrecklichkeit, so wie wir sie noch heute vom Unterrichtsministerium, vom Finanzamt, von der Krankenkasse gewohnt sind.

Zum Glück verwandelt sich dieser Kafka, wenn es Nacht wird. Und schreibt »Die Verwandlung«. Als das Buch erscheint, ist er überrascht: elf Exemplare wurden verkauft. Dabei hat er selbst nur zehn für seine Freunde erworben. Er hat einen Leser!

Ab 1904 hörte er nicht mehr auf zu schreiben. Aber dieses Tag- und Nachtleben überfordert ihn. Schwer lungenkrank, geht er 1922 in die Frühpension. »Ein Hungerkünstler« heißt sein letzter Erzählungsband. Verarmt und einsam stirbt er 1924 in Kierling bei Wien. Und nur weil sein Freund Max Brod den letzten Willen Kafkas mißachtet und seine hinterlassenen Werke nicht verbrennt, wird er doch noch weltberühmt. »Das Schloß«, »Amerika« und »Der Prozeß« werden von Brod herausgegeben und haben Kafkas Ruhm bis heute am Leben erhalten. Das große Geld haben damit freilich andere gemacht: 1988 wurde das Originalmanuskript von Kafkas »Prozeß« in London versteigert – der Käufer bezahlte eine Million Pfund. Manchmal scheint es, als hätte ein Dichter sein Schicksal selbst erdacht.

Ist damit alles über Österreichs literarische Verdienste gesagt? Nicht ganz. Denn damit Literatur entstehen und blühen kann, bedarf es nicht nur der Dichter. Auch die Verleger beispielsweise gehören dazu. Nicht unbedingt allerdings solche wie der privilegierte Hofbuchdrucker Johann Thomas von Trattner, bei dem zwar sogar Kaiser Joseph II. als Buchhandelslehrling angestellt war, der sich aber sein Vermögen als führender Raubdrucker seiner Zeit erwarb. Er trieb es so arg, daß Joseph von Sonnenfels 1784 schrieb: »Wenn Nachdruck ein Beweis patriotischer Gesinnung ist, so muß es Straßenraub, durch den fremde Ware, statt sie zu bezahlen, mit Gewalt genommen wird, nicht weniger sein!« Die Verleger gehörten also schon in den Anfangsgründen zur weitläufigen Verwandtschaft der Straßenräuber und Beutelschneider, und daran hat sich bis heute wenig geändert, wenn auch die Buchverleger inzwischen von den Bühnenverlegern und ganz besonders von den Musikverlegern in der Schurkerei oft mit Leichtigkeit übertroffen werden. Doch es gibt auch auf diesem Gebiet sehr positive Ausnahmen, die großen Verlegerpersönlichkeiten, die sich um die Literatur unendliche Verdienste erworben haben. Einer davon ist der Österreicher Georg Weidenfeld. 1919 in Wien geboren, regiert er heute ein Verlagsimperium in London, wo er zu den schillerndsten Mitgliedern der High-Society zählt. Der kunstsinnige Arbeitsfanatiker, der mit Macht, Geld und Beziehungen auf bestem Fuß steht, wurde 1969 geadelt und hat seit 1976 als Lord Weidenfeld seinen Platz im britischen Oberhaus.

Aber nicht nur Verleger wie Lord Weidenfeld halten die Literatur am Leben, auch die guten Buchhändler haben ihren Anteil daran. Und auch da kann Österreich auf den vielleicht renommiertesten Namen der Branche verweisen. August Brentano machte tatsächlich die »typische« amerikanische Karriere vom Zeitungsjungen zum Millionär. Als mittelloser Einwanderer begann er in den Straßen von New York, 1853 hatte er schon einen eigenen Zeitungsstand, und bei ihm konnten die Amerikaner zum erstenmal Publikationen aus Europa erwerben. Aus diesen Anfängen entstand schließlich die berühmteste Buchhandlung der Welt, und als in der Folge, wie das bei allen feinen Unternehmen so sein muß, auch in Paris ein Brentano-Buchladen aufmachte, wurde er von Adolph Kroch, wieder einem Österreicher, geführt. Natürlich sind die Geschäfte inzwischen längst an andere Besitzer übergegangen, aber ihren Ruf als Mekka der Bücherwürmer haben sie sich ebenso bewahrt wie ihren guten österreichischen Namen.

Unter den Büchern, die bei Brentano verkauft wurden, waren sicherlich auch viele von Rudolf Flesch, einem Wiener Juristen, der mit 27 Jahren, mittellos und mit sehr geringen Englischkenntnissen, nach dem Anschluß in die USA emigrierte. Ihm gelang etwas Einzigartiges, nämlich, sich in einer fremden Sprache besser auszudrücken, als es die Amerikaner selbst konnten. Schon sein erstes Buch »The Art of Plain Talk« wurde ein Bestseller, seine weiteren Werke über das Schreiben, Reden und Denken ebenfalls. Flesch war kein Dichter und dennoch von großer Bedeutung für die Literatur. Er hat mehreren Generationen beigebracht, wie man seine Gedanken ausdrückt und wie man den Ausdruck fremder Gedanken verstehen lernt, und alles, was in Amerika seither geschrieben wird, war seinem Einfluß unterworfen. Auch wenn es der Journalist heute nicht mehr weiß, der Werbetexter oder der Fernsehmoderator – seine Karriere verdankt er möglicherweise einem Wiener, der mit ein paar Brocken Schulenglisch über den großen Teich kam!

Und noch ein bedeutender Mann muß an dieser Stelle erwähnt werden, denn Amerikas beste Bücher stünden heute

alle im Regen auf der Straße, hätte es ihn nicht gegeben: John L. Smithmeyer. Als Johann Schmitmeyer in Wien geboren, floh er nach der Revolution 1848 in die USA und wurde bald ein anerkannter Architekt, der unter anderem das Georgetown College in Washington erbaute. In das Kapitel Literatur gehört er freilich aus einem anderen Grund: er schuf die Pläne für die heute wohl bedeutendste Bibliothek der Welt, eines der bekanntesten Bauwerke der Vereinigten Staaten: der Library of Congress.
Leider lieferte Smithmeyer dabei den Beweis, daß sich ein »österreichisches Schicksal« auch fern der alten Heimat abspielen konnte. Seine Firma hatte sämtliche Ausschreibungen gewonnen und bereits mit dem Bau begonnen, als es zum Eklat kam. Smithmeyer stellte die Arbeit ein, weil man ihm minderwertiges Baumaterial unterjubeln wollte. Im politischen Intrigenspiel, das nun folgte, behielt der Lieferant die Oberhand, und Smithmeyer wurde gefeuert. Ohnmächtig mußte er zusehen, wie eine Schar von Protektionskindern seine Pläne verwirklichen durften, bis er total verarmt und verbittert das Zeitliche segnete. Woraufhin er sofort als bedeutender Mitbürger und genialer Architekt gefeiert wurde.
Das geschieht also nicht nur hierzulande – das »österreichische Schicksal« ist, wie Figura zeigt, auch als Exportware gefragt. Aber all die Bücher, die nun nicht mehr im Regen auf der Straße stehen müssen, danken noch immer dem Österreicher Schmitmeyer dafür, daß sie ein Dach über dem Kopf haben, und finden es ganz richtig, daß er im Literatenhimmel zwischen Shakespeare und Company sitzen darf.

SPORT
oder
Zwerge gegen Berge

Sport im eigentlichen Sinne gibt es heute wohl nicht mehr. Das fröhliche Herumhüpfen in der Turnhose zur eigenen Entspannung ist längst aus der Mode. Heute muß alles einen Sinn haben, also Profit abwerfen. Wer nur zum Vergnügen das Bein schwingt oder sein Hämmerchen ins Gelände schleudert, wird mitleidig belächelt. Wenn man schon Sport treibt, dann vor Publikum oder noch besser vor den Fernsehkameras. Sport ist die lukrativste Sparte des Showbusineß.

Auch die teuerste. Selbst die Ausbildung eines Opernsängers ist vergleichsweise ein Sonderangebot, wenn man bedenkt, was die Aufzucht eines Spitzensportlers kostet. Aber der bringt natürlich auch mehr ein.

Die Met würde doch niemals ein paar Millionen Dollar hinlegen, um sich von der Mailänder Scala den Pavarotti zu kaufen. Aber für einen Fußballer oder einen Eishockeyspieler zahlen die großen Vereine heute jede Summe. Das ist es ja, was den Sport von allen anderen Sparten des Showbusineß abhebt: hier zählt wirklich nur das Geld.

Der Hochleistungssport läßt sich daher auf eine einfache Formel reduzieren: Geld + Doping = Rekord. Kein Wunder, daß ein kleines Land wie Österreich da nicht mehr so richtig mithalten kann. Das Geld fließt hier spärlicher als, sagen wir, in den USA.

Und die kleinen Wundermittelchen, die, sagen wir, in der DDR die Athleten zu Höchstleistungen beflügeln, sind hierzulande entweder unbekannt oder verboten.

Von Zuchtergebnissen wie im Ostblock können unsere

Sportverbände überhaupt nur träumen. Solche strammen Kerls, wie dort noch in der Frauenmannschaft antreten, haben wir nicht einmal bei den Männern.

Natürlich gibt es immer wieder Einzelerscheinungen, die ein wenig Glanz und Glorie auf unser Land werfen. Franz Spilauer hat 1988 das »Race Across America«, vom Golden Gate in San Francisco bis zum Washington Monument in der amerikanischen Hauptstadt, eines der mörderischsten Fahrradrennen, gewonnen, nachdem er schon 1987 als erster Europäer ins Ziel gekommen war. Peter Seisenbacher ist der beste Judo-Kämpfer der Welt, Gerhard Berger ein heißer Tip für die Nachfolge von Niki Lauda als Weltmeister der Formel I.

Thomas Muster hat sich in die Tennisweltrangliste hineingepunktet, und unsere Fußballnationalmannschaft ist an einem guten Tag durchaus in der Lage, die Auswahl von Albanien zu bezwingen.

Franz Kneissl war zweimal Weltmeister im Rennen mit Powerboats, aber sonst sind wir von Superlativen weit entfernt. Vielleicht weil in diesem Land, beim Laufen, Springen, Reiten und Speerwerfen, zu viele Berge im Weg stehen.

Nur im Winter wird der Österreicher plötzlich richtig sportlich. Das hat Tradition. Beispielsweise das Eiskunstlaufen. Schon 1909 errichtete der Eisenbahnbaudirektor Eduard Engelmann, der neben der Eisenbahn auch noch die Eisbahn liebte, die berühmte Engelmann-Arena. Das war immerhin die erste Freiluft-Kunsteisbahn der Welt, und sie bot seiner Tochter Helene so ideale Trainingsmöglichkeiten, daß sie mehrmals Weltmeisterin und Olympiasiegerin wurde.

Das gleiche Kunststück gelang später auch Karl Schäfer, der schließlich als hochbezahlter Star zur amerikanischen Eisrevue »Carnevals« ging, wo er mit einer besonders prominenten Partnerin auftrat: der Eisprinzessin Sonja Henie.

Freilich, die ganz großen österreichischen Erfolge im Eiskunstlauf liegen weit zurück. Und doch wird ein Österreicher bei jeder Weltmeisterschaft von den Kommentatoren immer wieder genannt. Dann, wenn die Stars vom Eis abheben und einen Lutz oder Doppellutz probieren, denn dieser Kürsprung wurde nach dem Österreicher Lutz benannt.

Die Erfolge am Eis sind seltener geworden, die Erfolge im Schnee aber reißen nicht ab: Österreich ist immer noch die Schination Nr. 1.
Begonnen hat das seltsamerweise nicht in Tirol, wo später die meisten Schiidole auftauchten, sondern in Niederösterreich, mit Matthias Zdarsky.
Zdarsky, 1856 in Mähren geboren, verlor als Kind ein Auge. Nichtsdestotrotz oder just deswegen wurde er Maler, und als er auf Motivsuche eines Tages nach Lilienfeld kam, blieb er dort hängen. Und wurde trotz seiner Behinderung auch noch ein Supersportler. Vor allem das Schilaufen hatte es ihm angetan. Das hatten zwar die Norweger schon erfunden, aber sie betrieben Langlauf, während Zdarsky möglichst schnell bergab fahren wollte. Eine von ihm entwickelte Bindung und seine Einstock-Technik machten das möglich – immerhin war er der erste Mensch, der auf Schiern schneller als 100 Stundenkilometer fuhr. Damit seine Schüler sich nicht infolge hoher Geschwindigkeiten alle Knochen brachen, stellte Zdarsky ihnen am Abfahrtshang Hindernisse in den Weg. Einfache Stangen waren das – und so erfand er den Slalom, der 1905 erstmals wettkampfmäßig in Lilienfeld ausgetragen wurde. Allerdings wurde das Wort Slalom erst 20 Jahre später eingeführt, und in Wirklichkeit ähnelte Zdarskys Strecke eher einem Super-G. Soll sein. Dann hat er halt den Super-G erfunden!
Als die Engländer in jenen Jahren den Fremdenverkehr entdeckten und als Touristen allenthalben nach Zerstreuung suchten, wurde der Schilauf auch zu einem kommer-

ziellen Faktor. Dementsprechend verschärfte sich der Streit zwischen der norwegischen Schule und der alpinen. Schließlich einigte man sich auf einen neutralen Schiedsrichter, und der kam nach eingehender Überprüfung zu dem Schluß: »Matthias Zdarsky ist der Newton der Schigesetze!«

Treffender hätte man das Lebenswerk dieses österreichischen Schipioniers nicht würdigen können. Während Zdarsky, bei einer Lebensrettungsaktion im Gailtal von einer Lawine zum Krüppel geschlagen, noch 25 Jahre seines Lebens in einer Hölle von Schmerzen verbrachte, war ihm schon ein weiterer Österreicher auf dem Weg zum Ruhm gefolgt.

Georg Bilgeri aus Bregenz erfand ebenfalls eine neue Schibindung und – den Stemmbogen. Er war der große Vertreter der Zwei-Stock-Technik, die sich schließlich ganz durchsetzte, nicht zuletzt weil Bilgeri auch die österreichischen Soldaten nach seiner Methode ausbildete. Nach dem Krieg machte er als Schilehrer weiter, und bis er 1934 starb, hatte er wohl an die 50000 Schifahrer unterrichtet.

Der dritte große Schilehrer der Nation war Stefan Kruckenhauser, der in den fünfziger Jahren den Schisport revolutionierte. Kruckenhauser, lange Präsident des Weltverbandes für Schilehrwesen, führte 1955 auf einem Interschi-Kongreß mit dem Schilehrerballett aus St. Christoph erstmals den Kurzschwung vor – das »Wedeln« war geboren und eroberte die Schipisten der Welt. Der Wedelvater wurde sogar im fernen Japan so populär, daß ihm Kaiser Hirohito den »Orden der aufgehenden Sonne« verlieh.

Zu diesem Zeitpunkt freilich war der österreichische Schisport auch in anderen Ländern bereits ein anerkannter Exportartikel. Vor allem in Amerika, wo er ganz gezielt angesiedelt wurde.

Der seinerzeitige Chef der Union Pacific Railroad, Averell Harriman, ein begeisterter Wintersportler, hatte auf einer

Schitour den Grafen Felix Schaffgotsch kennen- und schätzengelernt. Er bat ihn, nach Amerika zu kommen und irgendwo entlang der Eisenbahnlinie einen idealen Schiort auszusuchen. Das konnte der Union Pacific etwas bringen, dem Ort und natürlich auch dem Schifan Harriman. So entstand der Wintersportort Sun Valley. Ein weiterer Österreicher, Hans Hauser, eröffnete dort 1936 eine Schischule, und weil man sich ja nur mit Superlativen abgibt in den USA, war es bald die größte der Welt.

Auch ein anderes Wintersportzentrum wurde von einem Österreicher großgezogen: Vail in Colorado, der Austragungsort der alpinen Schiweltmeisterschaften 1989.

Dem jungen Tiroler, der dort Karriere machte, hatte man es auch nicht an der Wiege gesungen, daß er einst der ungekrönte König von Vail sein würde. Pepi Gramshammer hatte den ehrsamen Beruf eines Käsemachers erlernt und war dann Rennläufer geworden. Keiner von den ganz großen, aber immerhin bekannt genug, um sein Glück im Land der unbegrenzten Möglichkeiten zu machen.

Wie viele Sieger Österreich bei internationalen Rennen inzwischen gestellt hat, läßt sich kaum noch ausrechnen. Herren genauso wie Damen haben bei unzähligen Olympischen Spielen und Weltmeisterschaften Titel gewonnen. Und wenn man überhaupt einen einzelnen Fahrer aus dieser Menge von Superstars herausheben möchte, dann ist es immer noch Toni Sailer, der in Österreich vielleicht einmal der populärste Sportler aller Zeiten sein wird.

Natürlich sind die Siege heutzutage nicht nur für das Selbstbewußtsein wichtig, sondern auch für den Fremdenverkehr und die Wirtschaft. Über die Hälfte aller Schifahrer der Welt benützt österreichische Bretter – ob sie nun von den großen Herstellern wie Arnsteiner, Rohrmoser oder Fischer kommen oder von kleinen Luxusmarken, wie sie Franz Kneissl jun., Franz Klammer oder Hagan vertreten. Die Schifabrikanten brauchen Werbung, und so muß

ununterbrochen gesiegt werden. Deshalb sind die Amateursportler im Schizirkus auch im eigentlichen Sinne weder Amateure noch Sportler, sondern hochbezahlte Artisten und Entertainer. Für einen Markenwechsel muß man diesen Amateuren schon Millionen hinlegen, und große Siege bringen große Summen. Das ist allerdings erst in den letzten Jahren so üblich geworden. Früher erhielten die Rennläufer als Gage von ihrer Firma fünf Paar Schier, die sie verkaufen durften! Und doch gab's damals noch mehr Siegläufer als heute. Ja, die gute, alte Zeit!
Aber es geht wohl nicht anders. Denn inzwischen haben die Österreicher auch den anderen Nationen das Schilaufen beigebracht, und dadurch ist die Konkurrenz natürlich größer geworden, also muß auch der Anreiz zum Siegen größer werden. Immer klappt es ohnehin nicht, trotz der fetten Prämien. Aber unsere Führungrolle im Wintersport bleibt unbestritten. Und wenn Österreich einmal eine schlechtere Saison hat, dann reißt uns wenigstens Marc Girardelli heraus. Der fährt zwar für Luxemburg, aber ein Österreicher ist er ja doch. Wir sind ja sonst gar nicht chauvinistisch, aber solange einer siegt, lassen wir die Welt schon nicht vergessen, wo er herkommt.

Eines ist somit geklärt: im Winter sind die vielen Berge hierzulande ganz nützlich, weil man ihnen auf Schiern den Buckel runterrutschen kann. Aber was macht man mit ihnen im Sommer? Richtig, da steigt man hinauf!
Deshalb ist auch das Klettern die zweite Sportart, in der Österreich international mitmischen kann. Auch diese vielleicht sinnloseste Art aller Freizeitbeschäftigungen hat bei uns Tradition.
Schon im Jahr 1610 warnte der Leibarzt Kaiser Ferdinands und spätere Stadtphysikus von Hall in Tirol in seinem Werk »Die Greuel der Verwüstung menschlichen Geschlechts« vor den schlappen Stubenhockern und meinte,

daß der Weg zu einem langen, gesunden Leben nur über die Berge führen könne. Zwar verkürzt ein Ausrutscher in der Steilwand das lange Leben, das man sich durchs Bergsteigen erwirbt, oft erheblich, aber andererseits, wenn man's übersteht, ist man natürlich gesünder. Und außerdem, ein echter Bergfex läßt sich sowieso nicht abhalten.
Weshalb manche Menschen unbedingt jeden Gipfel erstürmen müssen, weiß man nicht. Vielleicht haben sie bloß zu viele Luis-Trenker-Filme gesehen. Vielleicht ist die extreme sportliche Betätigung für sie wirklich eine »säkulare Askese«, wie Viktor Frankl behauptet. (Aber dem darf man auch nicht glauben, er ist selber Alpinist!) Vielleicht ist es einfach eine etwas umständliche Form der Selbstbestätigung. Oder die guten Leute sind einfach nur zu faul, um einen Berg herumzugehen, der ihnen im Weg liegt.
Wie dem auch sei, von jenen seltsamen Käuzen, die unbedingt Berge erklimmen müssen, gab es in Österreich mehr als anderswo, und im Branchenverzeichnis der Erstbesteiger nehmen sie einen breiten Raum ein.
Der Salzburger Turnlehrer Ludwig Purtscheller suchte sich für seinen Triumph am 6. Oktober 1889 einen besonders romantischen Berg aus: das Wahrzeichen Afrikas, den 5 895 Meter hohen Kilimandscharo.
»Endlich lag er vor uns. Ein wunderbares, überwältigendes Bild: der Krater des Kibo. Es war mir ein herrliches Geburtstagsgeschenk. Denn ich war an diesem Tage vierzig geworden.«
So beschrieb Purtscheller seinen Gipfelsieg. Gewiß zur hellen Freude aller Vierzigjährigen, die man ja heute sonst im Sport kaum noch als wettbewerbsfähig betrachtet. Allerdings mit dem langen gesunden Leben hat es bei Ludwig Purtscheller auch nicht geklappt: er starb bereits elf Jahre später, nach einem Bergunfall, an einer Lungenentzündung.
Heinrich Harrer, der Welt größter Tibet-Spezialist, der

auch als Schifahrer und Golfspieler seine sportlichen Fähigkeiten bewies, suchte sich ebenfalls einen spektakulären Berg für seine Erstbesteigung aus. Vom 21. bis 24. Juli 1938 dauerte die Kletterei, dann hatte er die Eiger-Nordwand bezwungen.

Was damals eine Sensation war, ist heute allerdings fast schon zu einem Spaziergang geworden. Der Österreicher Thomas Bubendorfer schaffte die Eiger-Nordwand im Rekordtempo von 4 Stunden und 50 Minuten!

Der Tiroler Alpinist Hermann Buhl wagte sich an einen Himalaja-Gipfel, der als unbezwingbar galt und schon viele Menschenleben gekostet hatte. Am 3. Juli 1953 bestieg er im Alleingang den 8 125 Meter hohen Nanga Parbat. 1957 schaffte er als erster Mensch den zweiten Achttausender. Aber er konnte seinen Weltruhm nicht lange genießen. Noch im selben Jahr stürzte er im Karakorumgebirge ab, und sein Seilgefährte schrieb: »Irgendwo in den Gletschern am Fuß der Nordwand tut er seinen letzten Schlaf.«

Buhl wurde 33 Jahre alt. So gesund ist der Sport.

Ein Jahr nach dem Nanga Parbat mußte sich ein anderer Himalajagipfel, den noch nie eines Menschen Fuß betreten hatte, einem Österreicher geschlagen geben: Herbert Tichy bezwang 1954 den 8 189 Meter hohen Cho-Oyu.

Und danach hatten die Berge erst recht nichts mehr zu lachen, denn inzwischen hat der Welt erfolgreichster Bergsteiger alle 14 Achttausender der Erde bestiegen: der Südtiroler Reinhold Messner.

Messner ist bis jetzt unbeschadet davongekommen. Sein jüngerer Kollege, der Freikletterer Thomas Bubendorfer, der für spektakuläre Shows sorgte, als er die 50 Meter hohe Fassade eines Wiener Ministeriums ohne Seil und Pickel erklomm oder im Smoking die Mönchsbergwand neben dem Salzburger Festspielhaus bezwang, hatte weniger Glück.

Bei Werbeaufnahmen fiel er aus 15 Metern Höhe in einen Bach. Ob er weiterklettern wird, ist fraglich.

Aber wozu sollte man auch in lichte Bergeshöhen streben, wenn alle Erstbesteigungen schon gemacht sind und man nur noch als erster irgendwo herunterfallen kann?
Erstens, weil es sportlich ist, und zweitens, weil noch ein Rätsel in der Bergwelt lauert, das die Österreicher gerne lösen möchten. Wem sollte es sonst auch gelingen, die Existenz des Yetis, des berühmt-berüchtigten Schneemenschen, einwandfrei nachzuweisen?
Gesucht haben ihn schon viele. Daraus ist inzwischen eine richtige Industrie geworden. Wie eine UN-Welthandelskonferenz bereits 1964 in Genf festgestellt hat, ist der Yeti der wichtigste Devisenbringer Nepals geworden. Deshalb wurde er auch schon vorsorglich unter Naturschutz gestellt, obwohl er doch vielleicht nur das Ungeheuer von Loch Ness auf Winterurlaub ist!
Gefunden wurde der Yeti bisher noch nicht. Nicht einmal von Sir Edmund Hillary, der ihn monatelang suchte. Obwohl man doch annehmen dürfte, daß auch ein Schneemensch sich lieber einem Sir ergibt als einem normalen Sterblichen.
Aber ätsch! Wenn der Yeti für jemanden ein Faible hat, dann für uns, denn nur zwei menschlichen Wesen hat er sich bisher gezeigt. Der eine ist Reinhold Messner, der ihn als zwei Meter großen dunklen Typ schildert. Der andere ist Klaus Neirer, dem ein zwei Meter zwanzig großer, rothaariger Yeti begegnete.
Wo bleibt der Österreicher, der ins ferne Nepal fährt, um endlich einmal einen blonden Yeti zu treffen, der wie Marilyn Monroe aussieht?
Messner war bei seinem Zusammentreffen mit dem Yeti im Sommer 1986 zu verblüfft, um zur Kamera zu greifen. Neirer war so aufgeregt, daß er nicht die richtige Belichtung fand. Immerhin hatte er etwas auf dem Film, was lebhaft an einen verkohlten Baumstamm erinnert. Es könnte aber auch ein Teddybär im Gegenlicht sein oder einfach ein Ma-

terialfehler, wie er auch bei unseren Urlaubsfotos manchmal vorkommt.
Egal, die beiden Bergsteiger werden nicht aufgeben. Und eines Tages werden sie der Geschichte des Alpinismus ein weiteres ruhmreiches Kapitel hinzufügen. So oder so. Aber daß selbst ein extremer Sport wie das Bergsteigen gesund ist, das ist inzwischen wohl hinreichend bewiesen. Wie hätte sich sonst der Yeti so lange frisch halten können?

MUSIK III
oder
Vom Schmalz zum Rock

Wenn Harold Prince im Theater an der Wien inszeniert, dann ist das Musical wieder da, wo es hingehört: in Wien. Denn mag es auch am Broadway das Licht der Welt erblickt haben – gezeugt wurde es in Österreich. Aber daran denkt kaum jemand.

Das Musical, hieß es immer, ist ein Teil der amerikanischen Kultur. Und man verwies dabei auf den genialen Texter und Komponisten Cole Porter oder den Musikgiganten Leonard Bernstein.

Heute denkt man dabei eher an England. Denn irgendwo in Großbritannien betreibt Andrew Lloyd Webber seine Fabrik für gängige Konfektionsware, wo am Fließband die Bestseller des Musiktheaters produziert werden.

Webber ist ein gebildeter Mann – zumindest klingt seine Musik so, als hätte er viele große Komponisten studiert. Und weil dieses Feld so weit ist, wird ihm bestimmt noch eine Menge einfallen. Aber erfunden hat er das Musical nicht.

Erfunden hat es eigentlich niemand. Es entwickelte sich ganz folgerichtig aus der musikalischen Revue, dem Singspiel und der Operette. Ein paar Jazzelemente kamen dazu, ein bißchen große Oper – und seither läuft das Ganze, und läuft und läuft.

Begonnen hat diese ganze Entwicklung natürlich wieder einmal in Wien, denn Wien und Operette, das kann man ja praktisch gleichsetzen. Nirgends wurde diese Kunstform so gepflegt. Es war ja auch relativ einfach, eine Operette zu schreiben: man »lieh« sich irgendwo einen originellen Stoff

aus und setzte sich ins Kaffeehaus. Hundert Zigaretten später war das Buch da. Der Komponist kritzelte derweilen ein paar Noten auf die Rückseite einer Speisekarte in seinem Lieblingslokal. Der Theaterdirektor raufte sich die Haare und schrie, wenn nicht alles ganz anders werde, sei er ruiniert, die Hauptdarsteller kündigten ihre Kündigung, und so ging es weiter – Chaos bis zur Premiere. Anschließend sprach die Kritik wieder einmal von einem schwachen Stück – und das lief dann 600mal vor ausverkauftem Haus.
Der größte auf diesem Gebiet war natürlich Johann Strauß, aber von ihm war in diesem Buch ja schon die Rede. Über sein Werk war sich die Fachwelt ohnehin einig: Die »Fledermaus« ist so klassisch wie der »Nibelungenring« Wagners, behauptete der Dirigent Hans von Bülow, und kein Geringerer als Gustav Mahler persönlich brachte sie an den berühmten Opernhäusern von Hamburg und Wien zur Aufführung.
Aber neben Strauß gab es in Wien noch eine Unzahl von Operettenkomponisten, deren Melodien auf der ganzen Welt gesungen wurden. Von Karl Millöcker wurde vor allem »Der Bettelstudent« berühmt, von Carl Zeller »Der Vogelhändler«. Ein gewisser Francesco Ezechiele Ermenegildo Cavaliere Suppé-Demelli schrieb »Boccaccio«, allerdings unter dem etwas kürzeren Künstlernamen Franz von Suppé. Musikalisch war er vorbelastet, als Neffe des Opernkomponisten Donizetti, aber trotz seiner halbitalienischen Abstammung ein echter Österreicher, und so komponierte er auch die – neben dem Radetzkymarsch und dem Donauwalzer – dritte Nationalhymne: den Marsch »O du mein Österreich«.
Edmund Eysler komponierte 60 Operetten, Richard Heuberger seinen Evergreen »Der Opernball« und Leo Fall »Die Rose von Stambul«, Paul Abraham »Die Blume von Hawaii«, Emmerich Kálmán »Die Csárdásfürstin«, Ralph Benatzky »Das weiße Rössel« und Robert Stolz »Venus in

Seide«, aber vor allem auch unsterbliche Lieder wie »Im Prater blühn wieder die Bäume« oder »Salome«.
Und zwischen all diesen gab es noch viele kleinere und einen größeren: Franz Lehár. Anfangs sah er gar nicht so nach einem Erfolgskomponisten aus, nicht einmal als Kapellmeister wollte man ihn haben, denn Richard Heuberger bescheinigte ihm bei einem Prüfungskonzert: »Lehár verfügt über eine gute Kenntnis klassischer Musik, versagt jedoch dem modernen Walzer gegenüber.« Immerhin wenigstens als Militärkapellmeister durfte er fungieren!
Daß er schließlich mit der »Lustigen Witwe« ein Weltstar wurde, verdankt er einem Zufall. Heuberger kam mit dem Libretto nicht zu Rande, und so probierte man es mit Lehár, weil er sich auf den slawischen Akzent verstand. Aber seine Melodien irritierten den Theaterdirektor. »Das ist doch keine Musik!« empörte er sich schon nach den ersten Takten und tat alles, um die Aufführung zu verhindern. Er wählte das schlechteste Premierendatum, den 28. Dezember, aus, sparte bei der Ausstattung und ließ schon ein Ersatzstück einstudieren. Schließlich mußte der Librettist die Aufführung durch einen Rechtsanwalt erzwingen, und dem Lehár bot die Direktion 2 500 Gulden an, damit er die Operette zurückziehe!
Aber der biß nicht an, und so mußte »Die lustige Witwe« im Theater an der Wien gespielt werden – 600mal vor begeistertem Publikum. Seit der Uraufführung im Jahr 1905 riß der Erfolg nicht mehr ab. Im Jahr 1910 wurde die Operette in aller Welt gespielt: 18 000mal in zehn verschiedenen Sprachen. Amerika wurde von einem regelrechten »Merry Widow«-Fieber erfaßt, man kleidete sich, rauchte, aß alles mögliche mit »Merry Widow« garniert.
Selbst der Umstand, daß »Die lustige Witwe« Hitlers Lieblingsoperette war, konnte ihrem internationalen Erfolg keinen Abbruch tun. Ernst Lubitsch machte daraus einen exemplarischen Musikfilm, und am Broadway sangen Jan

Kiepura und Martha Eggerth 1947 die Hauptrollen – ein ganzes Jahr lang en suite vor ungeheuren Publikumsmassen, und jede Nummer mußte wiederholt werden!
Lehár starb 1948 in Bad Ischl, wo auch Oscar Straus seine letzten Lebensjahre verbrachte. Straus hatte mit dem »Walzertraum« ebenfalls einen internationalen Erfolg errungen und wurde höchst ehrerbietig in Hollywood empfangen, um Lubitsch bei der Filmversion zu beraten. Aber in Amerika noch erfolgreicher wurde sein »The Chocolate Soldier« nach Shaws Bühnenstück »Helden« – ein Thema, das viel später und mit bedeutend weniger Erfolg der österreichische Schlagersänger Udo Jürgens zu »Helden, Helden« verarbeitete. Das hat Shaw ja nicht mehr miterlebt, nur bei der Straus-Version konnte er noch protestieren. Und verlangen, es dürfe nur mit dem Vermerk aufgeführt werden: Unautorisierte Parodie auf Mr. Bernard Shaws Stück »Arms and the Man«. Wurde es auch, und Mr. Shaw zersprang schier vor Wut, als sich ein Welterfolg anbahnte und er für die unautorisierte Parodie natürlich keinen Groschen kassieren konnte.

Als Oscar Straus 1951 in Ischl starb, war freilich schon eine andere Zeit angebrochen – die Operette hatte sich ohne viel Aufsehen zum Musical gemausert. Auch das natürlich mit tatkräftiger Unterstützung durch Österreicher.
Victor Herbert war kein Österreicher, aber er wurde hier geprägt – als Cellist im Wiener Orchester von Eduard Strauß. Als der Ire schließlich nach New York ging, schrieb er Wiener Operetten, die weggingen wie die warmen Semmeln. 1903 etwa »Babes in Toyland« und 1905 einen überragenden Erfolg »Mlle. Modiste« – die Titelrolle komponierte er einer Wiener Sängerin auf den Leib, Fritzi Scheff, die damit am Broadway ganz groß herauskam.
Dann kam Rudolf Friml, ein Kind der Donaumonarchie, geboren 1879 in Prag. Als Pianist begleitete er den Geiger

Jan Kubelik nach Amerika und ließ sich dort nieder. Auch seine Musicals waren noch ganz in der europäischen Operettentradition verhaftet, wurden aber wie »Rosemarie« und »The Vagabond King« zeitlose Erfolge. Und seine »Donkey Serenade« ist ein Evergreen, der sich in störrischer Beharrlichkeit bis heute gehalten hat.
Sigmund Romberg, 1887 geboren, studierte in Wien Musik und versuchte dann in den USA Karriere zu machen. Sein erster Erfolg war »The Blue Paradise« nach einer Operette von Edmund Eysler, aber zu einem echten Triumph wurde 1921 »Blossom Time«, und das war nichts anderes als das gute alte »Dreimäderlhaus« von Schubert-Berthé auf amerikanisch.
Die Beziehung zu Wien konnte Romberg eben nie verleugnen, auch nicht als er 1945 noch einmal mit »Up in Central Park« einen Respektserfolg errang. Die Entstehungsgeschichte der »grünen Lunge von Manhattan« mußte ihn aber auch inspirieren, ist doch ein Österreicher mit verantwortlich, daß die New Yorker heute dieses vielgeliebte und gelästerte Wahrzeichen besitzen.
Bei der Anlage des Central Park stand dem amerikanischen Architekten Frederick Law Olmstead nämlich ein begnadeter Landschaftsgärtner zur Seite, der seine Kunst im Schloßpark von Schönbrunn gelernt hatte: der Oberösterreicher Ignaz Anton Pilat.
Nach Romberg wurde der Einfluß Österreichs auf das Musical etwas schwächer. Wir wollten ja den anderen auch einmal eine Chance geben, zu zeigen, was sie von uns gelernt hatten.
Erwähnenswert wäre vielleicht nur die Aufführung eines äußerst intelligenten Musicals mit Texten des großen amerikanischen Theatermannes Maxwell Anderson und der Musik von Kurt Weill – inklusive des Dauerbrenners »September Song«. Weill war zwar kein Österreicher, aber er hatte sich seine Frau aus Österreich geholt, die »Seeräuber-

jenny« Lotte Lenya, die gewiß einen großen Einfluß auf sein Schaffen hatte.
Das Rodgers-und-Hammerstein-Musical »Carousel« hingegen wurde vom Stoff her österreichisch beeinflußt – war es doch eine musikalische Version von Molnárs »Liliom«, die 1945 im Majestic Theater Premiere hatte.
In den fünfziger Jahren mußte dann die Musicalwelt wieder einmal ganz heftig auf die österreichische Inspiration zurückgreifen. Einer der größten Erfolgskomponisten dieses Jahrhunderts erreichte seinen Zenit: Frederick Loewe. Geboren wurde er noch unter dem Namen Friedrich Löwe als Sohn des weltbekannten Wiener Operettensängers Edmund Löwe. Vom Papa Tenor hatte der kleine Fritz die immense Musikalität geerbt. Und obwohl er schon als Dreizehnjähriger mit den Berliner Philharmonikern konzertierte, wohl auch die Neigung zur leichten Muse.
1924 zog er siegessicher nach Amerika, mußte aber nur allzubald bemerken, daß man auf ihn nicht gewartet hatte. Von Erfolg keine Spur, Loewe mußte jeden Posten annehmen, der sich nur bot – die Geschichte seines Lebens wird sicherlich noch einmal einen spannenden Musicalstoff abgeben.
Mal versuchte er sich als Postreiter, dann wieder als Goldsucher. Sogar als Preisboxer stieg er in den Ring, und immer wieder tingelte er als Pianist durch verrauchte Bars und zweifelhafte Cabarets und machte Humpta-Tumpta-Musik in den deutschen Lokalen von Germantown.
Erst im Frühjahr 1942 hatte er Glück. Im Lambs Club begegnete er einem jungen Hochschulabsolventen namens Alan Jay Lerner.
Dabei entspann sich folgender Dialog:
»Sie sind Alan Jay Lerner? Sie schreiben gute Texte? Ich bin Frederick Loewe. Ich möchte mit Ihnen sprechen.«
Das war der prosaische Auftakt zu einer Zusammenarbeit, die die ganze Welt begeistern würde. Der erste gemeinsame

Erfolg kam 1947 mit »Brigadoon«, einem schottischen Märchen, hinreißend choreografiert von Agnes de Mille. Aber den ganz großen Treffer landete Loewe am 15. März 1956, als das Musical »My Fair Lady« Premiere hatte. Die Aufführung erhielt fünf Tony-Awards, brach alle Zuschauerrekorde, wurde als Platte ein Millionenseller, und schließlich schlug auch noch Hollywood zu und machte daraus einen Superfilm mit Audrey Hepburn und Rex Harrison.
Auch den Musikfilm »Gigi« und die Theaterproduktion »Camelot« machte Loewe noch mit Lerner zusammen. Dann setzte sich Loewe mit 56 Jahren zur Ruhe, schrieb keine Note mehr und benützte seine Pianistenfinger nur noch zum Zählen der Tantiemen – schließlich war er der erste Goldsucher, der sich seine Goldmine selbst geschaffen hatte.

Wenige Jahre nach dem Broadway-Debut von Eliza Doolittle gab es wieder ein von österreichischer Inspiration getragenes Musical. Zwar war der Komponist ein waschechter Amerikaner, wie schon sein Name Richard Rodgers verrät, aber den Stoff hatte man sich aus Salzburg geholt: die Lebensgeschichte der Baronin Maria von Trapp. Die Trapp-Familie war vor den Nazis nach Amerika geflüchtet und dort zu einer so populären Gesangsgruppe geworden, daß der Broadway an diesem reizvollen Sujet nicht vorbeikam. »The Sound of Music« wurde zu einem großen Publikumserfolg und die Filmversion, an den Originalschauplätzen in Salzburg gedreht, erst recht.
Für Millionen Amerikaner kam Österreich erst durch diesen Film auf die Landkarte, und wenn manche Puristen auch über schnulzige Melodien wie »Edelweiß« die Nase rümpfen – »The Sound of Music« war die beste Fremdenverkehrswerbung, die Österreich je in den Schoß fiel.
Lange Zeit sah es dann so aus, als könne das Musical auch ohne österreichische Schützenhilfe auf eigenen Beinen ste-

hen. Form und Inhalt entfernten sich mehr und mehr von der Wiener Operette, man wurde moderner, härter, amerikanischer. Und wenn schon. Der Sohn eines nach Amerika abgewanderten Wiener Musikers schrieb das modernste, härteste, amerikanischste Musical. Marvin Hamlisch, schon als Filmkomponist mit dem »Oscar« ausgezeichnet, brachte am 15. April 1975 sein Musical »A Chorus Line« zur Aufführung. In einem kleinen Theater fern vom Broadway, denn die großen Producer hatten kein Vertrauen zu diesem Experiment. Drei Monate später übersiedelte das Stück ins renommierte Shubert Theater und ist der größte Dauerbrenner des Showbusineß überhaupt geworden.

»A Chorus Line« kassierte 1976 den Tony-Award. 1988 konnte diesen Preis wieder der Nachkomme eines Österreichers erringen: Claude Michel Schönberg mit seinem Musical »Les Misèrables«, das, in Frankreich entstanden, inzwischen um die ganze Welt ging. Die Wiener Musiktradition wirkt also immer noch fort.

Und nicht nur in Bühnenstücken. Auch Lieder aus Österreich wurden Hits in Übersee. In Yale singen die Studenten eine amerikanische Version des »Fiakerliedes«. Ebenfalls sehr beliebt bei den Jungakademikern ist das schöne traurige Lied »My love hath now left me« – und dahinter steckt nichts anderes als das alte Kärntner Volkslied »Verlassen, verlassen«. Und im Mittelwesten gibt es sogar eine Universitätshymne »Hail to thee, Alma Mater«, die sich bei näherem Hinhören als Haydns alte Kaiserhymne entpuppt!

So werden junge Sangeskünstler immer noch von österreichischer Musik beeinflußt, und warum auch nicht? Auch die Pianisten müssen sich noch immer damit befassen, denn um »Die Schule der Geläufigkeit« des 1791 in Wien geborenen Klavierlehrers Karl Czerny kommt wohl keiner herum.

Und Österreichs Beitrag zur internationalen Musikszene ist nicht in früheren Jahrhunderten steckengeblieben. Auch

moderne Pop-Komponisten haben sich in aller Welt Gehör verschafft. Charlie Niessen beispielsweise schrieb Schlager für Nat King Cole und Dean Martin, der Wiener Fritz Spielmann arbeitete auch für Elvis Presley.
Und daß »The genius of Ray Charles« noch heute das Publikum zu Begeisterungsstürmen hinreißt, verdankt die Musikwelt ebenfalls einem Österreicher, dem Terrorspezialisten Dr. Friedrich Hacker. Der 1914 geborene Psychiater, der heute die fashionable Hacker Clinic in Los Angeles betreibt, wird seit vielen Jahren immer wieder zugezogen, wenn es um aufsehenerregende Fälle – sei es nun die Ermordung von Sharon Tate oder die Entführung von Patty Hearst – ging.
So beispielsweise 1964, als der blinde Sänger Ray Charles wegen Rauschgiftbesitz festgenommen wurde und eine Mindeststrafe von 15 Jahren Gefängnis zu erwarten hatte. Damals vertrat Dr. Hacker als Experte die Meinung, daß man dem ohnehin vom Leben benachteiligten schwarzen Musikgenie eine Chance geben müsse. Daraufhin gab das Gericht die Weisung, er müsse binnen eines Jahres von seiner Sucht geheilt sein – und Ray Charles schaffte es, nach einer Behandlung in der Hacker Clinic. Charles, der wohl die meisten Pop-, Rock- und Bluesmusiker unserer Zeit beeinflußt hatte, durfte weiterarbeiten, als freier Mann. Er hatte es dem Dr. Hacker nie vergessen, und wir wollen es auch nicht, deshalb kommt er in diesem Kapitel vor. Aber vielleicht müßte man den prominenten Seelendoktor überhaupt unter »Musik« einreihen, denn bei seinen Freunden in Hollywood ebenso wie in Wien ist Hacker als stimmgewaltiger Sänger von Heurigenliedern eine echte Party-Trophäe.

Sogar in der Jazz-Szene haben sich einige Österreicher einen guten Namen gemacht. Der Saxophonist Karl Koller etwa, der 1958 mit Oscar Pettiford zusammenarbeitete, war

der erste europäische Jazzmusiker, der in Amerika bekannt wurde. Von Friedrich Gulda, dem genialen Pianisten, weiß man, daß er den Jazz ebenso mag wie seinen Beethoven und auch ebenso einmalig interpretiert.
Der Trompeter Mike Mantler hat sich auf besonders anspruchsvollen Jazz verlegt und vertonte unter anderem Gedichte von Samuel Beckett. Einer der ganz Großen der internationalen Musikszene aber ist zweifellos Joe Zawinul. 1932 in Wien geboren, ging er schon 1959 in die USA, wo er mit Dinah Washington, Cannonball Adderley und Miles Davis arbeitete. 1970 gründete er mit Wayne Shorter die Gruppe »Weather Report«, nach deren Auflösung er seine jetzige Formation »Zawinuls Syndicate« zusammenstellte. Wenn der Künstler, der mit »Mercy, mercy« den großen Welterfolg erreichte, aus Malibu wieder einmal nach Wien zu Besuch kommt, rennt natürlich der Schmäh mit den alten Kollegen. Und wie beim Gesellschaftskolumnisten Adabei nachzulesen stand, plaudert Joe Zawinul dann auch ein bißchen über die amerikanische Musikszene. »Ich weiß eh, daß Sting und Pink Floyd bei mir ein bisserl mitgenascht haben. Prince, ein schöner Mensch, hat zwar viel Talent, aber ist ein bisserl hin im Schädel. Na, und der Michael Jackson – ein immenses Talent, aber der ist leider im Alter von sieben Jahren stehengeblieben und will net ums Verrecken acht werden . . .«
Ja, der Zawinul kennt sich aus, gehört er doch selbst zu den Halbgöttern der Branche. Und ein anderer, ganz junger Österreicher könnte auch bald dazugehören: Peter Wolf. Musiker, Komponist, Arrangeur, Produzent. Acht Nummer-eins-Hits hatte er bereits, seit er sich in Kalifornien niedergelassen hat, darunter »Everybody have fun tonight« mit Wang Chung und »We built this city« mit der Gruppe Starship. Mit wem er seine nächsten Platten machen will, kann er sich heute unter der Prominenz aussuchen – von Madonna aufwärts.

Noch zwei junge Österreicher sind zu ganz wichtigen Leuten in der internationalen Pop-Szene geworden: Rudi Dolezal und Hannes Rossacher. Sie machen zwar keine Musik, aber sie setzen Musik ins Bild um. Und das besser als sonst wer auf der Welt, denn immerhin erhielten sie in Cannes die »Clip-Cup«-Trophäe für das beste Video des Jahres und in Montreux den ersten Preis des IMMC für ihre Musikdokumentation. Queen, die Rolling Stones und La Toya Jackson sind nur ein paar der Künstler, die auf die Musikvideos der beiden schwören.
Beim Walzer ist man also wirklich nicht steckengeblieben. Mag Österreich auch politisch noch ein Operettenstaat sein – musikalisch ist es zum Glück schon ein bißchen weiter. Aber selbst wenn die Entwicklung einmal enden sollte – was kaum wahrscheinlich ist, wenn man hört, wie sogar die jungen Nordvietnamesen in Hanoi zur Dämmerstunde den Udo-Jürgens-Hit »Merci Cherie« spielen –, selbst wenn wir gar keine Talente mehr hervorbrächten, eines wird man uns doch nicht nehmen können: daß in Österrreich auch der Evergreen schlechthin geschrieben wurde. Das einzige Lied, das auf der ganzen Welt wohl nie mehr verklingen kann: »Stille Nacht«.

UNTERNEHMEN oder Gebt dem Genius keine Chance

Daß Österreich eine Wirtschaftsgroßmacht ist, wird niemand ernsthaft annehmen. Uns fehlen die riesigen Konzerne, die Multis, die uns EG-tauglich machen und den Japanern das Gruseln beibringen könnten. Es gibt zwar ein paar größere Staatsbetriebe, aber die Nationalindustrie hat nun einmal den Hang dazu, auf Kosten der Steuerzahler zu leben, statt von der Produktion, und kann deshalb kaum als Aushängeschild eines modernen Industriestaates gelten.

Doch allein von Dagmar Koller und den Lipizzanern kann Österreich auch nicht existieren, und irgend jemand muß ja das viele Geld erarbeiten, das die Politiker dann zugunsten ihrer Freunde und Anhänger umverteilen, in sinnlose Rüstungsausgaben stecken oder zur Rückzahlung von Krediten aufwenden, die ihre ebenso begabten Vorgänger der Staatskasse eingebrockt haben.

Wer die Wirtschaft in Schwung halten muß, das sind die Tausenden privaten Klein- und Mittelbetriebe, die man von oben her schon längst gerne umgebracht hätte und dennoch zähneknirschend dulden muß, weil es sogar dem verstocktesten Ideologen schwerfällt, sich selbst das Rückgrat zu brechen. In solchen Betrieben wird meist hart gearbeitet, sorgfältig gerechnet und durch Ideenreichtum und Improvisationstalent der Mangel an größeren Kapitalreserven ausgeglichen.

Natürlich gibt es darunter auch ein paar, die eben wegen ihrer Qualität und ihrer Innovationsfreude gewachsen und gewachsen sind und sich jetzt auch international herzeigen lassen können.

Swarovski, der Tiroler Familienbetrieb, der sich von der kleinen Glasschleiferei zu einem Konzern mit weltweit etwa 16 000 Beschäftigten gemausert hat, etwa. Erst vor kurzem hat das Wirtschaftsmagazin *Forbes* die Familie unter jene Glücklichen eingereiht, deren Privatvermögen über einer Milliarde Dollar liegt. Und daß Gernot Langes-Swarovski seit kurzem mit einem Falcon-900-Jet, einer der luxuriösesten Privatmaschinen, von Deal zu Deal düst, zeigt doch, daß es mit dem Unternehmen weiter aufwärts geht – fast so steil wie mit dem von der Firma gesponserten Fußballklub.

Weniger spektakulär präsentiert sich ein anderes österreichisches Musterunternehmen, obwohl es mit seinen Produkten etwa 80 Prozent des Weltmarktes versorgt. Die Firma Plasser & Theurer ist im Bahnbau tätig und stellt vornehmlich Gleisstopfanlagen her. Darunter kann sich der Normalbürger zwar nichts vorstellen, aber gerade dieser Umstand macht es noch faszinierender, daß man damit Milliarden umsetzen kann.

Über 5 000 Patente besitzt die High-Tech-Firma heute, und die ganze Welt partizipiert daran, denn die Gleise, auf denen der berühmte japanische Shinkansen-Expreß dahinbraust, sind made in Austria, und auch die Fahrt im französischen Hochgeschwindigkeitszug TGV – mit etwa 380 Stundenkilometern Spitze – wurde erst durch österreichisches Know-how zum schnellen Genuß.

Ein anderer Musterbetrieb, der durch unermüdliche Forschung und Entwicklungsarbeit mehr als 1 000 Patente angehäuft hat, ist die Grazer Firma »AVL-Gesellschaft für Verbrennungskraftmaschinen und Meßtechnik«, die 1948 vom weltberühmten Techniker Helmut List gegründet wurde. Heute führt sein Sohn das ständig wachsende Unternehmen, das auf dem Gebiet der Motorenentwicklung und der Meßtechnik praktisch konkurrenzlos ist. Die bedeutendsten Automobilhersteller zählen zu seinen Kunden –

also wie immer auch das Verkehrschaos der Zukunft aussehen wird, Österreich ist daran beteiligt.
Überhaupt denkt man hier viel an die Zukunft. So hat die Kärntner Firma Geissler und Pehr die Fabriken zur Herstellung von Dachpappe in aller Welt errichtet, im steirischen Eisenerz »Windmühlen« zur Stromerzeugung konstruiert. Die Prototypen haben sich so gut bewährt, daß aus Kalifornien bereits ein Auftrag über 270 Windgeneratoren ins Haus geflattert ist.
In Salzburg hingegen residiert die Firma Aqua Engineering, die sich aufs Wasser spezialisiert hat. In Basra hat sie eine Anlage errichtet, die täglich 300 Millionen Liter Meerwasser in Trinkwasser umwandelt, in den Vereinigten Emiraten sind acht Meerwasser-Entsalzungsanlagen im Bau, in der Nähe von Shanghai soll eine riesige Abwässer-Kläranlage entstehen.
Es scheint, daß die Österreicher Wind und Wasser fest in der Hand haben, und auch sonst ist ihnen einiges für die Umwelt eingefallen. Zum Beispiel war es bisher ein großes Problem, ein Atomkraftwerk, das man einmal hingestellt hatte, wieder abzubauen. Schließlich strahlt so ein Biest leise vor sich hin und macht es den Abrüstern schwer, ihm mit dem Hackebeilchen beizukommen. Deshalb hat die Metora AG aus Oberösterreich nun eine ferngesteuerte Monstersäge erfunden, mit der man so einen gefährlichen Altbau mühelos zerkleinern kann. Sollte eines Tages doch die Vernunft über die Atomlobby triumphieren, wird sich die Metora AG wohl vor Aufträgen kaum noch retten können.
Muß man schon ein Atomkraftwerk wie ein rohes Ei behandeln, dann ein rohes Ei erst recht! Dieser Aufgabe hat sich die Firma Ovotherm in Wiener Neudorf verschrieben: sie erzeugt Verpackungsmaterial für Frischeier. Klingt ausgesprochen unromantisch, bringt aber etwas ein, denn Ovotherm wird sogar in Ländern wie Neuseeland, Jamaica

und Nigeria in Lizenz produziert und verkauft. 10 Milliarden Eier werden im Jahr nach diesem österreichischen System verpackt – diese Menge muß man sich einmal in Ham and eggs umrechnen, damit einem die Größenordnung so richtig bewußt wird. Und wie die Firma sagt: »Even when it is empty, it is full of ideas«, was vielleicht schlechtes Englisch ist, aber keine schlechte Idee: man kann auch die leere Packung noch verwenden, als Knopfbehälter oder zur Kakteenzucht. Das ist nicht gerade das Ei des Columbus, aber wie immer das auch aussah, die Verpackung von Ovotherm hätte ihm bestimmt noch einen zusätzlichen Reiz verliehen.
Ganz etwas anderes hat Siemens in Wien entwickelt: Ton- und Studiotechnik, die in aller Welt gefragt ist. In den Schallplattenstudios von Nashville, in den Fernsehstudios von Kamerun oder im Sportpalast von Osaka. Und noch eine andere österreichische Firma ist wegen ihrer technischen Produkte hochberühmt und mehr als ein Geheimtip unter den Größen des Showbusineß: AKG, die unter anderem Mikrofone herstellt. Frank Sinatra hat angeblich sein eigenes in Gold. Es soll die große Liebe seines Lebens sein – jedenfalls ist er ihm länger treu geblieben und hat ihm mehr zärtliche Worte zugeflüstert als den meisten Frauen in seinem Leben.
Natürlich braucht nicht jeder Mensch so dringend ein Mikrofon wie Frankieboy. Aber wenn irgendein Kind seinen ersten Gesang anstimmt, will es zumindest einen Schnuller. Und auch für den kleinsten Schreihals sorgt man in Österreich. Im burgenländischen Neudörfl werden die Mam-Schnuller erzeugt. 10 Millionen im Jahr. Wohlschmeckend, gaumengerecht und mundstopfend. Das ist im Grunde noch viel cleverer, als Mikrofone zu produzieren, bedarf der moderne Mensch doch eher der Ruhe als der Lautstärke. Und es gibt natürlich auch viel mehr Babys als Sinatras!

Wer aber überhaupt vor allem seine Ruhe haben will und die ganze Welt aussperren möchte, muß wieder auf ein österreichisches Produkt zurückgreifen – die Schlösser und Schlüssel der Wiener Firma Evva. Die ständig mit neuen Ideen verbessert werden, obwohl sie schon so gut sind, daß sie in der U-Bahn von Singapur, bei der BBC in London oder in der Leningrader Eremitage Verwendung finden.
Die Aufzählung ließe sich beliebig fortsetzen, aber das soll gefälligst das Handelsministerium machen oder die Industriellenvereinigung, die ansonsten ohnehin nichts zu tun hat, als nutzlose Funktionäre zu versorgen. Hier sollte jedenfalls nur erwähnt werden, daß man Österreich nicht einmal wirtschaftlich völlig abschreiben kann, weil es immer wieder Unternehmer gibt, die neue Ideen haben und sie auch in die Tat umzusetzen gewillt sind.
Obwohl es leider nicht immer so gut klappt wie bei Plasser & Theurer, wo sich Verkaufsmann und Erfinder erfolgreich zusammentaten. Meist bleibt in Österreich der Erfinder auf der Strecke, weil ihm die Vermarktung nicht gelingt. Gut, Friedrich Reinitzer, der 1888 die Flüssigkristalle fand, war einfach zu früh dran, damals bauten die Japaner noch keine Taschenrechner, Minifernsehapparate, Armbanduhren oder Kleincomputer, die ohne diese Technik nicht mehr auskommen. Aber auch Viktor Kaplan zog keinen finanziellen Nutzen aus der Erfindung der Turbine. Und Josef Max von Petzval, der Fotopionier, konstruierte zwar Linsen, mit denen die ersten Momentaufnahmen gemacht werden konnten, aber daran verdienen andere, weil er sich nicht rechtzeitig dagegen absicherte. Wie er auch sonst kein Sicherheitsfanatiker war: Das Manuskript für ein umfangreiches Werk über die Optik, das seinen Namen zumindest in Fachkreisen erhalten hätte, wurde bei einem Einbruch gestohlen, und es erschien ihm zu blöd, das Ganze noch einmal zu schreiben.
Auch Gustav Tauschek fand keinen geeigneten Marketing-

manager, sonst wäre heute zwischen den Alpen vielleicht ein Silicon Valley und Österreich der führende Computerhersteller der Welt. Seine ersten Buchhaltungsmaschinen wollte nicht einmal das Technische Museum haben – für so unsinnig hielt man damals die moderne Bürotechnik. Und als Tauschek 1932 die erste schreibende, lesende und rechnende Maschine baute, war er seiner Zeit noch zu weit voraus, um Anerkennung zu finden. Aber zukunftsorientierte Unternehmer sahen schließlich doch die Zeichen an der Wand: IBM kaufte dem Österreicher insgesamt 168 Patente ab und verpflichtete ihn für viele Jahre zur Mitarbeit in die USA. Und deshalb muß Österreich seine Computer jetzt eben von IBM beziehen, statt sie selbst zu verkaufen.

Ja, Erfinder zu sein ist einfach für einen Österreicher, Unternehmer zu werden ist schwer. Zu so richtigen, ganz großen Unternehmern, die auch die Wallstreet mit Respekt und Achtung betrachtet, sind deshalb auch nur solche geworden, die das Land rechtzeitig verlassen haben. Paul, Albert und Ralph Reichmann zum Beispiel. Vor Hitler aus Österreich geflohen, wurden die Reichmanns zur bedeutendsten Unternehmerfamilie Kanadas. Inzwischen gehören sie auch zu den größten Grundbesitzern in New York, wo die »Battery Park City« – ein Komplex mit immerhin 37 000 Einwohnern – von ihrem unaufhaltsamen Aufstieg kündet. Und wenn die Brüder abends mal vor dem Kamin sitzen und im Geiste das auf etwa 10 Milliarden Mark geschätzte Privatvermögen überschlagen, können sie einander dabei mit ihren eigenen Hiram-Walker-Whisky zuprosten.
Man sieht, auch wirklich große Unternehmer können aus Österreich kommen. Nur wenn sie hier bleiben, werden sie nicht groß. Aber ein bedeutender österreichischer Philosoph, der Salzburger Leopold Kohr, hat schließlich die Maxime geprägt: Small is beautiful! Das gilt auch für die Un-

ternehmen. Und wenn die Politiker sich erst einmal dazu durchgerungen haben, daß die kleinen Einheiten in Wahrheit das große Potential des Landes ausmachen, kann Österreich den Rest der Welt vielleicht noch mit einem permanenten Wirtschaftswunder überraschen.

Wer das erfolgreich verhindern will, braucht nur den eingeschlagenen Weg fortzusetzen: Subventionsempfänger züchten und Ideenträger vernichten.

Wie unsere Recherchen ergeben haben, existieren hierzulande genügend Institutionen, die sich das zum Ziel gesetzt haben und sich bemühen, durch harte Absagen an die Produktivität andere Nationen vor der österreichischen Konkurrenz zu schützen. Sollten diese Kräfte erfolgreich bleiben, wird Österreich nicht einmal mit einem Bauchladen auf dem Weltmarkt vertreten sein.

Das mußte einmal gesagt werden, damit die Japaner wieder ruhiger schlafen können!

PHILOSOPHIE
oder
Die großen, weisen Männer

Österreich hat, vor allem in diesem Jahrhundert, auch eine erkleckliche Anzahl von Feingeistern produziert. Eigentlich genügt es, diese Tatsache zu notieren. Über die Geistesheroen braucht man nun wahrlich nicht viel zu schreiben. Schon deshalb, weil sie selbst genügend geschrieben haben. Und manche werden sogar gelesen. Die Bücher von Fritjof Capra etwa liegen als Bestseller in den Schaufenstern. Ebenso erfolgreich ist der Villacher Kommunikationstheoretiker Paul Watzlawick, der erst vor kurzem von seiner Heimatstadt mit dem Paracelsus-Ring geehrt wurde. Watzlawick lebt und lehrt zwar in den Vereinigten Staaten, aber die österreichische Mentalität schlägt halt doch durch – sein letztes Erfolgsbuch nannte er »Anleitung zum Unglücklichsein«.

Der geniale Mathematiker und Philosoph Kurt Gödel war lange Zeit nur wenigen Eingeweihten bekannt. Inzwischen ist sein Name ein Begriff geworden durch den Weltbestseller »Gödel, Escher, Bach« von Douglas R. Hofstadter. Freilich nur durch den Titel, denn das Buch wurde zwar bestens verkauft, fand aber nur wenig Leser.

Geradezu zum Paradephilosophen unserer Tage ist der 1902 geborene Karl Popper geworden. Der Begründer des kritischen Rationalismus ist sogar auf dem Fernsehschirm eine populäre Figur geworden, weil er seine Intelligenz nicht dazu benützt, anderen Menschen in lichte Höhen davonzusteigen, sondern versucht, sich für mehr als einen Zuhörer verständlich zu machen. Und daß dieser vor Weisheit strahlende Mann alles, inklusive seiner eigegen Aussagen,

in Zweifel zieht, hat ihn zu einem Idol der skeptischen Jugend gemacht.
Obwohl ihn natürlich nicht nur anonyme, langhaarige Jeansträger bewundern. Eine gar nicht anonyme langhaarige Würdenträgerin, nämlich die Queen von England, hat Karl Popper schon 1965 zum Sir gemacht. Eine verdiente Würdigung, wenn sie auch nach seiner Theorie eine zweifelhafte Ehre sein müßte.
Weil der Sir Popper so berühmt geworden ist, spricht über seinen Namensvetter Josef Popper überhaupt niemand mehr. Und das ist schade, weil dieser Josef, der sich zum schlichten Popper noch den romantischen Beinamen Lynkeus hinzusetzte, ein wirklich interessanter Denker war. So hat sich der 1838 geborene Techniker und Schriftsteller nicht nur mit der Dampfkesselreinigung oder einem Luftkühlapparat beschäftigt, sondern auch mit dem Pan-Europa-Gedanken und schwerwiegenden sozialen Fragen – und die wichtigste war dabei für ihn die »Magenfrage«. Er war ein großer Humanist, der keinen Menschen mehr leiden oder hungern sehen wollte, und schon 1912 forderte er die »allgemeine Nährpflicht«, die ein Existenzminimum für jeden von der Geburt bis zum Tod garantierte. Sigmund Freud nannte ihn einen »schlichten großen Mann, der ein Denker und Kritiker, zugleich ein gütiger Menschenfreund und Reformer war«.
Heute sind seine Utopien ziemlich vergessen, aber vielleicht werden ihn eines Tages satte Sozialdemokraten wieder brauchen, um mit seinen Visionen ihre welke rote Nelke aufzupolieren.
Einer der wichtigsten noch lebenden Gelehrten aus dem alten Wien ist der Begründer der Existenzanalyse und der Logotherapie, Viktor Frankl. So besonders wichtig, weil er erkannt hat, daß »Der Mensch auf der Suche nach dem Sinn« ist, wie sein berühmtes Buch heißt, und ihn gerade in unserer Zeit immer schwerer findet. Denn: »Die Sinnfrage

stellt sich paradoxerweise nicht nur in Todeslagern und auf Sterbebetten, sondern ebenso in Wohlstand und Überfluß«, sagt Frankl. Und deutet auch die Antwort an: »Die geistige Freiheit des Menschen, die man ihm bis zum letzten Atemzug nicht nehmen kann, läßt ihn auch bis zum Tod Gelegenheit finden, sein Leben sinnvoll zu gestalten.«

Zum Glück wird das, was Frankl sagt, nicht ungehört verhallen – daß seine Bücher inzwischen eine Auflage von 20 Millionen Stück erreicht haben, ist schon ein Gradmesser dafür, wie gefragt seine Meinung ist. Und besonders der jungen Generation spricht er aus dem Herzen. Auch als er 1988 nicht in die allgemeine Österreichbeschimpfung einstimmte. Er, der durch die Hölle der Vernichtungslager von Theresienstadt und Auschwitz ging, als einziger seiner Familie den Rassenwahn Hitlers überlebte, bat vor 30 000 Menschen, die ihm am 10. März 1988 auf dem Wiener Rathausplatz lauschten, um Verständnis dafür, daß man von ihm kein Wort des Hasses erwarten dürfe. Weil Schuld nur persönliche Schuld sein kann, die sich auch nicht von den Eltern oder Großeltern her vererbt. Wörtlich sagte Frankl: »Und den Österreichern, die heute zwischen null und fünfzig Jahre alt sind, in diesem Sinne eine ›rückwirkende Kollektivschuld‹ einzureden, halte ich für ein Verbrechen und für einen Wahnsinn – oder, um es psychiatrisch zu formulieren, es wäre ein Verbrechen, würde es sich nicht um einen Fall von Wahnsinn handeln. Und um einen Rückfall in die Sippenhaftung der Nazis.«

Das sind die Worte eines Opfers, und Österreich muß Viktor Frankl dafür zutiefst dankbar sein. Aber auch die übrige Welt kann darüber nicht leichtfertig hinweggehen, denn Frankl macht auch klar, daß es nur die »Rasse« der anständigen und die der unanständigen Menschen gibt und diese »Rassentrennung« quer durch alle Nationen und deren Parteien verläuft. Und daß grundsätzlich jede Nation »holocaustfähig« ist. Viktor Frankl ist einer der Österreicher, auf die dieses Land besonders stolz sein sollte. Und wenn er verlangt: »Die Jugend braucht Aufgaben und Vorbilder«, dann sind das keine leeren Worte: er bietet mit seinem Schaffen und seiner Person beides an.

Noch ein Vordenker gefällig? Da hätten wir Konrad Lorenz. Er kommt aus einer ganz anderen Richtung, ihm wollte man auch eher ein paar braune Flecken auf die weiße Weste schmieren, aber letztendlich zählten für ihn nur zwei Farben: das Grau der Graugänse, die er sein Leben lang erforscht hat, und das Grün der Ökologiebewegung, die er mit allen Kräften unterstützte. Er kämpfte gegen das Ausrotten der Tiere, gegen wertblind gewordene Architekten, gegen den Selbstmord durch Verschmutzung der Gewässer, gegen Kernwaffen und Atomkraftwerke. Und wäre am liebsten ein Delphin gewesen. Was Österreichs Nobelpreisträger der Welt sonst noch zu sagen hatte, werden wir aus seinen Memoiren erfahren. Er schrieb sie unter so großen Schmerzen, daß er sie seine »Memoroiden« nannte. Aber daß er den Humor immer als eine Sache betrachtet hat, die wir nicht ernst genug nehmen, wird sich hoffentlich in den Erinnerungen des »Vaters der Verhaltensforschung« noch weiter niederschlagen.
Wenn man von den Philosophen spricht, dann darf man natürlich einen Namen nicht auslassen: Ludwig Wittgenstein. Geboren 1889 in Wien, Sohn eines immens reichen Vaters, der Künstler wie Klimt und Hoffmann förderte. Ludwig wird Ingenieur und Philosoph. Er entwirft Möbel, Flugmaschinen, ein Haus für seine Schwester. Er wird Volksschullehrer im kleinen niederösterreichischen Ort Trattenbach – von ihm selbst als »ein besonders minderwertiger Ort in Österreich« bezeichnet –, und gleich nachdem er dort gescheitert ist, Philosophieprofessor im altehrwürdigen Cambridge. 1918 vollendet er sein Hauptwerk, den »Tractatus logico-philosophicus«, und sein Mentor

Bertrand Russell nennt ihn »das vollendete Beispiel eines Genies«.
Seither gilt Ludwig Wittgenstein als der bedeutendste Philosoph unseres Jahrhunderts und wird in Fachkreisen als die Krönung österreichischen Geistes gerühmt. Meist von Leuten, die sein Werk nicht gelesen und schon gar nicht verstanden haben. Selbst sein früherer Freund Russell sah im späteren Werk Wittgensteins nicht unbedingt einen Quell der Weisheit, was die Nachwelt aber nicht hindert, weiter am Ruhm des komplizierten Denkers zu bauen.
Nun ist ja an einer solchen Verehrung nichts auszusetzen, wenn man annimmt, daß ein Philosoph an sich schon etwas Wunderbares ist, weil er nicht wie andere Zeitgenossen seine Tage mit Sackhüpfen oder Kühemelken verbringt, sondern statt dessen philosophiert.
Freilich, wenn wie im Falle Wittgenstein nicht einmal seine glühendsten Bewunderer formulieren können, weshalb er eigentlich für die Gesellschaft so ungeheuer wichtig sei, gibt das wieder einige Pluspunkte für das Sackhüpfen. Am besten ist, man reiht Wittgenstein unter Glaubensdinge ein, dann behält man immer recht. Und seine berühmte Erkenntnis: »Worüber man nicht reden kann, davon soll man schweigen«, darf man wahlweise als der Wahrheit letzten Schluß oder als profane Binsenweisheit bezeichnen.
Aber all jenen, die, sei es aus Verehrung oder Unverstand, an diesem Wort hängengeblieben sind, sei gesagt, daß man auch über den Wittgenstein auch noch ein Stückchen hinauskommen kann. Ein anderes österreichisches Genie hat dazu den Weg gewiesen: Sir Ernst Gombrich, der große Kunsthistoriker. Als er 1988 den Wittgenstein-Preis erhielt, sagte er im Schlußwort seiner Dankesrede etwas, was ihn als noch wichtigeren Philosophen kennzeichnete – schon deshalb, weil er es verständlich sagte: »Wittgensteins Tractatus klingt bekanntlich in den Worten aus: ›Worüber man nicht reden kann, davon soll man schweigen.‹ Ist es ver-

messen zu fragen, ob man nicht manches Mal versuchen darf, das, wovon man in einer Sprache nicht sprechen kann, in einer anderen zu sagen – oder wenigstens anders darüber zu schweigen?«
Das ist ein Satz, der eines Philosophen würdig ist, einer, der alle Hoffnung dieser Welt noch einschließt.

ATOM
oder
Die Geburt der Bombe

Österreich war eigentlich so ziemlich an jeder Katastrophe beteiligt. Oder wurde aus allem erst eine Katastrophe durch die Beteiligung Österreichs?
Ja, für den Philosophen gibt es noch viele Rätsel zu klären! Hier aber geht es um harte Tatsachen. Darum, wieviel Österreich zur Entwicklung der Welt bis zu ihrer heutigen Höchstform beigetragen hat. Und nicht nur die schönen Dinge des Lebens, die ja fast ausschließlich von Österreichern beigesteuert wurden, dürfen Erwähnung finden, sondern auch die Scheußlichkeiten.
Und ganz oben in der Hitparade des Entsetzens steht natürlich die Bombe. Nicht irgendeine, sondern *die* Bombe, die man wie die Garbo oder die Monroe auch ohne Vornamen zitieren kann, weil sie eben einmalig ist. Die Atombombe. Obwohl die Arsenale der Welt vollgestopft damit sind, hat man bisher – außer zu Testzwecken – nur zwei Stück davon verbraucht. Der Abwurf erfolgte über Hiroshima und Nagasaki und bestätigte den Herstellern, daß ihnen hier ein großer Wurf gelungen war. Wegen des durchschlagenden Erfolges verzichtete man vorderhand auf weitere Versuche am lebenden Objekt, obwohl man manchmal schon so richtig Lust darauf hatte, in Korea, in Vietnam, bei der Kubakrise und ähnlichen Gelegenheiten, Stärke zu beweisen.
Doch jedesmal hat die Vernunft gesiegt. Oder vielleicht doch nicht, denn die Vernunft spielt in der Politik ja keine große Rolle. Es war wohl mehr die berechtigte Angst vor den Folgen. Natürlich könnte man die Bombe schmeißen und dann schnell wegrennen. Aber wohin? Bleibt nach ei-

nem Atomkrieg noch etwas übrig, wofür sich der ganze Aufwand lohnt? Wissenschaftler in Ost und West schließen das mit höchster Wahrscheinlichkeit aus. Also hat man sich auf das Gleichgewicht des Schreckens geeinigt – eine ganz praktikable Methode des Überlebens, auch wenn einem das Damoklesschwert bis zum Haaransatz hängt.
Die Supermächte wissen, daß man Atomwaffen höchstens dort einsetzen könnte, wo sie nicht nötig sind. Ein Angriff auf Liechtenstein wäre denkbar. Aber das bringt doch nichts. Und in Krisengebieten wird man sich hüten, die Bombe hochgehen zu lassen. Nicht einmal chronische Militaristen verlieren so leicht den Kopf, wenn sie dadurch den Kopf verlieren könnten.
Leider gibt es immer mehr Staaten, die eine Atombombe bauen können oder schon griffbereit liegen haben. Die Großmächte waren ein wenig nachlässig. Zuerst gelang es ihnen nicht, das Rezept geheimzuhalten, und dann haben sie auch noch Plutonium verstreut wie Konfetti im Karneval. Allein in Amerika gehen unter strengstens Sicherheitsvorkehrungen jährlich einige Kilos davon verloren. Die ehrlichen Finder haben sich bis jetzt noch nicht gemeldet. Dafür hat Indien heute seine Bombe, Israel hat sie und Südafrika ebenfalls – und das sind doch Staaten, denen man zutrauen darf, daß sie ganz konkrete Ziele dafür wüßten.
Bald wird jede Nation eine haben und nur noch auf einen günstigen Anlaß warten, um sie abzuwerfen. Wenn zum Beispiel Uruguay das Fußballweltmeisterschaftsspiel gegen Luxemburg verliert – BUMM!
Aber wer weiß, ob wir in ein paar Jahren überhaupt noch Nationen dazu brauchen – in dem Maße, wie heute spaltbares Material geklaut und verschoben wird, hat dann vielleicht schon jeder Fußballverein seine eigene Bombe!
Die erste wurde natürlich in den Vereinigten Staaten hergestellt, das weiß jedes Kind.
Aber das Know-how kam ganz eindeutig aus der Alten

Welt. Der Vater der Bombe, Edward Teller, war Ungar, wie auch viele seiner Mitarbeiter im Forschungszentrum von Los Alamos. Aber dort hat die Geschichte ja nicht begonnen. In Österreich war man dem Atom und seinen verborgenen Kräften schon lange auf der Spur.

Arthur Erich Haas, 1884 geboren, wurde schon als junger Mann bekannt, weil er als erster das Quantenkonzept benützte, um die Konstitution der Atome zu erklären. Warum er das tat, wird dem Laien natürlich ewig ein Rätsel bleiben, aber Physiker haben nun mal die Angewohnheit, sich mit Dingen zu beschäftigen, die, einzeln betrachtet, überhaupt keinen vernünftigen Sinn ergeben. Aber wenn dann nach Jahrzehnten einer viele Erkenntnisse zusammenfaßt und eine schöne Bombe daraus macht, hat sich das Ganze ja doch irgendwie gelohnt.

Dieser Bericht soll nun freilich kein Seminar in Physik werden. Das könnte doch einige Leser überfordern – was aber gar keine Schande ist, denn selbst der große Einstein hat zugegeben, daß er sogar seine eigenen Theorien nicht immer verstand. Außerdem soll es ja auch nicht soweit kommen, daß sich jeder Leser anhand unserer Erklärungen selbst eine Atombombe basteln kann, um mit diesem Knallkörper dann sein Silvesterfeuerwerk etwas eindrucksvoller zu gestalten.

Deshalb wollen wir eigentlich gar nichts erklären, sondern nur jene österreichischen Physiker rühmen, die dazu beigetragen haben, daß in der Physik heute Nägel mit Köpfen gemacht werden. Auch wenn es hauptsächlich Sargnägel sind.

Einer der bekanntesten auf diesem Feld war Erwin Schrödinger, geboren 1887 als Sohn eines Wachstuchhändlers in Erdberg. Er hätte es eigentlich gar nicht nötig gehabt, Physiker zu werden, denn sein Talent beschränkte sich durchaus nicht auf diese Wissenschaft. Schrödinger schrieb auch

Gedichte, übersetzte Homer vom Griechischen ins Englische und provenzalische Poesie ins Deutsche. Das heißt also, er war auch in den brotlosen Künsten bewandert – und so hatte er es eigentlich doch notwendig, Physiker zu werden. In dieser Sparte konnte er sich über Erfolglosigkeit nicht beklagen: 1933 erhielt er den Nobelpreis »für die Entdeckung fruchtbarer Prinzipien zur Entwicklung der Atomtheorie«.

Rückblickend will einem ja eher scheinen, daß »fruchtbar« ein Druckfehler war und »furchtbar« heißen sollte, aber damals sah man eben in der Atomforschung noch eine große Zukunft – der Besen, der die Macht über den Zauberlehrling übernehmen sollte, hatte eben noch nicht zu schießen begonnen.

1936 bekam schon wieder ein Österreicher – Viktor Franz Hess – den Nobelpreis für Physik, genauer gesagt für die Erforschung und Entdeckung der kosmischen Strahlen. 1940 legte er in New York die Grundlagen für die gesamte nachfolgende Strahlungs- und Kernforschungslehre in seinem Werk »Die Weltraumstrahlung und ihre biologischen Wirkungen«.

Nicht einmal zehn Jahre später hatten wir wieder einen Physik-Nobelpreisträger zu melden. Wolfgang Pauli, geboren 1900, hatte anfangs als Assistent bei Max Planck und Niels Bohr gearbeitet. 1929 schuf er gemeinsam mit Heisenberg die Quantenfeldtheorie, und 1931 entdeckte er das Neutrino, also lauter Dinge, die uns nicht gerade so wichtig erscheinen wie dem Clochard die Rotweinflasche, einem Wissenschaftler aber doch viel Freude machen, wenn er sie hat. 1945 erhielt er schließlich den Nobelpreis für sein Ausschließungsprinzip für den Schalenbau der Atome, das Pauli-Prinzip, das nicht, wie Halbgebildete gern annehmen, nach St. Pauli oder St. Wolfgang benannt ist, sondern nach Wolfgang Pauli.

Der Atomwissenschaftler Michael Higatsberger bekam

zwar keinen Nobelpreis, besitzt aber etwa 70 Patente zur Kernphysik, und die Wiener Forscherin Berta Karlik hat 1943 sogar den »Nachweis des Elementes Atom Nr. 85« erbracht und sich außerdem intensiv mit der Messung radioaktiver Strahlen beschäftigt – was man ja seit Tschernobyl in Europa durchaus als sinnvolle Freizeitgestaltung bezeichnen darf.

Freilich, eine andere Dame wurde in der Kernphysik noch wesentlich berühmter als sie. Lise Meitner, geboren 1878, promovierte als vierte Frau in der Geschichte in diesem Fach und ist als Wissenschaftlerin wohl nur mit Madame Curie zu vergleichen.

Natürlich hatte sie es als Frau in diesem Metier nicht leicht, denn die hatten damals in der Wissenschaft nichts zu suchen. Als Lise Meitner bei Professor Fischer in Berlin mitarbeiten wollte, erfuhr sie bald, daß außer der Putzfrau kein weibliches Wesen in seinem Institut geduldet wurde. »Auf keinen Fall fange ich mir eine Weiberwirtschaft an!« donnerte der Gestrenge.

Aber der Labordiener wußte einen Ausweg: »Wir haben da einen Dr. Hahn, der die Meinung des Chefs nicht immer teilt!«

Tatsächlich nahm Hahn sie auf, und schließlich zeigte sich sogar der Professor großzügig: »Also gut, wenn sie im Keller bleibt und niemals das Institut betritt, soll es mir recht sein!«

Lise Meitner blieb nicht lange im Keller. Bald gehörte sie unbestritten zu den größten physikalischen Kapazitäten ihrer Zeit. 1918 entdeckt sie gemeinsam mit Otto Hahn das Element Protactinium. 1925 gelingt ihr der Nachweis, daß Gammastrahlen erst nach einer Kernumwandlung auftreten.

Der Nachweis einer arischen Großmutter gelingt ihr nicht, 1938 emigriert sie zuerst nach Dänemark, dann nach Schweden, wo sie sogar in die Akademie der Wissenschaf-

ten aufgenommen wird – als eine von drei Frauen in der zweihundertjährigen Geschichte dieser Institution.
Trotz Emigration blieb sie in Verbindung mit Otto Hahn und der Arbeit, die ihr so viel bedeutete – beides vermißte sie schmerzlich, wie aus einem Brief aus Stockholm herauszulesen ist: »Von mir ist wenig oder nichts zu sagen. Ich komme mir oft wie eine aufgezogene Puppe vor, die automatisch gewisse Dinge tut, freundlich dazu lächelt und kein wirkliches Leben in sich hat. Danach kannst Du beurteilen, wie wertvoll meine Tätigkeit ist. Und doch bin ich letzten Endes dankbar für sie, weil sie mich zwingt, meine Gedanken zusammenzuhalten, was nicht immer leicht ist.«
Es war gut, daß sie ihre Gedanken zusammenhielt. Denn als im Berliner Labor das Zerplatzen des Uranatomkerns durch Neutronenbeschuß nachgewiesen werden konnte und die Belegschaft freudig sang: »Unser Chef, der Otto Hahn, spaltet fleißig das Uran«, war es Lise Meitner, die die theoretische Erklärung dafür lieferte und den Begriff »Kernspaltung« überhaupt erst einführte. Sie war es auch, die mit ihrem Neffen Otto Frisch die dabei freiwerdende immense Energie erstmals errechnete. Und um Energie ging es der deutschen Forschung damals hauptsächlich. Obwohl Otto Hahn vielleicht schon ahnte, welch grauenhaftem Geheimnis er auf der Spur war, denn als ihn einer seiner Mitarbeiter während eines Bombenalarms aufforderte, in den Keller zu gehen, antwortete er nur trocken: »Wozu? Den Teufel holt schon keiner!«
Aber tatsächlich die Tür zum Atomzeitalter aufgestoßen hat die kleine stille Frau, die aus dem Keller kam. Als ihr Neffe Otto Frisch und der dänische Forscher Niels Bohr Anfang 1939 nach Amerika kamen, brachten sie Meitners Erkenntnisse mit. Da konnten Einstein, Fermi und all die anderen Fachleute nur den Hut ziehen, und Präsident Roosevelt gab grünes Licht für die Konstruktion der Bombe.
Vernichtung und Grauen war gewiß das letzte, was die sen-

sible Österreicherin mit ihrer Arbeit hatte erreichen wollen. Aber die Wissenschaft kann nicht mehr zurücknehmen, was sie einmal in die Welt gesetzt hat. Gewiß hat sie sich manchmal – vielleicht bei der Zerstörung Hiroshimas, vielleicht auch bei der Auszeichnung mit dem Enrico-Fermi-Preis, den sie als erste Frau 1966 erhielt – schmerzlich an eine kleine Episode aus ihrer Berliner Zeit erinnert. Da war eines Tages Kaiser Wilhelm persönlich im Dahlemer Institut aufgetaucht, um die »aufgestapelte Menge des deutschen Radiums« zu begutachten. Lise Meitner, das »Weibsbild«, erklärte ihm alles geduldig, aber doch nicht ganz zur Zufriedenheit des Monarchen. Denn zum Schluß erklärte er ein wenig frustriert: »Das mag alles schön und gut sein, aber besser wäre es, wenn man mit dem Zeug schießen könnte.«
Ein wenig später konnte man leider. Einmal mehr hatte sich erwiesen, daß eine Kombination von Wissenschaft und Politik, ganz egal, in welchem Verhältnis man sie mischt, nie etwas anderes als einen hochbrisanten Sprengstoff ergibt.

Amerikas führende Rolle in der Atomphysik wurde aber auch noch von anderen Österreichern mitbestimmt. Isidor Isaac Rabi, Nobelpreisträger von 1944, gilt als einer der großen amerikanischen Wissenschaftler, Philip Sporn wirkte am Oak-Ridge-Nuklear-Projekt mit, Victor Weisskopf und Ernst Kalmus waren in Los Alamos dabei.
Der Erfolgreichste von allen war wohl Frederic de Hoffmann. Er assistierte Edward Teller, und seine Berechnungen waren es, die die Machbarkeit der Wasserstoffbombe bewiesen. Ja, wo wäre die Welt wohl ohne Österreicher?
Übrigens ging die Karriere von Frederic de Hoffmann auch nach dem Krieg glänzend weiter, denn so intensiv wurde der Frieden ja wieder nicht, daß man überhaupt keine Waffen mehr gebraucht hätte, und so wurde – einmalig selbst

für amerikanische Verhältnisse – de Hoffmann mit 35 Jahren Präsident des größten US-Rüstungskonzerns General Dynamics.
Eines aber muß man nun einml ganz laut und deutlich sagen: mögen auch Österreicher die Atome entfesselt haben – sie meinten es nicht böse. Sie dachten, wie auch der Erfinder des Rades oder des Dynamits, eigentlich, daß ihre Arbeit der Menschheit nutzen könnte. Was nur die alte Theorie bestätigt, daß Wissenschaftler außerhalb ihres Fachbereiches ziemlich naiv sind.
Derjenige, dem man deshalb die allerwenigsten Vorwürfe machen dürfte, war der Wiener Georg Stetter. Er erhielt nämlich bereits 1939 ein Patent für die friedliche Nutzung von Atomreaktoren zur Energiegewinnung! Auch das Kernkraftwerk wurde also in Österreich erfunden, aber gerade dieser Erfindung blieb hierzulande jeder Erfolg versagt. Die deutschen Besatzer hielten die Pläne streng geheim, und was die alliierten Besatzer dann damit anfingen, weiß man nicht so genau – allerdings waren sie inzwischen wohl selbst schon auf ähnliche Ideen gekommen. Als man aber in Österreich schließlich ein eigenes Kernkraftwerk baute, wurde die Inbetriebnahme vom Volk mit knapper Mehrheit abgelehnt, und das fixfertige Milliardenprojekt steht nun mitten in der Landschaft, als Denkmal für den Weitblick österreichischer Staatenlenker.
Mit dieser Mißerfolgs-Story wollen wir den brisanten Bericht beenden, unterstreicht sie doch so schön, daß Österreicher zwar als Ideenlieferanten brillieren, die Nutzung aber gerne allen anderen überlassen. Was man in diesem Falle einmal mit einer gewissen Erleichterung zur Kenntnis nehmen darf.
Die bange Frage lautet nur: Wann werden die großen Unternehmer der Welt sich diesen Umstand einmal zunutze machen und Österreicher wie kostbare Nerze im Käfig züchten?

TANZ
oder
Die Zehen-Spitzen-Leistungen

Die Auswahl eines Geheimagenten, der für das Kapitel »Tanz« diskrete Ermittlungen anstellen sollte, war besonders schwierig. Alle meldeten sich freiwillig, denn es herrschte durchwegs die Meinung, über das Thema »Tanzkunst in Österreich« zu berichten, sei nichts anderes als ein bezahlter Urlaub.

Tatsächlich kann sich niemand, der Österreichs Balletteusen einmal so richtig herzhaft hüpfen und humpeln sah, vorstellen, daß dieses Land irgendeine Beziehung zur Tanzkunst haben könnte. Es scheint, als wäre der sterbende Schwan hier schon länger tot als sonst irgendwo. Selbst Städte wie Stuttgart oder Kopenhagen, die sonst auch nicht durch ein besonderes Naheverhältnis zu den Musen aufgefallen sind, verfügen über ein besseres Ballett als Wien. Wenn man für Musikproduktionen einmal eine originelle Gymnastikeinlage braucht, holt man sich die Tänzer aus Brünn oder Budapest.

Damit könnte man dieses Kapitel eigentlich auch schon wieder abschließen, wenn nicht ...

Ja, wenn nicht unsere akribische Recherche ergeben hätte, daß Österreich auch auf diesem Gebiet die restliche Welt durchaus positiv beeinflußt hat! Die Bewegung zum Rhythmus der Musik hat sich nicht immer so wenig ersprießlich geäußert, wie das heute in den Discotheken und Opernhäusern unseres Landes der Fall ist. Wirklich nicht!

Immerhin, der Wiener Walzer ist der Wiener Walzer, und wenn er auch einst als höchst anstößig und von der Unmoral inspiriert galt, ist er doch heute so etwas wie der

Grandseigneur auf der Tanzfläche, der letzte Überlebende einer nobleren, eleganteren Epoche. Und alljährlich drängen sich wieder die Diplomatentöchter und Bankiersöhne, die Blaublütigen und die Protektionskinder der Politiker, um der Ehre teilhaftig zu werden, auf dem Opernball einen Wiener Walzer walzen zu dürfen.
Wenigstens im Gesellschaftstanz ist Wien an diesem Abend die Hauptstadt der Welt. Und immerhin bringt das Hinundherwalzen des gepflegten Publikums so viel ein, daß die Staatsoper einen Abend im Jahr kein Millionendefizit erwirtschaftet. Der Vorschlag eines Wiener Satirikers, in diesem Haus täglich einen Ball abzuhalten und nur einmal im Jahr eine Oper, wurde jedoch trotz seiner einleuchtenden finanziellen Vorzüge noch immer nicht verwirklicht.
Der Walzer ist also unbestritten etwas Österreichisches. Die Tänzer müssen es nicht unbedingt sein. Und bei internationalen Konkurrenzen erweisen sich sonderbarerweise meist die Engländer als die Besten in dieser Disziplin. Obwohl es ja nicht gerade sprichwörtlich ist, daß die Briten Rhythmus im Blut haben. Aber vergessen wir die Degenerationserscheinungen im Walzertakt, und betrachten wir lieber, was Österreich an international bedeutenden Tänzern hervorgebracht hat.
An erster Stelle steht da natürlich eine Tänzerin. So ein typisches Wiener Mädl mit einem typischen Wiener Namen: Fanny Elßler. Sie entstammte einer armen Familie. Ihr Vater Florian Elßler war bei Joseph Haydn Kammerdiener gewesen und schlug sich nach dessen Tod mehr schlecht als recht durch. Seine Töchter Theresia und Anna wurden daher schon in jungen Jahren zur Arbeit geschickt: zu Horschelts Kinderballett im Theater an der Wien. Und Fanny, die Begabteste, trat dort sogar schon als Fünfjährige auf. Leider war dieses Kinderballett durchaus nicht so harmlos wie sein Name: Alter Adel, der für ganz junge Mädchen schwärmte, suchte sich dort seine Opfer aus. »Der Zynis-

mus einiger Feinschmecker, an der Spitze der berüchtigte Fürst K.« wurde bald zum Tagesgespräch, und weil Kaiserin Karoline um die Schulbildung der Kinder besorgt war, und – etwas zu spät, aber doch – eine »Gefährdung ihrer Sitten« befürchtete, mußte das Ballett 1818 aufgelöst werden.

Schon mit acht Jahren war Fanny also arbeitslos, aber sie fand sehr bald Aufnahme im Kärntnertortheater und blieb bis 1825 in diesem damals ersten Haus am Platz.

Dann ging sie auf Tournee und zeigte, daß sie inzwischen nicht nur tanzen gelernt hatte, denn in Italien empfing sie ein Kind: wahrscheinlich ein Enkerl von Napoleon, denn man sagte ihr eine mehr als flüchtige Romanze mit dem Herzog von Reichstadt nach.

Wieder in Wien, suchte sie sich einen älteren Liebhaber, einen Staatsmann ersten Ranges: Friedrich von Gentz, der gleichzeitig ihr Lehrer und Mäzen wurde. Sicher hat er die Persönlichkeit geformt, die jetzt daranging, die Welt zu erobern. Ihr Leben wurde ein einziger Triumphzug.

In Rom fragten ihre Verehrer den Papst, ob sie ihr einen sündteuren goldenen Kranz schenken dürften. Pius IX. hatte nichts dagegen: »Gebt nur der Tänzerin den Kranz, wenn es euch danach drängt; dies gefährdet weder die Würde unserer Kirche noch die Sicherheit des Staates. Freilich – ich hätte in meiner Priestereinfalt geglaubt, ein Kranz gebühre eher dem Kopf als den Beinen!«

In Paris, wo sie ein paar Jahre blieb, wurde sie schließlich zum absoluten Top-Star Europas. Und jetzt wollten auch die anderen Kontinente das Wunder aus Wien erleben.

In Südamerika überreichten ihr Verehrer eine kleine Schatulle. Inhalt: 250 000 Francs in Gold. Und in Havanna schickte man ihr eine Kiste Zigarren. »Ein etwas sonderbares Geschenk für eine Frau!« stellte sie lachend fest.

Aber sie mußte deswegen nicht zur Raucherin werden – auch die Zigarren waren aus Gold.

Als sie die USA besuchte, kannte die Begeisterung überhaupt keine Grenzen mehr. Und die Satiriker witzelten: »Wenn Kolumbus jetzt käme, könnte er Amerika nicht mehr finden, weil dieser Kontinent wegen Fanny Elßler verrückt ist.«
Und der scharfsinnige Kritiker Moritz Saphir bemerkte: »Fanny Elßler hat aus Begeisterung die amerikanische Erde geküßt; reiner Patriotismus! Kein Mensch hat so viel Ursache, die Erde zu küssen, wie Fanny Elßler, denn kein Mensch wird so gut wie sie dafür bezahlt, die Erde mit Füßen zu treten.«
Gut beobachtet!
Ob sich damit wohl auch erklären läßt, weshalb der Papst immer die Erde küßt?
Die Amerikaner jedenfalls – im Jahr 1841 ein eher noch rauhes und den schönen Künsten gegenüber wenig aufgeschlossenes Volk – trieben sie von Triumph zu Triumph. Die New Yorker spannten ihr die Pferde aus und zogen sie eigenhändig durch die Stadt – diese Ehre war bisher nur General Lafayette widerfahren.
Der Kongreß in Washington vertagte seine Sitzung, damit die Abgeordneten der Elßler zujubeln konnten.
In New Orleans herrschte eine derartige Nachfrage nach Eintrittskarten, daß man sie öffentlich versteigern mußte. In Boston waren auch der berühmte Philosoph Ralph Waldo Emerson und seine Freundin Margaret Fuller unter den Zuschauern. »Das ist reine Poesie«, gestand Emerson ergriffen. Aber seine Freundin besserte ihn aus: »Das ist nicht Poesie, das ist Religion!«
So verbreitete Fanny ihre poetische Religion über die ganze Welt und erwarb der Tanzkunst Tausende neue Freunde, und Ludwig Speidel, der Erfinder des Wiener Feuilletons, fand für sie das schönste Kompliment, daß man je einer Künstlerin gemacht hat: »Sie war das Lächeln ihres Jahrhunderts.«

Eine Tänzerin vom Format der Elßler hat Österreich nie wieder hervorgebracht. Alle anderen Nationen allerdings auch nicht. Und in Österreich gab es zumindest auch später noch zwei überaus interessante Tanzkünstler. Harald Kreutzberg, der lange vor Kojak seinen kahlrasierten Künstlerkopf zum Markenzeichen hochstilisierte, trat als Ausdruckstänzer an allen großen Bühnen auf und wurde oftmals von Max Reinhardt eingesetzt.
Ein anderer Liebling von Reinhardt war die unvergeßliche Grete Wiesenthal. Mit 10 Jahren kam sie in die Ballettschule und wurde mit 17 Jahren zur »Koryphäe« ernannt, das heißt, sie durfte als Solotänzerin des Wiener Hofopernballetts auftreten. Und sie machte Eindruck. So viel, daß Egon Friedell, der sie in einer Theateraufführung gesehen hatte, lauthals verkündete: »Ihre Hände, jede Biegung ihres Körpers reden eine hundertmal edlere Sprache als alle Verse Raimunds und selbst Goethes und Shakespeares.«
Frauenkenner Altenberg bescheinigte ihr, daß sie »von der Erdenschwere zum Engelsflug« gelangt sei, und als sie im Kabarett Fledermaus ihre Version des Donauwalzers vorstellte, wurde Grete Wiesenthal allgemein zur »Apotheose des Dreivierteltakts«.
Für Gustav Mahler, ihren eigentlichen Entdecker, war sie die ideale »Stumme von Portici«, aber sie wußte auch zu reden in ihrem Salon, wo die gescheitesten Menschen zusammenkamen, und sogar mit der Gestapo, die mißtrauisch verfolgte, wie Grete Wiesenthals Haus am Modenapark während der Nazizeit zu einem Hort der Andersdenkenden wurde. So blieb sie bis zu ihrem Ende im hohen Alter die Frau, von der Alfred Polgar einmal sagte: »Nichts hat ihr das diebische Leben weggenommen von der Gabe, Gott und den Menschen angenehm zu sein.«
So ganz ohne Österreicher wäre es also im Ballett auch nicht abgegangen. Und es geht auch heute noch nicht. Denn immerhin: der ehemalige Bolschoi-Star und heutige

Ballettchef der Pariser Oper, Rudolf Nurejew – der vielleicht bedeutendste Tänzer seit Nijinski –, ist österreichischer Staatsbürger.

Und noch einen darf man in diesem Kapitel nicht vergessen, denn zumindest seine Ahnen stammen aus Österreich. Sein Vater, Fritz Austerlitz, fuhr direkt nach der Ableistung seines Militärdienstes in Wien nach Omaha, Nebraska. Er schuftete in einer kleinen Kneipe, verliebte sich, und sieben Jahre, nachdem er Österreich verlassen hatte, kam 1899 sein Sohn Frederic Austerlitz II. zur Welt.

Der tanzte schon als Kind mit seiner Schwester Adele – die später dem Prinzen von Wales Steppunterricht gab und in den englischen Hochadel einheiratete –, später mit anderen Partnerinnen wie Ginger Rogers und Cyd Charisse. Aber da war der junge Austerlitz, dem Hollywood anfangs bescheinigt hatte, daß er »zwar ein bißchen tanzen, aber weder singen noch spielen könne«, schon zum absoluten Leinwandstar aufgestiegen: als Fred Astaire.

Und woher er seine unnachahmliche Eleganz hatte, sein Bewegungsgefühl und seine Musikalität, braucht man nicht lange zu fragen.

Doch sicher nicht aus Omaha, Nebraska.

BAUEN
oder
Ein Architekt hat stets erschreckt

Es ist nicht leicht, ein gutes Wort für die Architekten zu finden. Niemand, außer vielleicht ein paar Diktatoren exotischer Länder, hat in den letzten Jahrzehnten solche Grausamkeiten an der Zivilbevölkerung begangen wie sie. Niemand hat so viel zur seelischen Verkarstung des Menschengeschlechts und zur Verminderung der Lebensqualität auf diesem Planeten beigetragen.
Zum Glück darf man sagen, daß die Österreicher der Welt auf diesem Gebiet noch am wenigsten angetan haben. Es gibt zwar auch in Österreich Architekten, wie man angesichts überflüssiger staatlicher Großbauprojekte mit Verbitterung feststellen muß, aber sie toben sich meist innerhalb der eigenen Grenzen aus und haben nur selten andere Nationen mit ihren Ideen infiziert.
Leider war das auch schon früher so, als in Österreich noch wahre Wunderwerke der Baukunst entstanden. Die prachtvollen Kathedralen, Klöster und Palais locken zwar noch heute Millionen staunender Touristen an, aber die Namen ihrer Erbauer sind höchstens Geschichtsprofessoren bekannt. International sind sie nie zum geflügelten Wort geworden, auch wenn es so klangvolle Namen wie Fischer von Erlach, Lukas von Hildebrandt, Jakob Prandtauer oder Johann Heinrich von Ferstel waren.
Aber es war ja früher in Europa durchaus üblich, daß der Name des Hauses bekannter war als sein Erbauer – ob es sich nun um Versailles, den Buckingham Palace oder Schloß Schönbrunn handelte.
Aber das ist lange her, und die Architektur in ihrer ganzen

eigenwilligen Verruchtheit, so wie wir sie heute kennen, begann sich ja erst viel später zu entwickeln, als kluge Geschäftsleute ihre städtebauliche Sendung darin sahen, möglichst viele wehrlose Menschen auf engstem Raum zusammenzupferchen. Als Politiker begannen, sich ihre Denkmäler in Form von mehrgeschossigen Betonklötzen zu errichten und tempogläubige Fortschrittsfanatiker darangingen, die unberührte Natur durch Autobahnen und Parkplätze zu beleben.

Österreich hat da zwar brav mitgezogen, war aber sicherlich nicht federführend dabei. Und doch sind wir, auch international gesehen, an der Entwicklung der modernen Architektur nicht ganz unschuldig.

Da gab es zum Beispiel einen Gustav Adolf Wayss, einen Techniker, der sich intensiv mit der Weiterentwicklung des Zements beschäftigte. Und so kam er 1887 auf den Stahlbeton.

Der neue Werkstoff beflügelte natürlich die Phantasie der Pioniere, vor allem die von Friedrich Ignaz von Emperger, der, 1862 geboren, schon früh zum anerkannten Fachmann wurde. Er plante Brücken in Eisenbeton und Wolkenkratzer in Stahlbeton, im In- und im Ausland. Und Emperger war es auch, der den Stahlbetonbau in den USA einführte. Gute Vorarbeit für die Architekten hat Österreich also zumindest geliefert!

Und natürlich traten um diese Zeit auch ein paar Architekten auf, die man in diesem Bericht nicht verschweigen darf. Vor allem der unvergleichliche Otto Wagner. Seine Karriere begann typisch österreichisch: er gewann den Wettbewerb um den Neubau des Kursalons – aber gebaut wurde nach den Plänen eines anderen. Als er den ersten öffentlichen Bauauftrag bekam, war er bereits über Fünfzig, und von den Großbauprojekten, die er für Wien plante, ließ man ihn überhaupt nur eines durchführen: die Postsparkasse. Alles andere konnten die Konservativen bei Hofe und in den Ministerien noch rechtzeitig abwürgen, und so ist – gemessen an seinem fruchtbaren Geist – eigentlich viel zuwenig von Otto Wagner in Wien zu sehen. Aber was von ihm geblieben ist, wird bleiben. Allein für das kleine Schützenhaus am Donaukanal könnte man glatt die Hälfte der Architektur der Gegenwart wegschmeißen.

Das Ausland hat Otto Wagner kaum direkt beeinflußt, sehr wohl aber durch seine Schüler. Der genialste davon war vielleicht Josef Maria Olbrich, dem auch heute noch die Fachleute »einen maßgeblichen Einfluß auf die deutsche Geschmackskultur« zuschreiben – und das sollte als Kompliment gemeint sein!

Schon auf der Akademie zeigte sich der junge Feuerkopf so talentiert, daß ihm Wagner eigentlich nur noch eines beibringen mußte: die Konstruktionssicherheit. Und: »Wenige Jahre genügten, diese Eigenschaft zu vervollkommnen, alle anderen aber zu einer Höhe zu erheben, wie ich sie sonst nie bei jemandem beobachten konnte und auch künftig kaum zu beobachten haben werde«, schrieb der Lehrer über seinen Musterschüler. Freilich, auch einen Musterschüler wollte in Wien niemand zum Lehrer machen, eine Professur wurde Olbrich standhaft verweigert, obschon er sich mit dem Bau der Secession einen Namen gemacht hatte, und so ging wieder ein Genie ins Ausland. In Darmstadt nahm man ihn mit offenen Armen auf und ließ ihn viele seiner Pläne verwirklichen. Für alle aber reichte sein kurzes Leben nicht aus, denn Josef Maria Olbrich starb mit 41 Jahren.

Im Kreise der Secessionisten arbeitete auch Franz Josef Urban. Er war ein ruheloser Geist und zog viel in der Welt umher. In Rußland fand man ihn beim Brückenbau an der Neva, und in Ägypten entwarf er einen Palast für den Khediven. Dann beschäftigte er sich mit Operndekorationen in Wien, Paris und London und landete schließlich 1911 in Amerika, wo er besonders durch seine einmaligen Bühnen-

dekorationen für die Ziegfield Follies berühmt wurde. Was schon einiges heißen will, denn die Augen der Besucher auch nur einen Moment von den sagenhaften langen Beinen der leichtgeschürzten Ziegfield-Girls loszureißen war schon ein echtes Kunststück.
Bleibender Ruhm war Urban nicht beschert. Da machte es ein anderer Zeitgenosse schon klüger. Clemens Holzmeister beschäftigte sich zwar auch mit Bühnenbildern, doch lieferte er nicht nur solch vergängliche Ware, sondern schuf auch gleich den Rahmen dazu: das Große Festspielhaus in Salzburg. Auch international hat der Tiroler viel Anerkennung gefunden. Als er 1938 von den Nazis zwangspensioniert wurde, ging er nach Ankara – und baute den Türken ein Parlament. Wenn man die türkische Politik der Nachkriegszeit betrachtet, regt sich der Verdacht, daß er dabei geschludert hat!
Und wenn man schon beim unheilvollen Einfluß der österreichischen Architekten ist: der Wiener Karl Heinrich Brunner hat sich als Stadtplaner in Chile, Kolumbien und Panama betätigt – und von diesen drei Staaten hat man seither auch nicht mehr viel Gutes gehört!

In Österreich selbst werden als führende Architekten der Jahrhundertwende natürlich zwei Männer genannt, die in diesem Bericht nur kurz erwähnt werden sollen, weil ihre Ausstrahlung auf die Welt gar nicht so groß war, wie man heute gerne behauptet: Josef Hoffmann und Adolf Loos, beide geboren 1870.
Gewiß, Hoffmann hat mit dem Palais Stoclet in Brüssel das Gesamtkunstwerk des Jugendstils schlechthin geschaffen und wurde von den Insidern aufs höchste bewundert – sogar Le Corbusier wollte bei ihm arbeiten. Und er schuf mit dem Sanatorium in Purkersdorf vielleicht das erste Gebäude der Moderne – es gehört inzwischen dem »Evangelischen Verein für innere Mission« und ist seit Jahren dem

Verfall preisgegeben. Aber über Hoffmann soll im Kapitel Design noch mehr gesagt werden.

Bleibt Adolf Loos. Ihn zu schätzen gilt unter zivilisierten Menschen als Pflicht, wenn man auch nicht genau weiß, warum man das tun sollte.

Loos ging schon früh nach Amerika, konnte dort aber nicht reüssieren. Neben Olbrich ist er der zweite Österreicher, der den Amerikanern zu modern war. Loos brachte also nichts von österreichischem Geist in die Neue Welt, sondern importierte etwas von dort: die Vorliebe für glatte, kahle Wände. Und so baute er denn auch. Als er das berühmte Loos-Haus am Michaelerplatz errichtete, war ganz Wien in Aufregung. »Mein haus«, notierte er, »erregte richtig ärgernis und die polizei war prompt zur stelle. Solche dinge könne ich wohl zwischen vier wänden abtun, aber auf die straße gehöre soetwas nicht.«

Objektiv betrachtet hatte Loos natürlich einen Tick – wie die meisten Architekten, die sich einen Stil einbilden und ihn dann zur Religion erklären. Loos hatte sich die kühne Theorie zurechtgelegt, daß jedes Ornament ein Verbrechen sei. Und sagte der Kriminalität den Kampf an!

»Einfach ist schön« war sein Wahlspruch, obschon er selbst keineswegs einfach war. Viermal verheiratet, einmal wegen Verführung Minderjähriger zur Unzucht verurteilt, stocktaub, nervenleidend ...

Nicht einmal einfach gekleidet war er, da bevorzugte er nur das Beste, aber die Garderobe war gratis, dafür baute er dem Schneider ein neues Geschäft. Und weil er mit vielen Künstlern befreundet war und in Wien so etwas im Kaffeehaus stattfindet, baute er für sie 1899 das Café Museum. Das dann in den sechziger Jahren gründlich renoviert wurde und die noch vorhandene Einrichtung der Entrümpelung preisgab.

Aber etwas baute er, was selbst seine Feinde lieben müssen: das schönste Refugium von Wien, die Loos-Bar. Obwohl unter Denkmalschutz gestellt, ließ man das zauberhafte Lokal total verkommen, jetzt konnte es ein anonymer Käufer, wie man hört, »sagenhaft billig« erwerben, und es soll, von einem Loos-Kenner renoviert, in alter Pracht erstehen. Naja, es heißt doch ohnehin: Das Leben beginnt mit Achtzig.

Was Loos, bei aller anerkannten Größe, zu einem so gefährlichen Architekten macht, ist die hundertprozentige Ablehnung aller Ornamente. Dadurch hat er der Baukunst einen Teil ihrer Schönheit genommen und vor allem jenen modernen Architekten ein Alibi gegeben, die uns noch heute glatte, zweckdienliche Bürotürme und Wohnsilos hinstellen, die nur etwas weniger Charme und Behaglichkeit als ein Zuchthaus ausstrahlen. Wenn einem Architekt gar nichts mehr einfällt, kann er sich immer noch auf Loos berufen, und eh man sich's versieht, steht wieder ein Betonwürfel in der Gegend.

Ganz frei von Schuld ist also auch Österreich nicht, wenn es um die Verwüstung der Welt durch Architektur geht. Und wenn Loos auch hauptsächlich in Wien wirkte, andere Architekten haben wir tückischerweise bis in die entferntesten Winkel der Welt geschickt.

Ernst Anton Plischke beispielsweise kam bis Neuseeland. Anfangs ein hartes Pflaster für den jungen Mann, der seine Heimat aus Gesinnungsgründen verlassen hatte. Für ihn wurde es zum Verhängnis, daß er kein Jude war, dadurch wurde ihm im Krieg der Flüchtlingsstatus verweigert, und man hätte ihn möglicherweise als feindlichen Ausländer abgeschoben, wären nicht zwei britische Fachpublikationen aufgetaucht. Dort konnten die staunenden Neuseeländer lesen, daß Plischke neben Kapazitäten wie Gropius und Le Corbusier zu den Architekten zählte, die nach 1920 »am meisten zur Entwicklung der modernen Architektur beigetragen haben«.

Da behielt man den Plischke doch, und er bedankte sich

mit vielen schönen Entwürfen. Darunter – richtungweisend – schon im Jahr 1943 eine verkehrsfreie Fußgängerzone im Kern einer Trabantenstadt.
Darüber hinaus hatte Plischke – wie seine Kollegen Loos und Hoffmann – nicht nur Häuser, sondern auch deren Einrichtung geplant und dazu passende perfekte Möbelstücke erdacht.
Auch das sehr erfolgreich, denn zur Hochzeit von Queen Elizabeth schenkte ihr die neuseeländische Regierung einen kleinen Schreibsekretär aus Holz, den Plischke entworfen hatte. Vielleicht paßte er stilistisch nicht ganz so gut in seine neue Umgebung, wie er in ein Plischke-Haus gepaßt hätte, aber man kann auch verstehen, daß die Queen deswegen nicht gleich den Buckingham-Palast weggeworfen hat.

Amerika reizte die Künstler allerdings noch mehr als Neuseeland. So auch Rudolf M. Schindler, geboren 1887 in Wien, gestorben 1953 in Los Angeles. Schon 1914 ging er in die USA, und wenig später landete er bereits im Atelier des allergrößten amerikanischen Architekten Frank Lloyd Wright. In den zwanziger Jahren, als Wright vor allem mit dem Bau des Imperial Hotels in Tokio beschäftigt war, überwachte Schindler dessen Projekte in Los Angeles und durfte auch immer mehr eigene Entwürfe einbringen. Schließlich machte er sich selbständig und wurde der kalifornische Stararchitekt. Wozu gewiß auch seine eindrucksvolle Persönlichkeit beitrug. Schindler war eine emotionsgeladene Künstlergestalt, ein Partylöwe und Frauenheld »mit wild wehendem Haar und ohne Krawatte«, wie man in der besseren Gesellschaft mit einem wohltuenden Gruseln bemerkte.
Seine Auftraggeber hatten es nicht ganz leicht mit ihm, und seine Mitarbeiter ebensowenig. Er vollendete seine Pläne oft erst auf der Baustelle oder kam mit einem Kofferraum

voll Werkzeug, um selbst mit anzupacken, wenn die Handwerker ratlos vor seinen phantasievollen Plänen kapitulieren wollten.

Noch wichtiger für die amerikanische Architektur als Schindler wurde schließlich sein zeitweiliger Partner Richard Neutra. Auch er, 1892 in Wien geboren, wie alle von Wagner und Loos inspiriert, ging zuerst für kurze Zeit zu Frank Lloyd Wright, machte sich aber schnell einen eigenen Namen. Auch mit Schindler arbeitet er zusammen, wohnt sogar in seinem Haus, aber gerade die Nähe bringt die beiden Großen auseinander. Und Neutra ist dabei, alle Kollegen zu überflügeln. 1927 schreibt der Österreicher sein erstes Buch – es heißt: »Wie baut Amerika?« Eine Frage, die er auch gleich beantwortet. Denn zumindest Kalifornien baut, wie Richard Neutra es vorschlägt.

Als sich Arnold Schönberg 1936 in Los Angeles ein Haus anschaffen will, hätte er am liebsten seinen Freund Loos dafür engagiert. Aber Neutra erscheint ihm immerhin als zweitbeste Lösung. Denn, so schreibt er an Alma Mahler, »er macht sehr hübsche Häuser« und »er hat Wiener Geschmack und weiß, was ein schöpferischer Mensch braucht«.

Schönberg hat dann doch ein fertiges Haus gekauft, aber Neutra hat auch ohne diesen Auftrag genug zu tun. Er baut Häuser für die Reichen und Büros für die Superreichen, plant aber auch Sozialprojekte und Großsiedlungen, und das Besondere dabei ist, daß er als einer der ersten immer wieder ökologische und biologische Gegebenheiten berücksichtigt – sich also nicht wie ein typischer Architekt benimmt. Darauf weisen auch schon die Titel seiner späteren Bücher hin – »Mensch und Wohnen« oder »Wenn wir weiterleben wollen« und »Auftrag für morgen«.

Neutra ist zweifellos ein Pionier, der die amerikanische Architektur des 20. Jahrhunderts maßgeblich mitbestimmt hat. Die der ganzen Welt, könnte man ruhig sagen, denn

Neutra war internationaler Fachmann, der seine Spur von Caracas bis Wien gezogen hat. Aber, wie er bei der Auszeichnung mit dem Preis der Stadt Wien 1958 sagte, ein gebürtiger Wiener kann gar nichts anderes sein als ein Kosmopolit.

Auszeichnungen und Ehrungen hat er in der ganzen Welt gesammelt, aber auf die Frage, welche Würdigung ihn am tiefsten beeindruckt hätte, antwortete er mit folgender Geschichte:

Eines Tages erhielt er, völlig unerwartet, einen sehr hohen Dollar-Scheck. Im Begleitbrief erklärte der Absender, Neutra habe ihm vor 20 Jahren ein Haus gebaut. Alle seine Freunde und Bekannten hätten in der Zwischenzeit schon ihr zweites oder drittes Haus bezogen, er aber fühle sich in Neutras Bau so wohl, daß er aus Dankbarkeit sein Architektenhonorar noch einmal überweisen möchte.

Ähnliche Geschichten werden übrigens von anderen Architekten auch gern verbreitet – aber wem außer Neutra würde man sie schon glauben?

Weil aller guten Dinge drei sind, schenkten wir Amerika noch einen dritten ganz großen Architekten: Victor David Grünbaum, besser bekannt als Victor Gruen. Er kam 1938 nach New York, ohne Englischkenntnisse und mit einem Barvermögen von acht Dollar. Aber er hatte sich schon in Wien als Kabarettist betätigt und verlor auch in New York seinen Humor nicht. Genausowenig wie sein Talent, und schon wenige Jahre später war die Firma Victor Gruen Associates, die er bis 1968 betrieb, ein Millionen-Dollar-Imperium und wurde als eines der wesentlichsten Elemente der amerikanischen Architekturszene betrachtet. Gruen war keiner, der einen neuen Stil kreieren wollte. Die Architektur sollte nicht zum Selbstzweck werden, sondern Wohnraum und Arbeitsplätze schaffen, wo sich Menschen wohl fühlen konnten. Und der Österreicher Gruen erfand für die Amerikaner das, was Österreich später den USA leider

recht unbeholfen und tölpelhaft nachmachte: Einkaufszentren und Fußgängerzonen.
Die letzten Jahre seines Lebens verbrachte der vielleicht wichtigste – weil menschlichste – Architekt dieses Jahrhunderts wieder in Wien, wo er 1973 das »Zentrum für Umweltplanung« gründete und auch noch für das Planungsbüro der Stadt arbeitete. Es lag sicher nicht an ihm, daß sich das hierzulande kaum bemerkbar machte.

Inzwischen sind natürlich in Österreich neue Architekten nachgewachsen. Leider, kann man nur sagen, wenn man die monströsen Scheußlichkeiten öffentlicher Amtsgebäude oder privater Wohnbaugesellschaften erblickt. Aber es gibt auch einige Ausnahmen. Gustav Peichl, geboren 1928, ist in seiner Heimat vor allem als scharfsinniger Karikaturist Ironimus bekannt, aber seine ORF-Landesstudios lassen sich unschwer als Modell für die Synthese von Ästhetik und Funktionalismus heranziehen. 1975 mit dem Reynolds Memorial Award ausgezeichnet, ist er heute vor allem in der Bundesrepublik einer der begehrtesten Architekten. Als sein vielleicht wichtigstes Bauwerk könnte man die Bundeskunsthalle in Bonn bezeichnen – denn was wäre wichtiger, als einen Ort zu schaffen, wo selbst blutige Laien, also die deutschen Spitzenpolitiker, einmal der Kunst begegnen könnten?
Der Salzburger Wilhelm Holzbauer, Jahrgang 1930, hat seinen internationalen Ruf in Holland gefestigt. In Amsterdam erbaute er das Rathaus und die Oper. Unter größten Schwierigkeiten. 1969 gewann er zwar den Wettbewerb um den Rathaus-Neubau unter 803 Kandidaten, aber plötzlich hatte die Stadt kein Geld mehr, und die Politiker hatten keine Lust. Die Bevölkerung war sowieso empört, verglich ihn mit dem Hitler-Architekten Albert Speer und zündete ihm sogar das Dach über dem Kopf an. 10 Jahre später erst begann er tatsächlich zu bauen – und nicht nur das Rat-

haus, sondern gleich auch die neue Oper, denn Holzbauer hatte den Stadtvätern plausibel machen können, daß man damit zwei Fliegen auf einen Schlag träfe und mit der Hälfte der Baukosten auskäme. Inzwischen sind die neuen Bauwerke bereits zu Amsterdamer Wahrzeichen geworden, und Holzbauer ist ein österreichischer Name, den man in Holland ausnahmsweise einmal gern hört.

Der dritte unter Österreichs zeitgenössischen Erfolgsarchitekten ist Hans Hollein, Jahrgang 1934. International bekannt wurde er durch den Bau der Richard Feigen Gallery in New York und des Museums in Mönchengladbach. Hollein, der inzwischen mit dem Oscar der Architekten, dem »Pritzker-Preis«, ausgezeichnet wurde, hat auch in Wien einige wunderbare kleine Geschäfte entworfen, die inzwischen überall kopiert werden. Mit seinem ersten Großbau in seiner Heimatstadt, den neuen Haas-Haus, ist er allerdings gerade dabei, eine Menge architektonischer Todsünden wiederzuentdecken und sich seinen ganzen Ruf zu verderben.

Aber es gibt ja seit langem ein tröstliches Sprichwort in dieser Branche: Ein Architekt muß schon froh sein, wenn ihm weniger einfällt, als er baut.

THEATER
oder
Man soll sein Rampenlicht nicht unter den Scheffel stellen

Untersuchungen über das Theater ergaben eine ganze Reihe widersprüchlicher Faktoren. Zum Beispiel ist das Burgtheater seit 200 Jahren die führende Bühne im deutschen Sprachraum. Andererseits ist das Gesamtniveau der österreichischen Bühnen ziemlich provinziell. Vor allem was die Stückwahl anbetrifft. Denn hierzulande hat man seit jeher die Autoren unterbewertet und die Schauspieler in den Himmel gehoben. Moderne Stücke werden nur dann gern gespielt, wenn sie mit ziemlicher Sicherheit einen Skandal versprechen – von Handkes »Publikumsbeschimpfung« über Bauers »Magic Afternoon« bis zu Bernhards »Heldenplatz«.

Dennoch hat Österreich auf der internationalen Theaterszene einen guten Ruf. Schließlich hat es Max Reinhardt hervorgebracht. Und wo immer Reinhardt inszenierte, war Reinhardt der Größte.

Geboren 1873 in Baden bei Wien, war der junge Max Goldmann zuerst Banklehrling. Aber schon während dieser Zeit suchte er sich ein neues Metier und einen neuen Namen. Erste kleine Erfolge als Schauspieler ermutigten ihn, und 1901 fand er sich in Berlin als Kabarettist wieder. Das Kabarett »Schall und Rauch« baute er langsam zum Theater aus, und so begann die Ära des Regisseurs Max Reinhardt. Sein Name wirkte wie ein Zauberwort auf Künstler und Publikum gleichermaßen. Seine Magie berührte selbst seine Kritiker. Bert Brecht behauptete zwar, Reinhardts Inszenierungen wären ein Chaos, nichts klappte bei den Proben, und vom Regisseur käme kein vernünftiges Wort. Aber –

das mußte der Dichter grollend zugeben – bei der Premiere stimmte alles, geschah wieder ein Wunder.
Aufgrund wiederholter Wunder fiel es Reinhardt leicht, mit seinen Kritikern fertig zu werden und die meisten seiner künstlerischen Pläne durchzusetzten. Nur eines schaffte er nicht: Burgtheaterdirektor zu werden! Aber an der Spitze dieses Hauses wollte man ja nie einen wirklichen Theatermann setzen. So übernahm Reinhardt das Theater in der Josefstadt, wo er sich selbst und andere Wunder in Szene setzte. Camillo Castiglioni, der geheimnisumwitterte Millionär, unterstützte ihn dabei mit nahezu unbegrenzten Mitteln.
Auch eine Schauspielschule gründete er, die heute noch als »Reinhardt-Seminar« fortbesteht und unzählige junge Talente mit dem nötigen Rüstzeug ihres Berufes ausgestattet hat. Und natürlich gehörte er zu den Mitbegründern der Salzburger Festspiele, die am 22. August 1920 mit dem seither unsterblichen »Jedermann« eröffnet wurden.
In Salzburg machte Reinhardt freilich nicht nur auf der Bühne spektakuläres Theater, sondern auch privat. Seine Feste auf Schloß Leopoldskron sind Legende, auch wenn der Stil der Inszenierung von manchen Gästen aus dem Geldadel nicht ganz begriffen wurde. So fragte, angesichts Tausender brennender Kerzen bei einer Abendgesellschaft im Schloß, ein Amerikaner mitleidig: »Kurzschluß, Mister Reinhardt?«
Überhaupt wurde Reinhardt von den Amerikanern nie ganz so verstanden wie von seinen europäischen Bewunderern. Man nahm ihn zwar 1934 mit allem Respekt in Hollywood auf, doch sein »Sommernachtstraum« wurde im Kino nicht der große Erfolg, und 1938 als Emigrant machte ihm die Filmmetropole keine großen Avancen mehr. Er hatte zwar noch einen Theatertriumph mit »Rosalinde«, einer Neubearbeitung der Fledermaus mit schicken Arrangements Korngolds, aber schon der nächste Versuch, ein ern-

stes Stück, war ein veritabler Flop, obwohl da ein paar junge Schauspieler dabei waren, die nicht untalentiert schienen: Gregory Peck zum Beispiel und Karl Malden. Noch schlechter ging es dem Magier mit seinem Workshop am Sunset Boulevard. Dort gab es zwar hervorragende Lehrer wie Paul Muni und John Huston, aber wenig talentierte Schüler, und finanziell wurde das Unternehmen eine mittlere Katastrophe. Sein schönes Haus wurde zum Verkauf angeboten, seine Kunstschätze kamen teilweise ins Versatzamt, und so richtig erholte er sich von den finanziellen Rückschlägen nie mehr. Von den künstlerischen auch nicht. Zwar arrangierte man zu seinem siebzigsten Geburtstag noch ein großes Fest mit alten Freunden wie Carl Zuckmayer, Franz Molnár und Kurt Weill. Aber der Glanz des Augenblicks konnte Reinhardt nicht darüber hinwegtäuschen, daß er am Ende war: ein alter Mann in einer neuen Welt. Die Zeit der Wunder war vorbei. Ein paar Wochen nach seinem Geburtstag legte er sich in seiner Suite im New Yorker Gladstone Hotel zur Ruhe und wachte nicht mehr auf. Ein untheatralischer Abgang für den Mann, »der auf der vierten Galerie des Burgtheaters geboren wurde«, des »vollkommenen Visionärs der Bühne«, wie ihn Hofmannsthal nannte – einer der Künstler, die er neben Richard Strauss oder Franz Molnár so sehr gefördert hatte. Aber gleich oben an der Himmelstür – nicht vorn beim Entree, sondern hinten, beim Künstlereingang – hat ihn sicherlich ein gewisser William Shakespeare in die Arme geschlossen, der ihm so manche beispiellose Aufführung seiner Werke verdankte. Einen kreativeren Regisseur wie Max Reinhardt hat die Welt seither nicht mehr hervorgebracht. Nicht einmal Österreich. Gibt es ein größeres Kompliment?

Haben noch andere Österreicher das große Welttheater bereichert? Die Dramatiker waren hier dünn gesät. Die wirk-

lich wichtigen. Zwar wurde das größte Drama der Geschichte hier geschrieben, aber es ist unaufführbar: »Die letzten Tage der Menschheit« von Karl Kraus.
Wer ist sonst noch geblieben? Arthur Schnitzler natürlich. Er hat posthum alle Höhen und Tiefen durchgemacht. Von den Nazis wurde er zur Unperson erklärt, heute wird er weit überschätzt. Zumindest tun heute viele Leute so, als könnten sie wirklich etwas anfangen mit dem »weiten Land« der Seele, über das sich Schnitzler so gerne verbreitet hat, und so goutieren die Psychosnobs ihren Schnitzler, von Paris bis Tokio. Blutvolles, aufregendes Theater ist das selten, außer im »Reigen«. Da hat er nun wirklich eine schöne Gesellschaftsreportage geliefert. Aber das lag ihm auch, denn die süßen Mädels, die er bei seinen Vorstudien verbraucht hat, waren Legion.
Schnitzler war Arzt, Offizier und wohlhabend – drei Dinge, die einem beim Dichten noch nie sehr zugute gekommen sind. Deshalb ist er bei allem Talent auch nicht das geworden, was man heute in ihm sieht. Aber wir wollen ihn nicht heruntermachen, sein Schicksal ist schlimm genug, gilt sein Werk doch heute in aller Welt als so richtig charmant, süffisant, larmoyant und typisch wienerisch. Schnitzler und Schnitzel sind quasi ein Begriff geworden. Und das hat er wieder nicht verdient.
Einen wichtigen Dramatiker muß man auf jeden Fall noch erwähnen: Ödön von Horváth. Er sagte zwar einmal: »Ich bin Bayer. Die Eltern haben ein Gütchen in Murnau. Der Bayer, des is a Kreuzung zwischen an Aff und an Tiroler.« Aber in Wirklichkeit war er natürlich ein echter Österreicher. Sohn eines Staatsbeamten aus dem ungarischen Kleinadel, geboren 1901 in Fiume, lebte in Wien und Salzburg, ehe er ins Exil ging – das sind Stationen eines Österreichers. »Mein Interesse für Kunst, insbesondere für die schöne Literatur, regte sich relativ spät (bei einer Höhe von 1,70), aber erst ab 1,79 war es ein Drang, zwar kein unwiderstehli-

cher, jedoch immerhin«, schrieb er einmal, und somit ist er der einzige Dichter, dessen literarische Größe man konkret angeben kann.
Er schrieb Volksstücke. In einer Sprache, die kein Volk sprach und die dennoch nicht anders sein konnte. Viel internationaler Ruhm mag ihm entgangen sein, weil er für diese Sprache nur selten einen kongenialen Übersetzer fand. Wenn man von seinen Stücken eines hervorheben wollte, dann vielleicht »Geschichten aus dem Wiener Wald«. Er war erst dreißig Jahre alt, als er dafür den Kleist-Preis erhielt. Gerade rechtzeitig, denn mit Siebenunddreißig war er schon tot. 1938 wurde er auf den Champs-Élysées von einem umstürzenden Baum erschlagen. Franz Werfel meinte: »Dieser Tod ist kein Zufall. Mancher sagte: Dieser Tod paßt zu ihm.«
Insoweit einem der Tod eben überhaupt ins Leben paßt! Aber der Werfel hat halt auch nicht nur gescheite Sachen gesagt. Und bestimmt hat irgendein anonymer Verehrer des Horváth damals einen besseren Kommentar abgegeben: »Selber schuld! Ein österreichischer Dichter gehört nicht auf die Straßen, sondern ins Kaffeehaus!«
Österreichische Dramatiker, über die es sich zu scheiben lohnt, gibt es wie gesagt nicht gerade in Hülle und Fülle. Aber wenn wir wollten, könnten wir auch den bedeutendsten deutschsprachigen Bühnenschriftsteller unseres Jahrhunderts dazurechnen: Bert Brecht. Der Schöpfer der »Dreigroschenoper«, der nach dem Krieg in der Bundesrepublik mit beispielsweise über 2 Millionen verkauften Bühnentexten der »Mutter Courage« zum absoluten Bestsellerautor wurde, war zumindest dem Papier nach ein Österreicher, hatte er sich doch nach seiner Rückkehr aus der Emigration vorsorglich einen österreichischen Paß besorgt. Das wird nun weder seinen Geburtsort Augsburg freuen, der sich gerade mühsam daran gewöhnt hat, auf den ungebärdigen Sohn doch etwas stolz zu sein, noch Ostberlin, wo

Brecht bis zu seinem Tod gearbeitet hat. Aber was kann man von so einem Bürgerschreck schon anderes erwarten. Er hat doch selbst einmal gesagt: »Schreiben Sie, daß ich unbequem war und es auch nach meinem Tod zu bleiben gedenke. Es gibt auch dann noch gewisse Möglichkeiten.«

Wenn man vom Theater spricht, sollte man aber nicht nur an Dramatiker und Regisseure denken. Österreich hat auch eine ganze Reihe von hervorragenden Kostümbildnern und Bühnenausstattern hervorgebracht und nebenbei noch den besten Theaterfotografen aller Zeiten: Fred Fehl. Aufgewachsen im Wien der zwanziger Jahre, ging der Sohn eines prominenten Arztes schon früh mit seiner Leica auf die Jagd nach prominentem Fotowild. 1938 kam es zu einer jähen Zäsur in der österreichischen Kultur, und Fred Fehl ging, wie so viele begabte junge Menschen, nach Amerika. Mit dem Umweg über England, wo er neun Monate auf sein US-Visum warten mußte. Als es endlich soweit war, wurde ihm seine Kabine auf der »Athenia« von einem Flüchtling mit besseren Beziehungen wieder weggenommen. Fehl saß fluchend da, aber er fluchte nicht lange: die »Athenia« wurde westlich der Hebriden von einem deutschen U-Boot angegriffen und versenkt, man zählte mehr als 100 Tote.
Fehl kam später, aber sicher in die USA, schlug sich mit den üblichen Fotos von Babys auf Eisbärfellen durch, ehe ihn seine alte Leidenschaft fürs Theater wieder packte. Adrienne Gessner und Hans Jaray ließen den Landsmann bei ihren Proben fotografieren, die Bilder gefielen einem Presseagenten, und er ließ ihn eine Broadway-Matinee knipsen. Es war die Neuinszenierung von Molnárs »Liliom« mit Ingrid Bergmann, Burgess Meredith und Elia Kazan.
So begann am 30. März 1940 die Broadway-Karriere von Fred Fehl – mehr als 1 000 Stücke hat er im New Yorker

Theaterdistrikt fotografiert, und alle Künstler waren sich einig: Freddy ist der Größte! Harold Prince hat es für alle Bewunderer des österreichischen Kamerakünstlers auf den einfachen Nenner gebracht: »Es gibt keinen besseren Theaterfotografen in diesem Land als Freddy Fehl.« Wieder mal ein Wiener, der für Amerika unentbehrlich wurde.

Und noch einen Österreicher gab es, der in amerikanischen Künstlerkreisen zur Legende werden sollte: Lee Strasberg. In den zwanziger Jahren zog es den jungen Schauspieler von Wien nach New York, wo er sich verschiedenen Theatergruppen der Avantgarde widmete. 1948 gründete er eine Schauspielschule, das »Actor's Studio«, das er gemeinsam mit Elia Kazan zur ersten Adresse für alle theaterbesessenen Nachwuchstalente machte. Niemand hat so viele künftige Stars hervorgebracht wie Lee Strasberg. Zu den berühmtesten Schauspielern, die das Actor's Studio besuchten, gehören Marlon Brando und James Dean ebenso wie die anmutig-sensible Tochter des Chefs, Susan Strasberg. Und das Sexidol des Jahrhunderts, Marilyn Monroe. Millionen begeisterter Theaternarren und Filmfanatiker sind letztendlich die Bestätigung dafür, daß die österreichische Inspiration auch auf dem Gebiet der Schauspielkunst die Welt ganz entscheidend beeinflußt hat.

So stehen wir am Ende eines Kapitels, das eigentlich mehr vom Versagen der Österreicher künden wollte, wieder mit einem billigen Triumph da. Und daß heute im Vienna English Theatre sogar Weltaufführungen von William Saroyan oder Edward Albee in der Originalsprache stattfinden, deutet ja auch irgendwie daraufhin, daß wir noch ein wenig auf der internationalen Bühne mitspielen wollen. Also, wenn wir uns weiterhin selbst so in den Rücken fallen, werden wir schon sehen, wo wir noch hinkommen. Am Ende steht Österreich glatt noch als Kulturnation da!

ACCESSOIRES
oder
Die kleinen feinen Dinge des Lebens

Was das Leben so schön macht, ist alles das, was über das Notwendige hinausgeht. Die Accessoires. Der kleine Luxus. In Österreich hat man sich diesen kleinen Luxus immer gegönnt. Man wußte: auch der mutigste General ist nichts ohne Orden. Auch der verläßlichste Beamte ist nichts ohne Titel. Und man hat an diesen Accessoires nie gespart. Noch heute muß sich jeder halbwegs in Ehren ergraute Staatsbürger tief ducken, wenn er nicht unversehens von einem goldenen Verdienstabzeichen oder einem großen Bundesverdienstkreuz getroffen werden will. Bleibt er davon verschont, dann wacht er vielleicht eines Tages als Hofrat auf, als Kommerzialrat, Ehrenbürger oder Kammersänger. Professor wird jeder, der über Fünfzig ist, und selbst wenn einer einmal durch einen behördlichen Irrtum all diesen Schicksalsschlägen entronnen ist, droht ihm zuletzt noch ein Ehrengrab der Stadt Wien – das letzte und endgültige Accessoire.

Außer Orden und Titeln gibt es natürlich noch eine Reihe eindrucksvoller privater Accessoires. Was wäre ein Liebhaber ohne Blumenstrauß? Eine Kokotte ohne Strumpfband? Eine Soziologin ohne Brille? Ein Fisch ohne Fahrrad? Oder ein Gebrauchtwagenhändler ohne die herbe, männliche Frische eines weibermordenden Rasierwassers?

Hierzulande hat man das Bedürfnis nach dem kleinen, persönlichen Luxus immer verstanden und stilvoll kultiviert.

Gewiß, der große Luxus ging an den Österreichern meist vorüber. Cartier etwa ist, wie schon der Name sagt, kein österreichisches Unternehmen.

Zwar hat Monsieur Hocqu, der Schöpfer des heute weltweit fürenden Imperiums für Geschmeide und andere unentbehrliche Accessoires, einmal eine Fabrik im Waldviertel betrieben. Aber er merkte bald, daß die Produktion von Billigfeuerzeugen im Wald nicht das wahre Renommee bringt, kaufte sich von den Erben des einstigen französischen Hofjuweliers um ein Butterbrot den ziemlich ramponierten Namen Cartier, und – voila! – heute kostet ein Cartier-Feuerzeug so viel, daß man sich statt dessen jahrelang die Pfeife mit österreichischen Banknoten anstecken könnte. Doch uns bleibt ein Trost. Die paar Frauen, die ihren Schmuck bei Cartier beziehen, sind eine verschwindende Minderheit in der großen Menge, die sich Straß um den Hals hängt. Glitzern kann heute jeder, und das verdankt die Welt natürlich einem Österreicher: Joseph Strasser erfand etwa um die Mitte des 18. Jahrhunderts die Edelsteinimitation aus Glas, die als »Pierre de Straß« noch heute Glanz und Vermögen vorgaukelt.
Auf geschliffene Glasschmucksteine hat sich übrigens auch ein modernes österreichisches Unternehmen spezialisiert. Bei Swarovski in Wattens wird mit sorgsam geheimgehaltener Technologie Kristallglas erzeugt. 80 Prozent des Weltbedarfs an Schmucksteinen wird von hier aus gedeckt, und Glastiere, mit deren Fertigung man erst vor einigen Jahren begann, sind ebenfalls in aller Welt gefragt.
1987 erwarb Swarovski den Hauptanteil der amerikanischen Zale-Corporation mit 1 380 Geschäften und ist somit der größte Schmuckanbieter der Welt. Und wer die schönen Steine der Tiroler nicht bei sich tragen möchte, kann sie auch an den Kronleuchter hängen. Falls sie nicht schon dort sind, denn mit Lusterbehang hält Swarovski etwa drei Viertel des Weltmarktes.
Dem Zusammenhang zwischen Glück und Glas ist auch ein anderer Österreicher auf der Spur, Professor Claus Josef Riedel. Er hat das Trinken erst so richtig salonfähig ge-

macht, denn wer sich an einem Riedel-Glas festhält, hält damit ein Kunstwerk in der Hand – Riedel ist der einzige zeitgenössische Glasdesigner, der mit seinen Kreationen im Museum of Modern Art vertreten ist. »Wenn man kein Riedel-Glas benutzt, kann man genausogut aus der Flasche trinken!« sagen die Kenner. Denn nur diese Gläser sind so entworfen, daß der Inhalt sich von seiner besten Seite präsentieren kann. Nun würde der Banause vielleicht sagen: Schnaps ist Schnaps, und Glas ist Glas, und eigentlich kommt es nur darauf an, daß es schön voll ist! Wenn aber ein Österreicher behauptet, daß es nicht nur auf die Qualität des Weines, sondern auch auf die Form des Glases ankommt, wenn man den höchsten Genuß erzielen will, dann sollte man ihm glauben. Denn vom Genuß und speziell vom Alkoholgenuß versteht diese Nation mehr als alle andern. Auch wenn diese inzwischen von Österreich gelernt haben, wie Frankreich zum Beispiel: dort ist die große Champagnermarke Dom Perignon jetzt eine Kooperation mit Riedel eingegangen, damit die kostbaren Perlen im richtigen Glas auch eine kostbare Fassung erhalten.

Aber modische Accessoires aus Glas kann man nicht nur in die Hand nehmen, sondern auch auf der Nase balancieren – natürlich nicht Riedel-Gläser, sondern Brillengläser. So ist Österreich in letzter Zeit auch ein Mekka für die Brillenträger geworden – den Anstoß dazu gab vor einigen Jahrzehnten ein gewisser Wilhelm Anger. Sein Vater hatte noch mit Schweinefutter gehandelt – aber wo sollte man das in der Nachkriegszeit hernehmen? Hingegen gab es alte Gasmasken in Hülle und Fülle, also gründete Anger in Oberösterreich eine Firma, die daraus Schweißbrillen machte. Was er mit seinen Produkten verdiente, steckte er in die Forschung. In die Suche nach einem neuen Werkstoff, den er auch tatsächlich fand: das Optyl. Heute ist der Optyl-Konzern das größte Brillenunternehmen der Welt, mit Lu-

xusmarken wie »Dunhill« oder »Christian Dior«. Er gehört zwar nicht mehr Wilhelm Anger, aber eine Tochtergesellschaft erzeugt am Ursprungsort des Unternehmens in Traun noch immer Brillen unter der Marke Carrera.
Eine Carrera-Schibrille prangt sogar im Museum of Modern Art, aber auf die Marke schwören auch Männer der Praxis: Formel-I-Piloten werden damit ebenso ausgerüstet wie die Segler beim Americas Cup. Und wer sich eine Boeing kaufen möchte, muß nicht mehr zuwarten, bis er sich das Geld für einen Jumbo-Jet zusammengespart hat, sondern kann wesentlich günstiger ein Modell aus der Boeing-Collection von Pilotenbrillen erwerben.
Die zweite große Firma Oberösterreichs wurde von der Schwester Wilhelm Angers aufgebaut. Sie erzeugt modische Brillen unter der Marke »Silhouette« – 97 Prozent davon für den Export.
Noch exklusiver sind die Brillen des Wiener Designers Robert La Roche, die in einem aufwendigen Verfahren zur ästhetischen Vollendung gestylt werden. Sogar der amerikanische Star-Designer Calvin Klein holte sich bei ihm Rat und Anregung, als er seine erste Brillenkollektion entwarf.
Und doch hat La Roche auf dem heimischen Boden noch eine starke Konkurrenz: Erich Hartmann. Der junge Steirer macht in Wien Brillen wie kein zweiter – beispielsweise eine Fassung aus Büffelhorn, mit Seide beschichtet. Zu seinen Kunden zählt vor allem die Prominenz aus der internationalen Kunst- und Kulturszene.
Fazit: Wer ständig etwas Schönes vor Augen haben will, für den gibt es sicher die eine oder andere Brille aus Österreich. Natürlich bekommt man die Exklusivmodelle nicht auf Krankenschein, aber dafür darf man sie auch tragen, wenn den Augen gar nichts fehlt – schließlich ist die Brille heute ein Schmuckstück wie jedes andere.
Oder doch nicht wie jedes. Es gibt ja auch ganz ausgefallene Stücke, wie sie etwa die Enkelin des letzten österreichi-

schen Kaisers, die Erzherzogin Michaela Habsburg in New York herstellt. Heiß begehrt ist ihr »Kaiserkronenring«, eine winzige Imitation der 400 Jahre alten Krone Rudolfs II. aus Gold mit Saphiren, Diamanten und Rubinen verziert. Aber natürlich haben nicht alle Österreicher ihre Accessoires nur für die oberen Zehntausend entworfen. Außerdem haben sich die Zeiten geändert, und was früher einmal ein kleiner Luxus war, gehört heute zu den billigsten Alltäglichkeiten.

Nehmen wir nur ein Streichholz – nachdem man jahrhundertelang zwei Steine aufeinander schlagen mußte, um Feuer zu erzeugen, war das erste Streichholz gewiß ein Luxusgegenstand. Das hat nun zwar kein Österreicher erfunden, aber ein Österreicher namens Adolf Pollak hat den Hölzchen erst ihre schönen bunten Köpfchen gegeben – kein Wunder, daß er eine Zeitlang das Weltmonopol in der Zündwarenindustrie hatte. Pollak hat den Luxus aber noch auf die Spitze getrieben, indem er all den bunten Hölzchen eine neue Heimat gab: er erfand nämlich auch die Streichholzschachtel.

Der Österreicher Carl Sarg war ebenso innovativ, allerdings auf dem Sektor der Hygiene. Ab 1860 produzierte er eine durchsichtige Glyzerinseife, das Nonplusultra für die Dame, die sonst schon alles hat!

Und dann erfand er noch einen Luxusgegenstand, der heute so alltäglich ist, daß wir uns das Leben ohne ihn gar nicht mehr vorstellen können. Für die von ihm entwickelte »Kalodont« erfand er 1887 die Zahnpastatube! Das wäre ein Mensch, der ein Denkmal verdient hätte. Statt irgendeines blutrünstigen Feldherrn zu Pferd Carl Sarg auf einer Zahnpastatube! Aber das hat wohl die Lobby für Mundgeruch und Karies erfolgreich hintertrieben.

Um beim guten Geruch zu bleiben: wenn der Flieder heute in ganz Europa den richtigen Muttertagsduft verbreitet, dann verdanken wir das Carolus Clusius, dem Hofbotani-

ker Maximilians II., der ihn aus dem hintersten Persien holte. Und noch eine Blume wurde erstmals von ihm in Wien gezüchtet, die Tulpe, im Fasanengarten des Schlosses Neugebäude. Clusius weigerte sich standhaft, seine Tulpenzwiebeln an die Niederländer weiterzugeben, aber mit List und Tücke kamen sie dann doch an ein paar Exemplare. Sein Wahrzeichen jedenfalls, die blühenden Tulpenfelder, verdankt Holland einem österreichischen Botaniker.
Wem die Blütendüfte des Clusius nicht genügen, der kann natürlich diskret nach einem Parfümfläschchen greifen. Damen konnten das schon sehr lange, aber das erste Herrenparfüm brachte der Wiener Modezar Friedrich Knize erst 1927 auf den Markt. Wo sich die Nobelmarke »Knize Ten« auch heute noch behauptet, wenn auch als exklusive Rarität. Hans Habe hat einmal darüber geschrieben: »Wie alles Gute ist Knize schwer zu bekommen, wie alles Gute wird es immer schwerer.« Das stimmt. Im Warenhaus, wo man an die 500 Duftkompositionen mit den Namen von Kosmetikspezialisten oder Modeschöpfern erhält, wird man den Klassiker Knize vergeblich suchen. Aber ein Gentleman, der darauf schwört, wie es einst Maurice Chevalier, Adolphe Menjou oder David Niven taten, wird das älteste Herrenparfüm der Welt mit dem zeitlosen Duft auch heute noch zu finden wissen. Er braucht ja nur immer der Nase nachzugehen.

Die kleinen, feinen Dinge des Lebens wird man in Österreich jedenfalls in reicher Zahl entdecken können. Denn daß man in einem Land, das den Prunk, den Pomp und das Protzen weit hinter sich gelassen hat, wo der große Luxus nicht mehr zu Hause ist, gelernt hat, den kleinen Luxus zu genießen, gehört zu den liebenswürdigsten Accessoires des österreichischen Charakters.

EINFLUSS
oder
Politisch' Lied, ein garstig' Lied

Auch das gefährlichste Thema muß einmal zur Sprache kommen: der Einfluß Österreichs auf die politische Entwicklung der Welt. Da werden nun sogar Staaten aufjaulen, die uns bisher mit Wohlgefallen betrachtet haben, und unsere Gegner werden sagen: Wir haben es ja schon immer gewußt! Zu viele Nationen hat Österreich in der Vergangenheit gedemütigt, bevormundet, manipuliert und vergewaltigt. Zu oft haben Österreicher die Landkarte dieser Welt verändert, als daß wir uns jetzt heimlich aus der Verantwortung wegstehlen könnten. Zu eindeutig haben unsere Recherchen ergeben:
Österreich war die graue Eminenz hinter den meisten geschichtlichen Großereignissen.
Gerne hätten wir dieses Kapitel mit unsichtbarer Tinte geschrieben, aber die Wahrheit will ans Licht. So können wir uns lediglich bemühen, über dieses Thema nur höchst bruchstückhaft und oberflächlich zu berichten, möglichst wenig von den grausigen Geheimnissen österreichischer Machtpolitik preiszugeben und eindeutige Fakten bis zur Unkenntlichkeit zu verdrehen. Aber irgend etwas muß einmal gesagt werden, denn auch das gehört zur *Wahrheit über Österreich.*
Und so können wir den Leser nur noch bitten, dieses Kapitel nur in gut verschlossenen Räumen bei vollständiger Dunkelheit zu studieren und anschließend sofort in den Reißwolf zu stecken, damit die leider notwendigen Enthüllungen wenigstens ganz unter uns bleiben.
Beginnen wir, damit es ein wenig harmloser wirkt, mit ein

paar Frauen. Ihr Anteil an der Weltpolitik mag gering erscheinen, aber ganz zu übersehen ist er nicht.
Die Wiener Jüdin Steffi Richter wählte dazu den natürlichsten Weg: sie liebte sich so durch. Zuerst mal bis zu einem schöneren Namen: Prinzessin Stephanie Hohenlohe-Waldenburg-Schillingsfürst. Das war das Sprungbrett in die Gesellschaft, und dort bezauberte sie die Mächtigen der damaligen Welt: den britischen Zeitungskönig Lord Rothermere, den ungarischen Reichsverweser Admiral Horthy, einen Baron Rothschild und die Prominenz des Dritten Reiches von Hitler und Göring bis hinunter zu etwas kleineren, aber ebenso strammen Parteigenossen. Angeblich hat sie, durch ihre intime Freundschaft mit Lord Rothermere, das historische Treffen zwischen Hitler und Lord Chamberlain eingefädelt – und damit wesentlich zur Festigung von Hitlers Position beigetragen. Ihre Gönner bedankten sich auch fürstlich. Sie überließen ihr als Residenz und zur Führung eines »politischen Salons« das prachtvolle Schloß Leopoldskron bei Salzburg. Der Führer konnte sich solche Großzügigkeit leisten, schließlich gehörte das Anwesen ja nicht ihm, sondern dem nach Amerika emigrierten Regisseur Max Reinhardt.
Eine so romantische Frauengestalt gibt es zwar im gegenwärtigen Österreich nicht mehr, aber Damen, die zumindest bis ins Vorzimmer der Macht gelangten, sind keine Seltenheit. Ilse Outschar zum Beispiel wurde an der Rezeption des »Arlberghospiz« in St. Christoph von einem schilaufenden König entdeckt und vom Fleck weg engagiert. Die tüchtige junge Frau ist heute Privatsekretärin von König Hussein von Jordanien und damit nicht weit vom Brennpunkt der Nahostpolitik entfernt. Aber ein Jahresgehalt von 100 000 DM steuerfrei und ein Mercedes mit Chauffeur werden ihr die gewiß nicht leichte Arbeit ein wenig versüßen.
Eine noch größere Karriere machte ein schüchternes junges

Mädchen, 1938 geboren, in der kleinen Gemeinde Ulmerfeld aufgewachsen, kaum gebildet und scheinbar für ein Leben ohne Hoffnungen und Höhepunkte prädestiniert. Aber dann kam alles ganz anders: für das Aschenputtel aus Österreich wurde der amerikanische Traum Wirklichkeit. 1966 engagierte sie sich für einen Oldtimer aus dem Showgeschäft, der sich als Newcomer im Politbusineß versuchte: er hieß Ronald Reagan, und mit ihm machte sie Karriere. Als Privatsekretärin des Präsidenten im Weißen Haus gelandet, schien die Karriere der Helene von Damm den Höhepunkt erreicht zu haben. Aber sie kletterte noch ein Stück weiter hinauf und wurde zur Personalchefin von Ronald Reagan, zur »zweitmächtigsten Frau der Welt«, wie der *US-News and World Report* schrieb. Aber noch mehr als an der Macht hing sie letztlich doch an ihrer alten Heimat, wohin sie 1983 als US-Botschafter zurückkehrte. Diesen Posten verließ sie schließlich zugunsten einer kurzen Ehe und eines ebenso kurzen Gastspiels als Chefin des altehrwürdigen Hotels Sacher. Inzwischen Ehrendoktor und Buchautorin geworden, ist Helene von Damm jetzt in der Privatwirtschaft tätig und pendelt zwischen ihren beiden Heimatländern Österreich und Amerika. Aber das letzte Kapitel ihrer Erfolgsstory ist sicher noch nicht geschrieben. Schon, weil sie auch ihren geschiedenen Gatten Peter Gürtler mit dem Politvirus infiziert hat. Der Sacher-Chef ist fest entschlossen, Bundespräsident zu werden. Und einen Hotelier könnten wir in der Hofburg gut gebrauchen – damit endlich auch die ausländischen Gäste wieder dort verkehren, die unter der Direktion Waldheim ausgeblieben sind!

Man sieht, österreichische Frauen haben nicht nur als brave Hausmütterchen am Spinnrad gesessen, sondern auch gerne mal am Rad der Geschichte gedreht. Von Marie Antoinette wurde ja schon berichtet, und Bertha von Suttner wird in einem anderen Kapitel Erwähnung finden. Aber eine Österreicherin, die einen ganz beträchtlichen Einfluß in der Welt hatte, muß wohl an dieser Stelle genannt werden: Erzherzogin Leopoldine von Habsburg. Am 13. Mai 1817 wurde sie in einer Ferntrauung mit Dom Pedro I. verheiratet, an seiner Seite wurde sie schließlich Kaiserin eines selbständigen Staates Brasilien. Für die Unabhängigkeit dieser portugiesischen Kolonie hatte sie gekämpft, wenn notwendig auch gegen ihren schwachen Mann. Immer wieder war sie es, die die politischen Entscheidungen forcierte. Zitate aus einem Brief an ihren Gemahl belegen das eindeutig: »Brasilien wird in Deinen Händen ein großes Land werden. Brasilien fordert Dich als Monarchen. Mit oder ohne Deiner Hilfe wird es seine Loslösung erreichen. Der Apfel ist reif, pflücke ihn jetzt, sonst wird er faul ... Du wirst die Unterstützung ganz Brasiliens haben, und gegen den Willen des brasilianischen Volkes können die portugiesischen Soldaten, die sich hier befinden, nichts ausrichten.«

Leopoldine hat aber für Brasilien noch mehr getan: sie schenkte ihm mit ihrem Sohn Pedro II., der bereits mit 6 Jahren zum Kaiser erklärt wurde, einen Monarchen, unter dessen kluger Herrschaft Brasilien in einem halben Jahrhundert 200 Jahre europäischer Zivilisation aufholen konnte. Und Leopoldines Enkelin Isabella war es, die als Regentin während eines Europaaufenthalts des Kaisers anderthalb Millionen Sklaven die Freiheit schenkte.

Die gute Tat kostete den Kaiser Brasiliens seine Krone. Die Kaffeeplantagenbesitzer und die Generäle stürzten den großen Monarchen, der immerhin so regiert hatte, daß der Präsident Venezuelas nur trocken bemerken konnte: »Die einzige Republik Iberoamerikas ist gefallen: das Kaisertum Brasilien!«

Leopoldine hatte die Gründung des Kaiserreiches bewirkt, Isabella die Gründung der Republik, beide um Gutes für

Brasilien zu tun. Man hat die Habsburgerin dort auch nie vergessen und ihr aufs Grab geschrieben: »Hier ruhen die kostbaren Überreste der verehrten Kaiserin Maria Leopoldina. Wir glauben an ihren Geist; sie bewohnt den Himmel. Ihre Erinnerung wird die Jahrhunderte überdauern.« Und das ist doch besser als das, was man heute so von diversen Prinzessinnen in den Klatschspalten lesen kann.

Mit den Männern hatten wir weniger Glück. Ein österreichischer Erzherzog namens Ferdinand Maximilian wurde 1864 zum Kaiser von Mexiko gekrönt.

Nicht lange vorher war Mexiko noch der viertgrößte Staat der Welt gewesen, jedoch völlig unregierbar von den 34 Präsidenten, die es in einem Vierteljahrhundert verbrauchte. So hatten sich die USA immer größere Brocken unter den Nagel gerissen, und Benito Juárez verkaufte ihnen schließlich noch ein ganz besonderes Gustostückerl: die kalifornische Halbinsel. Deshalb unterstützten sie ihn auch, als er die Zahlungen aller Staatsschulden einstellte, gegen die empörten französischen Gläubiger. Und Napoleon III. hoffte nun, daß ein anderer für ihn die Kohlen aus dem Feuer holen würde: der ahnungslose Maximilian. Er war ein Idealist und träumte von einem großen Reich, das sich von Brasilien bis Mexiko erstrecken sollte, aber er schaffte es nicht einmal im engsten Bereich, Frieden und Toleranz durchzusetzen. Die Liberalen wollten ohnehin keinen Kaiser, die Konservativen lachten ihn aus, als er einen Nachkommen Montezumas für die Indianerfürsorge ernannte, die Kirche wollte mehr, als er geben konnte, die Franzosen zogen sich vorsichtig zurück, und so stand er plötzlich allein dem von Amerika kräftig unterstützten Benito Juárez gegenüber. Das Volk wußte eigentlich weder hin noch her, denn wenn Maximilian Standgerichte gegen die Juaristas auffahren ließ, ließ Benito wiederum seine Truppen plündern, brandschatzen und auch bisweilen den Gefangenen die Haut abziehen. Aber das Volk ist ja be-

kanntlich immer der Dumme, wenn es um hohe Politik geht.
Letzten Endes konnte sich der naive Europäer natürlich nicht behaupten und verlor Kopf und Kragen. Von seinem Erschießungskommando verabschiedete er sich mit den Worten: »Es lebe Mexiko! Es lebe die Unabhängigkeit!« Das war eigentlich das Programm gewesen, das er in gutem Glauben hatte verwirklichen wollen.
Sein Blut wurde von Indianern, die vor der Richtstätte gewartet hatten, in Tüchern aufgefangen und als Reliquie fortgetragen.
Und irgendwie müssen die Mexikaner Österreich doch nicht ganz vergessen haben, denn als Hitler 1938 einmarschierte, war Mexiko der einzige Staat der westlichen Welt, der entschieden dagegen protestierte.
Erzherzog Maximilian hatte nur für kurze Zeit an der Weltgeschichte partizipiert, aber ein anderer Erzherzog tat es viel nachhaltiger. Obwohl er gar nichts dafür konnte, denn Erzherzog Franz Ferdinand war natürlich nicht eigens nach Sarajevo gefahren, um sich totschießen zu lassen. Aber ein serbisches Terrorkommando wollte sich die günstige Gelegenheit nicht entgehen lassen, dem Wiener Hof einen kleinen Denkzettel zu verpassen, und nutzte den Besuch des Thronfolgers zu einem spektakulären Attentat.
Karl Kraus schrieb über den Thronfolger: »Ein ungestümer Bote aus Altösterreich, wollte er eine kranke Zeit wecken, daß sie nicht ihren Tod verschlafe. Nun verschläft sie den seinen.«
Aber er irrte sich. Die tödlichen Schüsse am 28. Juni 1914 weckten die Zeit auf und alles Böse in ihr. Die Ermordung Franz Ferdinands war der berühmte Funke im Pulverfaß. Die Explosion war gewaltig. Der Erste Weltkrieg veränderte die Gesellschaft, die Machtverteilung und die Landkarten wie kein Ereignis zuvor. Zum letztenmal hatte das Haus Habsburg Weltgeschichte gemacht.

Aber es mußten ja auch nicht unbedingt Habsburger sein, die ihre Spuren in Geografie und Geschichte hinterließen. So hielt sich beispielsweise ein gewisser Leo Trotzki längere Zeit in Wien auf und lungerte im Café Central herum. Wären damals die Ober freundlicher gewesen und hätte man ihn am Schachtisch öfter gewinnen lassen, wer weiß, vielleicht wäre er gar nicht mehr nach Rußland zurückgekehrt, und die Oktoberrevolution wäre der Welt erspart geblieben. Übrigens, eine ganz andere Art von Revolution wurde 1985 in Österreich geplant, eine, die freie Wahlen und eine demokratische Verfassung vorsieht. In Unterolberndorf im Weinviertel entwarf Präsident Yoweri Museveni von Uganda mit seinen Getreuen von der National Resistance Army (NRA) ein zehn Punkte umfassendes Regierungsprogramm. Es war auch höchste Zeit, denn wenige Monate später zog die NRA siegreich über die Obote-Anhänger in der Hauptstadt Kampala ein.

Auch andere Entscheidungen, die die Weltpolitik mehr oder minder beeinflussen, werden gerne in Österreich gefällt. Hier hat die OPEC ihren Sitz, die UNIDO und die Internationale Atombehörde, hier werden Abrüstungsgespräche und Konferenzen geführt. Und manchmal keimt dabei das zarte Pflänzchen Hoffnung auf. Beispielsweise beim rauschenden Abschlußfest einer zweijährigen KSZE-(für Ausländer CSCE-)Tagung, als der russische Außenminister Eduard Schewardnadse sagte: »Das Wiener Treffen hat am Eisernen Vorhang gerüttelt, seine rostigen Stützen geschwächt, neue Risse in ihm aufgetan und seine Korrosion beschleunigt.«

Überhaupt ist Österreich in letzter Zeit ein Symbol für Ausgleich geworden. Und wenn beispielsweise König Hussein von Jordanien gern in seiner prachtvollen Villa in Wien residiert, so ist dafür der Österreicher Teddy Kollek Bürgermeister von Jerusalem.

Was nun nicht heißen soll, daß Österreich alle Gegensätze

überbrücken kann. Dazu ist die Weltpolitik zu vielschichtig und die österreichische Seele nicht minder. Denn wo sonst hätten zwei so grundverschiedene Menschen zur selben Zeit existieren können, die beide tief in die Weltpolitik eingegriffen haben und einander doch so unähnlich waren wie Theodor Herzl und Adolf Hitler?

Theodor Herzl war einer der Österreicher, die die Welt am nachhaltigsten verändert haben. Aber danach sah es anfangs gar nicht aus. Herzl, geboren 1860, studierte Jus, trat einer Burschenschaft bei, machte dann sein Pflichtjahr bei Gericht, um sich schließlich von der trockenen Juristerei abzuwenden und sich ganz der Literatur hinzugeben. Er schrieb Feuilletons und Lustspiele, und es schien, als würde er die Nachwelt nur in einer Fußnote zur Literaturgeschichte erreichen. Das änderte sich erst, als er Korrespondent der *Neuen Freien Presse* in Paris wurde.

Dort erlebte er plötzlich den Antisemitismus viel plastischer als in Wien. Die Dreyfus-Affäre rüttelte den jungen Journalisten wach und gab ihm ein neues Ziel: das gelobte Land, Zion, den Judenstaat. Die Idee, allen Juden im alten Palästina eine neue Heimat zu geben, stieß auf begeisterte Zustimmung ebenso wie auf eisige Ablehnung und beißenden Spott – sogar in den Kreisen jüdischer Intellektueller. Sie war auch anfangs noch wenig konkret und mit einigen Absonderlichkeiten behaftet – Herzl dachte sogar daran, einen König der Juden krönen zu lassen.

Karl Kraus polemisierte scharf dagegen, und Julius Bauer schrieb ein Spottgedicht auf Herzl, in dem es hieß:

»Er sieht ein Ziel, ein Ziel so weit,
im Träumen wie im Wachen:
Er denkt daran, in dieser Zeit
mit Juden Staat zu machen!«

Aber Herzl träumte weiter und antwortete den Zweiflern: »Wenn ihr wollt, ist es kein Märchen.« Und obwohl er alles andere als ein Realpolitiker war, brachte er die Dinge

ins Rollen. Herzl verhandelt mit Fürsten und Regierungschefs, mit Bankiers und einflußreichen Gönnern in aller Welt. Verschiedenste Möglichkeiten werden in Betracht gezogen, sogar eine Ansiedlung der Juden in Kenia!
Und man fragt sich, welchen Verlauf die Entwicklung der Welt wohl genommen hätte, wäre dieses Projekt verwirklicht worden?
1897 gelingt Herzl der entscheidende Schritt: Auf dem ersten Zionistischen Weltkongreß in Basel beschließen die Delegierten die »Schaffung einer öffentlich-rechtlich gesicherten Heimstätte für das jüdische Volk in Palästina«. Der Staat Israel war zumindest auf dem Papier geboren. Es sollten noch viel Blut und Tränen fließen, ehe er Realität wurde. Aber Herzl hatte Millionen Bedrohten, Verfolgten und Vertriebenen ein Ziel gegeben, das »machbare Wunder« in die Welt gesetzt. Daß die Juden in Israel auch heute noch Frieden und Sicherheit nicht im ersehnten Maß gefunden haben, ist ein anderes Kapitel der Weltpolitik. Daß die Mühlen der Geschichte so langsam, aber ohne Rücksicht auf Verluste mahlen, ist nicht Theodor Herzls Schuld. Eines Tages wird seine Vision hoffentlich doch noch zur Gänze Wirklichkeit werden. Und die Vision kam aus Österreich.
Daß Theodor Herzl praktisch einen neuen, lebensfähigen Staat auf die Landkarte gesetzt hat, wäre ein schöner Abschluß für das Kapitel über Österreichs Einfluß auf die Weltgeschichte. Aber leider gab es noch einen Österreicher, der ebensoviel Einfluß ausgeübt hat – wenn auch weniger im Aufbau als im Zerstören.
Adolf Hitler wurde 1889 in Braunau am Inn geboren. Eine denkbar schlechte Ortswahl, denn wäre er in Grünau geboren, hätte er vielleicht eine grüne Bewegung geschaffen, so blieb uns aber die braune nicht erspart. Auch daß er nicht den eigentlichen Namen seines Vaters, Schickelgruber, übernommen hat, war ein historischer Fehler, denn »Heil

Schickelgruber!« wäre wohl schwerlich der populärste Gruß einer ganzen Epoche geworden.

Wer Adolf Hitler wirklich war, ist schon heute den meisten jungen Leuten gar nicht mehr bekannt. Umfragen fördern da die kuriosesten Antworten zutage. Das ist einerseits gut, weil es die Legendenbildung verhindert. Andererseits schlecht, weil man in Unkenntnis der Geschichte einem neuen Führer leichter ins Garn geht. Und man darf auch ein Monster wie Hitler nicht als Einzelfall betrachten – Experimente an einer amerikanischen Schule haben gezeigt, wie leicht junge Menschen indoktriniert und manipuliert werden können. Die Gefahr besteht immer und überall.

Sicher, der Schmierenkomödiant mit dem affigen Bärtchen hätte heute wenig Chancen, ein neuer Führer müßte schon eher aussehen wie Roger Moore oder Sylvester Stallone, aber an der Gefährlichkeit neuer Heilslehren hat sich nichts geändert.

Über Hitler und seinen Aufstieg zur Macht ist viel geschrieben worden. Leider meist das Falsche. Die ganze Auseinandersetzung mit dem Führer, dem Staatsmann, dem Feldherrn und Diktator ist müßig. Hitler war eigentlich nichts von alledem, sondern ein ganz gewöhnlicher Verbrecher – nur in größerem Maßstab. Einfach ein mieser Charakter. Er war ein Betrüger, der ein ganzes Volk betrog, er war ein Feigling, der seine Schlachten vom Führerhauptquartier aus leitete, er war ein Dieb, der sich auf Staatskosten bereicherte. Ein Mörder, der sogar die eigenen Kumpane verriet, ehe er total durchdrehte und Unschuldige in nie dagewesenem Ausmaß ausrottete.

Aber anscheinend war die Zeit damals günstig für Massenmörder, denn neben ihm wüteten ja auch noch Typen wie Mussolini, Franco und Stalin. Wobei in der Geschichtsschreibung leider sehr unfeine Unterschiede gemacht werden. Die Verbrechen der NS-Zeit werden immer »den Deutschen« angelastet, für das, was in Rußland passierte,

wird lediglich Stalin verantwortlich gemacht – so als hätte er 20 Millionen Menschen eigenhändig erwürgt. Hie Kollektivschuld, da ein Einzeltäter? Die Vergangenheitsbewältiger sollten doch ein wenig sorgfältiger arbeiten.
Aber wie konnte der aus kleinsten Verhältnissen stammende junge Mann, der nicht einmal einen anständigen Schulabschluß zuwege brachte, bis zum Reichskanzler und Führer aufsteigen? Nun, anfangs hatte er ja auch Harmloseres im Sinn: Malerei und Architektur. Leider wurde er wegen Talentlosigkeit zweimal auf der Akademie abgewiesen. Ein unverzeihlicher Fehler der Professoren, denn ein schlechter Maler mehr wäre in Österreich gar nicht aufgefallen. Und selbst als Architekt hätte er höchstens ein paar schwer erträgliche Bauwerke hinterlassen, aber doch nicht so eine Trümmerlandschaft, wie sie der Politiker hinterließ! Aber man gab ihm keine Chance. So malte er Reklametafeln und Kitschpostkarten, verkehrte im Obdachlosenasyl und sog begierig allerhand blödsinnige Theorien auf. Den Antisemitismus lernte er von Lueger und Schönerer, und seine krause Rassentheorie von einem ganz besonders furchterregenden Spinner namens Lanz von Liebenfels. Der hatte einen neuen Templerorden gegründet, dem nur blonde, blauäugige Männer angehören durften. Diese sollten nur blonde, blauäugige Frauen heiraten, mit denen sie blonde, blauäugige Kinder zeugen konnten. Das Farbspektrum war also etwas beschränkt, aber das waren die Anhänger dieser Lehre ja wohl auch. In dieser Richtung war Lanz von Liebenfels überhaupt ein Pionier, denn er verwendete schon 1907 zum erstenmal eine Hakenkreuz-Fahne.
Hitler befaßte sich intensiv mit seinen Schriften, gab dem Lehrmeister aber später totales Berufsverbot. Wahrscheinlich, damit die Welt nicht erfuhr, daß selbst Hitlers dümmste Ideen aus zweiter Hand waren. Das Copyright darauf hatten übrigens neben Liebenfels noch andere kuriose Typen: Hans Hörbiger mit seiner Welteis-Theorie, die Thule-

Gesellschaft, Karl Haushofer und andere Scharlatane, die aus mystischen Quellen und deutschem Ersatzkaffee die Lehre vom Übermenschen herausfilterten.
1913 ging Hitler nach München, um dem Wehrdienst in Österreich zu entkommen. Woraus man schon sieht, daß er nicht total verrückt war. Daß er bei Kriegsausbruch freiwillig zur deutschen Armee ging, läßt das Bild allerdings wieder schwanken.
1919 wurde er Mitglied der Deutschen Arbeiterpartei, 1923 schon Vorsitzender der Zwergpartei, die sich inzwischen NSDAP nannte. Von da ab ging's mit Deutschland bergab und mit Hitler bergauf. Und noch immer fragt man sich: warum?
Nun, zumindest ein Talent hatte er: er war ein ganz guter Schauspieler. Sicher nicht die erste Wahl für eine Führer-Rolle, aber er konnte in seinen Reden mit dem hohlen Pathos, das damals gebräuchlich war, zielsicher umgehen. Phrasen hatte er seit jeher begierig aufgesogen, und in der politischen Praxis merkte er bald, daß bei ständiger Wiederholung auch der größte Nonsens von der Menge geschluckt wurde.
Andere Faktoren kamen dazu: ein zum Gehorsam erzogenes Volk, das die Demokratie noch nicht richtig erlernt hatte. Armut und Arbeitslosigkeit. Das ist allemal der beste Nährboden für einen Messias.
Und als Hitlers Stern zu glänzen begann, war auch das Großkapital zur Stelle. Nicht nur das deutsche. Auch das amerikanische engagierte sich mit Millionen beim Aufbau von Hitlers Kriegsindustrie.
Und die Wehrmachtsführung, die so vieles hätte verhindern können? Ohne einen ganzen Stand verunglimpfen zu wollen, muß man sich doch fragen: Wozu hatten diese Offiziere eigentlich das Töten zu ihrem Beruf gemacht, wenn sie nicht einmal den gefährlichsten Mann der Welt erledigen konnten? Auch ihnen war das eigene Überleben wichti-

ger als Hitlers Tod. Und selbst die Märtyrer unter ihnen waren Dilettanten.
Geschichte läßt sich nachträglich eben nicht mehr korrigieren. Aber wenn wieder einmal so ein Kerl auftaucht, der nicht raucht und trinkt und statt in eine saftige Schweinskeule lieber in den Teppich beißt, der die Frauen weniger liebt als die Macht und keinen Funken Humor besitzt, dann sollte sich die Welt vor ihm hüten. Für einen Österreicher ist das nicht normal!
Damals erkannten zu wenige Hitlers fanatischen Wahnsinn und seine totale Skrupellosigkeit. Das Verhängnis nahm seinen Lauf. 1938 zogen die deutschen Truppen in Österreich ein – das Land wurde zur Ostmark von Hitlers Großdeutschem Reich. Der Zulauf des Rattenfängers in seiner alten Heimat war beträchtlich. Aber war er das nicht anderswo auch? Selbst die ungefährdete Schweiz hatte ihre Nazi-Sympathisanten, und in Frankreich machte das Vichy-Regime Überstunden, wenn es galt, in vorauseilendem Gehorsam Folter und Verschleppung, sogar über das geforderte Maß hinaus, zu betreiben. Keine Nation wies den Gröfaz in seine Schranken, bis er die Welt mit Krieg überzogen hatte und aus der regionalen Katastrophe bereits eine internationale geworden war.
Wieder einmal hatte ein Österreicher den Weltuntergang im Tornister. Ganz hat er sein Ziel nicht erreicht, aber Millionen Menschen starben, Staaten wurden zerstört, Landkarten mußten neu gezeichnet werden. Auch wenn die Schuldigen wie die Opfer in absehbarer Zeit nur noch Erinnerung sind, wird das Grauen der NS-Zeit in den Geschichtsbüchern weiterleben.
Doch die Bewältigung der Vergangenheit und die Verhütung einer neuen politischen Fehlentwicklung wird uns letzen Endes nur gelingen, wenn wir nicht nur das Dämonische daran sehen, sondern den Nationalismus, die Parteigläubigkeit, den Rassenwahn, das Herrenmenschentum

und all diese als Führer verkleideten Schießbudenfiguren in ihrer ganzen Lächerlichkeit entlarven. Die seinerzeitigen und die heutigen.
Und warum sollten wir damit nicht in Österreich anfangen, wo schon so vieles begonnen hat?
Leider ist es uns nicht gelungen, Adolf Hitler rechtzeitig aus der Geschichte herauszuhalten, und so mußte sein Name im Zusammenhang mit politischem Einfluß in diesem Bericht aufscheinen. Es läßt sich auch mit Hilfe verschiedener wissenschaftlicher Gutachten, die uns von rechtsradikalen Organisationen aus aller Welt zur Verfügung gestellt wurden – darunter eine eidesstattliche Erklärung aus Paraguay, die von der Urlaubsvertretung des Führers, Martin Bormann, unterzeichnet ist –, nicht widerlegen, daß Adolf Hitler Österreicher war. Aber sonst, bitte schön, war er hier absolut nichts. Einer von vielen unterstandslosen Sandlern, der mit einem Bauchladen voll Kitschpostkarten hausieren ging. Und das wäre er auch bis heute geblieben. Was können wir dafür, daß die Österreicher in Deutschland so leicht Karriere machen?

DESIGN
oder
Nichtsein, das ist hier die Frage

Wer für modernes Design schwärmt, denkt zuerst an Italien. Luigi Collani und seine Kollegen bestimmen seit Jahren das internationale Niveau. Von der Schreibmaschine bis zur Unterhose – den Stil liefert Italien.
In zweiter Linie denkt man vielleicht an Skandinavien. Kühle, klare Linien, umgesetzt in Metall und Holz, wie man sie beispielsweise in Kopenhagen in der ständigen Ausstellung Den Permanente zu sehen bekommt.
Und drittens denkt man an irgendein Land, das einem gerade einfällt, aber ganz sicher nicht Österreich heißt.
Wir sind also bei diesem Thema wieder einmal auf einem ungefährlichen Terrain. Es besteht keine Gefahr, daß Österreich mit seinem Designer-Überschuß die Welt überschwemmt und restriktive Maßnahmen anderer Nationen herausfordert.
Unsere geschätztesten Produkte, vom VOEST-Stahl bis zur Mozartkugel, leiden nicht gerade an einem Übermaß geschmackvoller Originalität. Unsere Porzellanlipizzaner und Petit-point-Stickereien stehen auf der Wunschliste zukunftsorientierter Museumsdirektoren noch ziemlich weit unten.
Kurz, die meisten Produkte, die hier auf den Markt geworfen werden, sind irgendwo zwischen Kitsch und Klamotte angesiedelt und ungefähr so innovativ wie eingeschlafene Füße.
Und das überrascht denn doch.
Es gibt nämlich gar keine Ausrede dafür, daß Österreich keine Großmacht im Design ist. Das heißt, eine schon: un-

sere Politiker! Denn gerade das, was in Österreich möglich wäre, haben sie nie gefördert. Weil sie es nicht verstehen. Was eine Kartoffel ist, wissen sie. Ein Stück Eisen, Kohle oder ein Ziegelstein.

Was es wiegt, das hat's!

Aber Kreativität, Ideen und Phantasie sind in Regierungskreisen absolute Fremdwörter. Selbst von geschulten Parteisekretären unübersetzbar. Also wird in Österreich gerade das nicht gefördert, was hier in besonders reichem Maße zur Verfügung steht.

Und deshalb hat das österreichische Design heute keine Weltgeltung mehr. Obwohl wir nur an die Vergangenheit anzuknüpfen brauchten. An Jugendstil und Art Deco, an die Zeit der Wiener Werkstätten beispielsweise.

Die »Wiener Werkstätte-Produktiv-Gemeinschaft von Kunsthandwerkern in Wien« entstand 1903 – wie sich das so gehörte – im Kaffeehaus. Josef Hoffmann und Kolo Moser schwärmten von der Idee, und der erfolgreiche Kaufmann Fritz Wärndorfer willigte schließlich ein, das Unternehmen zu finanzieren. Den Kaffee konnten sich Moser und Hoffmann nämlich zu dieser Zeit schon selbst bezahlen, aber irgendeine Zeche mußte ein Mäzen schließlich übernehmen.

In der Folge blühten die Wiener Werkstätten bald auf. Alles, was gut und teuer war, wurde von Designern und Handwerkern in gemeinsamer Arbeit angefertigt – von der filigranen Schmucknadel bis zum fertig eingerichteten Haus.

Teuer waren die Produkte, alle signiert und mit dem Markenzeichen, dem berühmten doppelten W versehen, schon. Wenn auch längst nicht so teuer wie heute auf den Auktionen jeglicher Kunstgegenstand, von dem man annehmen darf, daß Josef Hoffmann auch nur einmal daran vorbeigegangen ist! Und schön waren die Produkte dieser fruchtbaren Epoche wohl. Am besten sieht man das heute vielleicht

noch am Palais Stoclet in Brüssel, das als Musterbeispiel eines Jugendstil-Gesamtkunstwerkes überlebt hat.
Die feinen Sächelchen aus den Wiener Werkstätten prägten nun den Geschmack der Zeitgenossen, aber nicht jeder, der auf den Geschmack kam, besaß auch die nötigen Mittel. Aber da bot sich bald eine preisgünstige Alternative an, das Einrichtungshaus »Haus und Garten«, gegründet von den Architekten Josef Frank und Oskar Wlach.
Frank ging 1934 nach Schweden, wo er als Chefdesigner der Stockholmer Firma Svenskt Term Stoffe, Möbel und andere Gebrauchsgegenstände entwarf. Der »skandinavische Stil«, der schließlich in Amerika ebenso wie in Europa die Wohnlandschaft der Wohlstandsgesellschaft prägen sollte, hat also auch einen österreichischen Vater.
Natürlich tat sich in Wien auch außerhalb der Wiener Werkstätten noch eine Menge Erwähnenswertes. Fürst Metternich hatte aus seiner rheinischen Heimat einen jungen Tischler nach Wien geholt, der 1842 von der k. k. allgemeinen Hofkammer das Privileg erhielt, Holz »in beliebige Formen und Schweifungen zu biegen«. Wozu das gut sein sollte, zeigte der wackere Handwerker, als er schließlich mit seinen drei Söhnen eine eigene Werkstatt aufmachte und begann, »Thonet-Sessel« zu produzieren. Die erste Bestellung kam – wie konnte es anders sein – aus einem Wiener Kaffeehaus. 1851 bei der Londoner Weltausstellung wurden die Bugholz-Kreationen der Familie Thonet, als »Vienna bentwood chairs«, ein großer Erfolg, und bald lief die Produktion auf Hochtouren – einige Jahre später waren vom Sessel Nr. 14 bereits viele Millionen ausgeliefert, und trotz dieser Massenauflage zählen Original-Thonet-Stühle heute zu den begehrtesten Sammelobjekten für Menschen, die ein wenig Kultur in ihre vier Wände bringen möchten. Aber Thonet war mit seinem »Wiener Stuhl« auch ein einmaliger Wurf gelungen, und noch 1927 behauptete Paul Henningsen: »Wenn ein Architekt diesen Stuhl fünfmal so

teuer, dreimal so schwer, halb so bequem und ein Viertel so schön entwirft, kann er sich einen Namen machen!«
Der Name Thonet jedenfalls hat sich unvergänglich auf der Sitzfläche aller Ästheten dieser Welt eingeprägt.

Auch die Glasnost kam seinerzeit in Wien zur Blüte, doch die Kunst, Durchsichtiges zu vermarkten, fand nicht in der Politik, sondern im Handwerk ihre höchste Ausprägung. Urahn Josef Lobmeyr kam aus Oberösterreich und wurde bald k. u. k. Hoflieferant für feines Glas. Sohn Ludwig, geboren 1829, brachte den Betrieb noch weiter: er beschäftigte die besten Designer der Zeit, und seine Gläser erreichten Weltruf. Aus den schönsten freilich trank nur er selbst – und manchmal eine erlesene Hundertschaft von Gästen, wenn er in seinem prachtvollen Ringstraßenpalais die Spitzen der Gesellschaft bewirtete. An Geld mangelte es nicht, denn die Produkte seiner Glashütten, Luster und Wandleuchten in künstlerischer Vollendung, hingen bei König Ludwig von Bayern ebenso wie in der Dresdner Residenz oder der Wiener Hofburg.
Der Familienbetrieb Lobmeyr hat die Stürme der Zeiten überstanden, heute führt bereits die fünfte Generation das Unternehmen, das 1973 sein hundertfünfzigjähriges Bestehen feierte. Und auch in der Zeit nach dem Kaiserreich hingen die Lobmeyr-Luster immer dort, wo gerade die erste Adresse war: in der Berliner Reichskanzlei und im Moskauer Kreml. In der großen Moschee von Mekka, im Kennedy-Center von Washington und in der New Yorker Metropolitan Opera – überall wirft Österreich sein Licht auf die gute Gesellschaft. Und läßt so manchen Star der High-Society noch heller strahlen.
Daß gerade die Österreicher dazu ausersehen sind, die Welt ins beste Licht zu rücken, findet auch ein junger Wiener namens Wolfgang Karolinsky. Der rührige Jungunternehmer hat mit einem wachen Sinn für Kunst und Geschäft an

die große Tradition des österreichischen Designs angeknüpft. Seine Firma Woka Lamps Vienna ist heute weltweit der einzig autorisierte Hersteller von Lampen nach Entwürfen von Josef Hoffmann, Adolf Loos und anderen Größen vergangener Tage. Aber um für das nächste Jahrhundert gerüstet zu sein, gibt Karolinsky auch den ganz jungen Kreativen eine Chance, ihre Ideen auf den Markt zu bringen. Jede einzelne Lampe, die seine Werkstatt verläßt, wird punziert sowie mit Jahreszahl und Zertifikat versehen – da weiß der Kunde wenigstens gleich, daß er ein Sammlerstück erworben hat. So ist die Kundenliste denn auch recht eindrucksvoll: Karl Lagerfeld hat ebenso zu Woka gefunden wie Jean-Paul Belmondo, und auch Steven Spielbergs bescheidenes Domizil im Trump-Tower hat davon profitiert. Die vielleicht größten Leuchten, die man im deutschen Bundestag findet, wie die originellen Lichtquellen, unter denen die bunten Steinchen des High-Society-Juweliers Bulgari so schön gleißen, gehören ebenfalls dazu.
Nur der Bundeswirtschaftskammer hat selbst Woka bisher keine Erleuchtung beschert: die verweigerte dem ambitionierten Unternehmer sogar die Berechtigung, das österreichische Staatswappen zu führen. Staatswappler darf nämlich bei uns nicht jeder werden, auch dann nicht, wenn seine Produkte schon einen besseren internationalen Ruf haben als der Adler himself. Karolinsky wird das wenig gestört haben, als seine Lampen mit Sonderausstellungen im Museum of Modern Art und im Centre Pompidou geehrt wurden. Nur Österreich selbst hat sich wieder einmal nicht ins rechte Licht gerückt, und Fachleute meinen, daß es auch noch Lichtjahre dauern wird, bis den Kammern einmal eine Glühbirne aufgeht.

Aber ehe wir von den Lebenden reden, kehren wir noch für einen Augenblick in die Vergangenheit zurück. Während Josef Frank auf den skandinavischen Raum wirkte, beein-

flußte ein anderer Österreicher die USA als Künstler und Lehrer: Ernst Lichtblau, dessen Name eng verbunden ist mit der Rhode Island School of Design. Und in Amerika arbeitete natürlich auch Friedrich Kiesler, der in Wien von 1910 bis 1913 an der Akademie am Schillerplatz studiert hatte. Kiesler war Maler, Bildhauer, Architekt und Designer, und in allem blieb er Avantgardist, als sich seine Zeitgenossen schon längst dem Niveauverlust der Kultur angepaßt hatten. Seinen Namen paßte er zwar seiner Umgebung an – Frederick John Kiesler hieß er für die Amerikaner –, aber mit seinen Ideen war er immer weit voraus. Seine Bühnenbilder und Einrichtungen, sein »Endloses Haus«, sein Schrein für die Schriftrollen vom Toten Meer, all diese Kunstwerke waren völlig unösterreichisch, völlig kompromißlos. Seine Maxime war: »Form folgt nicht der Funktion / Form folgt der Vision / Vision folgt der Wirklichkeit.« Dem konnten nur wenige folgen. Selbst im fortschrittsgläubigen Amerika fand er nur wenig Möglichkeiten, seine Visionen zu verwirklichen.
Aber das, was von ihm geblieben ist, hat auch die Chance zu bleiben.
Während es Kiesler erst lange nach seinem Tod in Wien zu einer großen Ausstellung brachte, konnte Bernhard Rudofski diese Würdigung in seiner alten Heimat gerade noch erleben, ehe er am 12. März 1988 in New York starb. Aufsehen erregt hatte dieser Kritiker der modernen Lebensgewohnheiten schon 1944 mit seiner Austellung »Are Clothes Modern?« im New Yorker Museum of Modern Art und 20 Jahre später am selben Ort mit »Architektur ohne Architekten«, einer Ausstellung, die insgesamt in 84 Museen gezeigt wurde – wohl weil das Thema den heimlichen Wunschtraum aller Menschen ausdrückt, die täglich mit den steingewordenen Sünden hochgerühmter Architekten konfrontiert sind.
Kurz nach Rudofski kam noch ein Altösterreicher zu Aus-

stellungsehren, der es in der Welt zu etwas gebracht hat: Friedrich von Berzeviczy-Pallavicini. Als hochbegabter Jüngling von Wiens damaligen Modezaren Wimmer-Wisgrill protegiert, lieferte er schon mit Zwanzig eine Sensation: sein »Boudoir einer Dame« mit einem von der Decke hängenden Bett wurde 1929 zum Jubiläum der Kunstgewerbeschule das vieldiskutierte Ereignis. Vom Gobelinentwurf bis zur Schaufenstergestaltung, von der Bonbonniere bis zur Inneneinrichtung der Demel-Salons wurde alles unter den Händen dieses Designers zu einer vielbestaunten, einmaligen »Inszenierung«.
Nach dem Anschluß zieht er als Frederico Pallavicini nach Italien und zeichnet für verschiedene Illustrierte. 1949 fährt er in die USA, arbeitet für die Zeitschrift *Look* und hebt *Flair* aus der Taufe.
Das ist lange her, aber gerade auf dem Mediensektor haben die österreichischen Kreativen zum Glück nicht nachgelassen. Martin Schmollgruber aus Ried im Innkreis besuchte die »Graphische« in Wien, arbeitete ein wenig in der Textilbranche in Mailand und übersiedelte 1980 zur Frauenzeitschrift *Elle.* Heute sitzt er in Paris als »Directeur Artistique« des Wochenblattes *Figaro Madame* und schupft mit österreichischem Schmäh ein Objekt von fast einer Million Auflage.
Ein anderer junger Österreicher hat gerade eine ähnliche Karriere in Amerika gemacht. Christian Guth hängte seinen Job beim österreichischen Wirtschaftsmagazin *Cash-Flow* an den Nagel, um sich am New Yorker »Pratt Institute« in Graphic Design fortzubilden. Aber dazu kam es nie, denn just zu dieser Zeit wurde in New York eine neue Zeitschrift gegründet: *Fame*, ein Blatt, das die Zielgruppe ansprechen soll, für die nur das Beste gut genug ist. Da braucht man die Besten auch in der Redaktion, und der junge Österreicher wurde vom Fleck weg engagiert, um das Styling der Promi-Postille zu übernehmen. Für Christian

Guth scheint der Weg zum Ruhm mit *Fame* gepflastert zu sein.
Auch auf anderen Gebieten haben sich gute Design-Ideen durchgesetzt. Lucas Scheybal hat beispielsweise eine Perestrojka-Uhr entworfen, die jetzt am Arm des »Dallas«-Produzenten Katzman auch nach Amerika einreiste. Und wie man munkelt, trägt sie heimlich sogar Michael Gorbatschow – damit er genau weiß, wann der Perestrojka in der UdSSR endlich die Stunde schlägt.
Eine nicht weniger ausgefallene Idee hatte Franz Siegesleuthner. Weil die kleine Schifabrik seines Vaters mit den großen Siegermarken der Konkurrenz nicht mithalten konnte, drehte er den Spieß einfach um. Ließ die Rennläufer seinerseits links liegen und umwarb die Schiläufer, die im Pulverschnee weniger nach Zehntelsekunden als nach Spaß suchen. Mit neuem Design. Der »Peng« aus der Serie »Fun Line 3« etwa hat einen Schwalbenschwanz. Und ein wunderschönes Pop-Art-Design haben alle Brettl der Firma Hagan. Kein Wunder, daß Siegesleuthner für seinen »Up-Side 4« schon 1987 den international begehrten japanischen Staatspreis für Design erhielt. Und die Auftragsbücher immer dicker werden.

Design ist ein Geschäft. Als lebendes Beispiel dafür darf man einen schon legendären österreichischen Designer anführen: Ferdinand Alexander Porsche. Der Enkel des berühmten Käfer-Konstrukteurs arbeitet in seinem Studio in Zell am See mit einem klitzekleinen Team am immer größer werdenen Erfolg. Zuerst im Familienbetrieb tätig, hat er sich mit 37 Jahren selbständig gemacht, seither klopfen die großen Firmen mit ihren Problemen bei ihm an. Und er löst sie mit Objekten von atemberaubender Schönheit und Funktionalität. Für Artemide hat er Lampen entworfen, für IWC die berühmte Titan-Uhr, für Yamaha den Kopfhörer, der bis in die Design-Collection des Museum of

Modern Art vorgestoßen ist. Daneben konstruiert er für die Zukunft – ein neues Fahrrad, ein neues Motorrad, zu neu, zu anders, als daß sich die Industrie bis jetzt dafür interessiert hätte. Und damit sich nicht nur eine große Firma Porsche-Design leisten kann, sondern jeder einzelne von uns, gibt es noch eine kleine Kollektion elitärer Luxusartikel, die unter diesem Markenzeichen verkauft werden: ein Pilotenkoffer etwa, eine Füllfeder, eine Sonnenbrille oder eine Tabakspfeife, alles schwarz und unverkennbar. Internationaler Luxus für Kenner.

Ferdinand Alexander Porsche und eine Handvoll anderer Designer haben erfolgreich an jene Zeiten angeknüpft, als Österreich noch eine Großmacht auf diesem Gebiet war. Es müßte natürlich noch viel geschehen, um diese Großmachtstellung wieder einzunehmen, aber Kreativität und künstlerisches Empfinden gehört ja noch immer zu den wichtigsten natürlichen Ressourcen dieses Landes. Um diese erfolgreich auszubeuten, bedürfte es allerdings Förderer, die selbst über ein Minimum an Geschmack verfügen – somit scheiden unsere einflußreichsten öffentlichen Funktionäre automatisch aus, und die Bemühung um gegenwartsgerechtes Design wird weiterhin jener kleinen Gruppe vorbehalten bleiben, die einfach nicht anders kann, als gegen den Strom zu schwimmen. Denn selbst wenn es dem Porsche gelingen sollte, einen ebenso formschönen wie funktionstüchtigen Politiker zu entwerfen, wird es noch lange dauern, ehe der Prototyp serienreif ist. Obwohl die Staatsbürger sicherlich damit einverstanden wären, in diesem Fall einmal eine Menge Steuergelder für gutes Design auszugeben.

SEX
oder
Die nackte Wahrheit

Liebe, Lust und Leidenschaft – reimt sich das am Ende auch noch auf Österreich? Nun, gewisse Anhaltspunkte deuten darauf hin. Beispielsweise der jahrhundertelang geltende Wahlspruch der Monarchie: »Andere mögen Kriege führen, du, glückliches Österreich, heirate!« Das heißt doch, etwas salopper formuliert, ganz eindeutig: »Make love, not war!« Die Blumenkinder in San Francisco wußten bloß nicht, daß sie diese lebensbejahende Philosophie von Österreich entlehnt hatten.

Heute denkt natürlich niemand mehr aus erotischen Gründen ans Heiraten. Auf die Ehe ist niemand mehr so recht erpicht – außer den katholischen Geistlichen. Die möchten ganz gern eine Frau, selbst um den Preis der ewigen Zweisamkeit. Und obwohl es noch nicht erlaubt ist, darf man zumindest darüber diskutieren. In Österreich jedoch hat man schon darüber gesprochen, als das noch ganz unvorstellbar war.

Bereits 1561 bat der Kämmerer Kaiser Maximilians II., Graf Adam Dietrichstein aus Graz, ein Fachmann für delikate Geheimmissionen, Papst Pius IV., die Priesterehe zu gestatten. Ohne Erfolg, aber es scheint doch, daß man hier in Fragen der Sexualität bahnbrechend war. Als der Österreicher Sigmund Freud dann auch noch die Libido erfand, wurde allen klar, daß hier ein außergewöhnlich aphrodisierendes Klima herrscht. Die modernen Österreicher sind sich denn auch der erotischen Erwartungen, die man in sie setzt, voll bewußt. Alle diesbezüglichen Umfragen haben ergeben, daß sich die überwiegende Mehrheit für außerge-

wöhnlich begabte Liebhaber hält. Nicht nur die Bademeister und Schilehrer, bei denen es ja zum Geschäft gehört, sondern auch die normalen Durchschnittsmänner, die nur zum Zeitvertreib bumsen.
Und sie sollten es eigentlich auch sein, denn nirgendwo gab es bedeutendere Lehrer auf diesem Gebiet, selbst wenn man von großen Landsleuten wie Sigmund Freud, Theodor Reik und Wilhelm Reich absieht, deren Lektüre zuviel Intelligenz voraussetzt, um so richtig anregend zu wirken. Denn da gab es einige, die schon direkter zur Sache kamen: Dr. Van Weck-Erlen zum Beispiel, der über 500 der gebräuchlichsten Positionen beim Liebesspiel zusammenstellte – und da ist die Missionarsstellung noch gar nicht mit gerechnet! –, vor allem aber Krafft-Ebing und Alexander von Sacher-Masoch.
Richard Freiherr von Krafft-Ebing, Jahrgang 1840, war Psychiater, Neurologe und Direktor der Landesirrenanstalt. In seinem Werk »Psychopathia Sexualis« schilderte er 238 Fälle von abnormem sexuellem Verhalten. Natürlich wurde es ein Weltbestseller, obwohl der Titel ja nicht gerade eine anregende Nachtlektüre versprach. Und er hielt dieses Versprechen auch, denn genau die saftigsten Stellen, um derentwillen man das dickleibige Buch unter größter Heimlichkeit erworben hatte, waren meist in Latein oder Französisch abgefaßt. Immerhin lernten gebildete Leser ein paar interessante Varianten des Geschlechtslebens kennen, die auch einen beichterfahrenen Kaplan noch überrascht hätten.
Wie steht es denn bei Ihnen zu Hause mit der Frottage, dem Vergewaltigen von Marmorstatuen oder dem Fetischismus mit Kinderhandschuhen? Also wenn es einmal langweilig wird – Krafft-Ebing belebt die Sinne!

Während Freiherr von Krafft-Ebing eine breite Palette von Möglichkeiten offerierte, konzentrierte sich sein Adelskollege Ritter Leopold von Sacher-Masoch im wesentlichen auf eine Perversion. Natürlich nur beim Sex, ansonsten war er recht vielseitig, denn er schrieb nicht nur leicht pornografische Romane, sondern gab auch *Die Gartenlaube* heraus. Und er war gleich unter mehreren Namen tätig, wovon Charlotte Arand und Zoe von Rodenbach besonders hübsch klangen. Außerdem wirkte er noch als Privatdozent für Geschichte in Graz und ist jetzt schon der dritte Sexpionier in diesem Kapitel, der mit Graz zu tun hat, was man nun wohl nicht mehr als Zufall abtun kann.

Der Name Sacher-Masoch ist unsterblich geworden. Wobei allerdings das Sacher keine so bedeutende Rolle spielt wie das Masoch – er hat nämlich nicht die Torte erfunden, sondern die Tortur. Den Masochismus, den er – wo auch sonst? – am eigenen Leibe ausprobierte. Dabei war er sehr gründlich. Er schloß mit den Damen seiner Wahl sogar Verträge ab. Gegenüber Frau von Pistor, seiner Geliebten, verpflichtete er sich, ihr ein halbes Jahr lang alle Wünsche und Launen zu erfüllen. Sie mußte ihm nur täglich sechs Stunden Zeit zur Arbeit lassen und so oft wie möglich Pelze tragen, vor allem wenn sie ihm irgendwelche Grausamkeiten antat.

Schade, daß der Ritter Leopold zu früh auf die Welt gekommen ist. Heute würde ihm die Gewerkschaft eine Arbeitswoche von 35 Stunden ermöglichen, da hätte er noch viel mehr Zeit zum Leiden.

Aber im Vertrag mit seiner Frau Wanda konnte er ohnehin keinen Arbeitstag mehr herausschinden, ihr hatte er Zeit, Blut, Geist und Ehre zu opfern, durfte überhaupt nur mehr als Sklave im Staub vor seiner Herrin liegen und ohne Murren das Füßchen küssen, das ihn trat. Und sollte er fliehen wollen, hatte sie das Recht, ihn zu Tode zu quälen.

Heute klingt das vielleicht ein bißchen barbarisch, aber im Grunde sind die Männer doch dieselben Masochisten geblieben: erst treten sie in den Sklavenstand der Ehe, und

wenn sie fliehen wollen, hat die Frau das Recht, sie mit finanziellen Forderungen zu Tode zu quälen.
Ja, sie sind schon ein armes Geschlecht, die Männer. Was die Frauen hingegen sind, hat der Wiener Philosoph Otto Weininger in seinem Werk »Geschlecht und Charakter« ganz deutlich ausgesprochen: minderwertig, seelenlos, schamlos und nur daran interessiert, die Männer auf diese niedrige Stufe herabzuziehen!
Und da ist es wieder von Vorteil, daß die Männer Masochisten sind und sich das gern gefallen lassen. In Österreich geht sich das eben alles ganz fein aus, zumindest in der Theorie.

In der Praxis hingegen hatte das Liebesleben ja immer einen kleinen Pferdefuß: die unverhoffte Empfängnis. Um Nachwuchs zu verhüten, gab es ja vor der Erfindung der Pille nur ein einziges Mittel, das völlig sicher war und auch von der katholischen Kirche akzeptiert wurde: die Impotenz. Freilich, weder diese noch die völlige Enthaltsamkeit stieß bei der breiten Masse auf echte Begeisterung.
Also mußte sich wieder einmal ein Österreicher etwas einfallen lassen, und diesmal war ein gewisser Hermann Hubert Knaus an der Reihe. Nach seinem Studium etablierte er sich erst einmal als Chirurg in Graz. Aber diese Stadt muß irgendein besonderes Reizklima haben. Dr. Knaus verlor die Lust an der Chirurgie und wirkte fortan als Gynäkologe. Recht erfolgreich, denn 1950 brachte er gemeinsam mit dem Japaner Ogino ein epochales Werk heraus: »Die fruchtbaren und unfruchtbaren Tage der Frau«. Erstmals lernten liebeshungrige Menschen nun eine Methode kennen, um unerwünschte Schwangerschaften zu vermeiden. Umgekehrt konnten sie natürlich auch die Tage ausrechnen, die zur Fortpflanzung besonders günstig waren – und mit dieser Ausrede konnten sich auch fromme Menschen das Buch kaufen.

Leider war die Knaus-Ogino-Methode, im Volksmund auch »vatikanisches Roulette« genannt, nicht total narrensicher. Schon deshalb, weil man dazu Kenntnisse in Buchführung und Mathematik brauchte, die dem Großteil der Menschen überhaupt abgehen und dem Rest zumindest in den Augenblicken der Leidenschaft. Aber zumindest gab das bloße Vorhandensein der Methode den Liebeswilligen wieder neue Impulse, und man darf annehmen, daß durch die bahnbrechende Arbeit des Dr. Knaus wieder allerhand Leben in die Betten kam.
Als später dann durch Pille und Kolle und Kinsey und Masters der Sex zu einer eher lästigen, aber unvermeidlichen Alltagserscheinung wurde, zogen sich die österreichischen Theoretiker vornehm zurück. Auf diesem Fachgebiet konnte ja ein Gelehrter kaum noch mit einem beliebigen Teenager mithalten. In dieser Zeit übernahmen dann die schwedischen Volksaufklärer das Kommando, die den Schulkindern beibrachten, Sex sei »etwas genauso Normales wie das Händewaschen oder Zähneputzen«, woraufhin viele junge Menschen, die schon in der Hygiene eine durchaus vermeidbare Perversion sahen, auch noch vom Geschlechtsverkehr abgeschreckt wurden.
Eine rühmliche Ausnahme unter den damaligen Wortführern der sexuellen Revolution war lediglich der Autor Jan Hagel, der in seinem Buch »Liebe unter 6 Augen« verunsicherten Menschen plausibel zu machen versuchte, daß Sex kein Kampfsport ist und Erotik durchaus Spaß machen kann. Es braucht kaum noch erwähnt zu werden, daß Hagel vor der Abfassung seines Werkes zehn Jahre in Graz verbracht hat.
Lehrmeister der Theorie hat Österreich also zur Genüge hervorgebracht. Und zum Glück auch so viele schöne Frauen, daß man die Praxis nicht ganz aus den Augen verlieren konnte. Einige davon wurden weltberühmt, zum Beispiel Hedy Kiesler. Natürlich nicht als Hedy Kiesler, son-

dern als Hedy Lamarr, der erste Nackt-Star der Kinogeschichte. Nur mit ihrem Sex bekleidet, hüpfte sie in einer kurzen Szene des Films »Ekstase« durch den Wald und über die Leinwand. So viel Frivolität konnte natürlich nur aus Österreich kommen, aber andere wollten auch etwas davon haben, und bald landete der Nackedei in Hollywood. Dort angekommen, wurde sie von einem Filmboß streng befragt:
»Sind Sie wirklich nackt aufgetreten?«
»Ja –«
»Haben Sie gut ausgesehen?«
»Ja!«
»Na, dann ist ja alles in Ordnung!«
In Amerika war man zwar damals nach außen hin noch entsetzlich prüde, aber natürlich hatten die Studiobosse die Lamarr nicht wegen ihres überreichen Talents engagiert, und meistens wurde sie in Rollen eingesetzt, in denen sie höchst dekorativ entkleidet agieren konnte. Die Rechnung war einfach: sie zog sich aus und das Publikum an.
In der Rolle der Delilah war sie ein wenig unglücklich, denn ihr Samson, verkörpert von Victor Mature, schaffte es, in den Liebesszenen immer sein Gesicht in die Kamera zu halten. Regisseur Cecil B. de Mille hörte sich ihre Beschwerden an und tröstete sie dann mit den weisen Worten: »Aber Hedy, glaubst du wirklich, in Amerika gibt es auch nur einen Mann, der auf Victors Gesicht schaut, wenn er deinen Hintern sehen kann?«
Hedy Lamarr blieb nicht Österreichs einziger Sex-Export. Romy Schneider zeigte, als sie erst einmal dem Sissy-Kitsch entwachsen war, in einigen Streifen wie etwa »Trio infernal« sogar den Franzosen noch, wie das oh, là, là! funktioniert.
Und als Hauptdarstellerin von »Emmanuelle 6« versucht die blonde Vorarlbergerin Nathalie Uher, die Weltkarriere von Sylvia Kristel, der »Emmanuelle 1«, nachzuvollziehen.

Nathalie, von der die Zelluloid-Fachleute behaupten, sie hätte das Zeug zum Superstar – obwohl Zeug ein unschöner Ausdruck für das ist, was Nathalie zum Superstar machen könnte –, war übrigens auch das jüngste Playmate in Hugh Hefners Gartenlaube für die reifere Jugend. Wie ja überhaupt die Herrenmagazine nicht mehr ohne österreichischen Glamour auskommen – auch im *Penthouse* finden wonnigliche Wienerinnen immer wieder als Girls des Monats oder des Jahres eine neue Heimstätte.
Aber sie sind nicht nur auf dem Papier begehrt, sondern auch auf einer anderen Unterlage. Das Model Kim Andrea Stockinger gilt als neue Flamme von Alt-Rambo Sylvester Stallone. In allen Ehren natürlich, wie sich das für eine höhere Tochter aus Wien gehört: »Ich habe ihm schon bei unserer ersten Verabredung klargemacht, daß er mich wie eine Lady und nicht wie einen Betthasen zu behandeln hat.« So stand's im *Basta*, aber weshalb sich eine Lady ausgerechnet so einen abgehalfterten Muskelprotz aussucht, steht wohl nur in den Sternen.
Aber im *Basta*, einer Illustrierten, die sich sehr um die erotische Aufklärung der Österreicher annimmt, stand auch noch eine andere Liebesgeschichte, die die weltweite Nachfrage nach österreichischer Frauenschönheit unterstreicht. Tina Onassis ließ sich mit Privathubschraubern die Wiener Malerin und Szene-Berühmtheit Maria Lahr nach Skorpios einfliegen. Denn, so schreibt der Reporter nach dem frühen Tod der griechischen Milliarden-Erbin sichtlich beeindruckt: »In Wirklichkeit war Maria Lahr Tinas letzte Liebe.«
Hier gibt es eben Frauen für jede Gelegenheit. Erste Liebe, letzte Liebe, und wenn's sein muß, auch für die Lieben zwischendurch.
Diesem Lande dampft der Sex eben aus allen Poren. Und wer es nicht glaubt, der kann sich in einer Familiensauna davon überzeugen. Dort findet man zwar keine Familien,

aber alles, was zur Gründung einer solchen nötig ist: Männlein und Weiblein, bunt gemischt in paradiesischer Nacktheit. Auch das ist eine Spezialität, die uns andere Nationen neiden. Aber denen fehlt eben der Sinn fürs Wesentliche. Der sexte Sinn!

WERBUNG
oder
Tu den Dichter in den Tank

> Neun von zehn Filmstars lesen
> Peter Orthofers
>
> WAHRHEIT ÜBER ÖSTERREICH
>
> ! Atemberaubend !
> ! Unglaublich !
> ! Sensationell !
> Auch bei 30, 60 und 90 Grad.
> Von führenden Waschmaschinenherstellern
> empfohlen.
> Orthofer is it!

Das ist Werbung. Informativ, ehrlich, intelligent. So wie sie tagtäglich vom Fernsehen, von der Presse und von Plakaten verbreitet wird.
Natürlich ist nicht jede Werbung gleich gut. Über manches Produkt läßt sich ja kaum etwas Positives sagen. Da müssen die Werbetexter dann schon zu Superlativen greifen.
Aber am schönsten sind die Slogans, die ganz kurz, treffend und einprägsam sind. Die eigentlich nur noch die Marke in den Vordergrund stellen. Also etwa: »Silanisieren Sie mit Silan!« Da fragt sich doch kein Schwein mehr: Könnte ich vielleicht auch mit Kakao silanisieren? Oder mit getrockneten Glühwürmchen? O nein, da greift man wie in Trance zur Silanflasche.
Oder wenn der gute Onkel vom Fernsehen sagt: »Persil bleibt Persil!« Da kommt doch gar nicht der Verdacht auf,

Persil könnte etwas anderes bleiben, als es ist. Scheibenkleister vielleicht oder Bratensoße. Nein, Persil bleibt Persil – und das, obwohl es ja laufend verbessert wird!
Das ist Markenwerbung. Eine Kunst, die in der New Yorker Madison Avenue groß geworden ist – Mad Ave. ist nicht zufällig die Abkürzung dafür.
Aber geboren wurde diese Kunst in Österreich. Ihr Vater hieß Josef Kyselak. Kyselak war ein begabter Mensch. Als Hofkammerbeamter, Schriftsteller und Wanderer hätte er durchaus einen bescheidenen Bekanntheitsgrad erringen können. Aber bescheiden war er nun keineswegs. Er wollte mit Gewalt einen Marktartikel weltberühmt machen: den Kyselak. So begann er seinen Namen auf jede freie Fläche zu schreiben, Kyselak hier, Kyselak da. Anfangs wußten seine Zeitgenossen natürlich nicht, was ein Kyselak ist, und es war ihnen auch herzlich egal. Aber langsam begann die Reklame Früchte zu tragen. Man wußte zwar noch immer nicht, was ein Kyselak ist, aber jeder wollte einen haben!
Schließlich stellte sich heraus, daß es sich dabei lediglich um einen jungen Menschen handelte, der nichts lieber las als seinen eigenen Namen in möglichst großen Lettern. Und man sagte lachend: »Ein armer Spinner!« Aber war er das wirklich? Was tun denn heute die Leute alles, um berühmt zu werden?
Menschen, die keine Stimme haben, werden Rock-Sänger und zupfen sich auf der einsaitigen Gitarre die Finger wund. Menschen, die keine Augen haben, werden Modeschöpfer und verkleiden ganz ansehnliche Frauen mit einem Zweimannzelt aus Musselin. Und Menschen, die kein Hirn haben, werden Politiker und kriechen anderen Politikern hinten hinein, bis sie ganz groß herauskommen.
Radrennfahrer scheuern sich den Hintern wund und Starletts detto auf dem Trip zu einem zweifelhaften Ruhm. Millionen Menschen bringen sich fast um, nur damit ihr Name eines Tages irgendwo genannt wird.

Da war Herr Kyselak doch bedeutend klüger. Er hielt sich nicht erst lange mit einer absonderlichen Leistung auf, er brachte überhaupt nichts ein – nur seinen Namen. Und hatte Erfolg!
Gewiß, auch der war nicht leicht verdient. Er mußte die Monarchie von vorn bis hinten durchstreifen, manchmal Felswände oder Brückengeländer erklimmen und ständig der Polizei ausweichen. Das ist eben der Fluch des Ruhms! Sogar Kaiser Franz I. befahl ihn eines Tages zu sich, um ihm die Flausen aus dem Kopf zu treiben. Kyselak versprach untertänigst, sich zu bessern. Aber als er den Kaiser verlassen hatte, was stand da in den Staub auf des Kaisers Schreibtisch gemalt? Kyselak.
Freilich, die ständige Aufregung tat ihm nicht gut. Er verschied 1831 noch in jungen Jahren, weitgehend unbeweint. Und an all den Wänden, wo einst Kyselak stand, steht heute längst Pepsi. Aber immerhin, er war der geistige Vater der Markenwerbung, dieses Verdienst bleibt ihm unbenommen!
Spätere Werbefachleute verstanden unter Verdienst allerdings etwas anderes, mehr Pekuniäres. Und so fanden sich denn die besten auch dort, wo am meisten zu verdienen war: in Amerika. Was noch lange nicht heißt, daß es keine Österreicher waren. Im Gegenteil, das größte Genie der Branche kam wieder aus Wien, ein Denker und Dichter. Er hieß sogar so. Dichter, Ernest.
Allerdings gab es noch zwei Wiener vor ihm, die in diesem Zusammenhang erwähnenswert sind. Ernst Deutsch, geboren 1887, machte sich schon früh einen Namen – nämlich den Namen Dryden, unter dem man ihn auch in der Kulturgeschichte suchen muß. Dryden arbeitete als Werbegrafiker, vor allem in Wien und Berlin, wo er zum »Verein deutscher Reklamefachleute« gehörte. Er war ein früher Meister der Plakatkunst, und viele seiner damaligen Entwürfe für Bugatti, Canadian Club Whiskey oder Cinzano

liegen heute in Museen oder werden zu Höchstpreisen auf Auktionen gehandelt. Aber Dryden wußte, daß die gute Werbung über das Plakat hinausging, und mit seiner Arbeit für die Firma Knize schuf er sozusagen ein kommerzielles Gesamtkunstwerk.

Der bekannte Herrenausstatter Knize hatte sich bereits von Loos ein neues Geschäft bauen lassen, und Dryden erfand für den aufgeschlossenen Modemacher sozusagen die erste Corporate Identity – eine durchgehende grafische Linie, die vom Rechnungsblock bis zur Plakatwerbung unverkennbar war. Die verschiedensten Luxusprodukte, von der Garderobe für den Herrn bis zum Sonnenöl für die Dame, trugen seine Logos – zum erstenmal gab es unter einem Markenzeichen eine Fülle modischer Artikel, lange bevor es bei den heute marktbeherrschenden Firmen wie Gucci, Cartier oder Dunhill soweit war.

Als der Fünfzigjährige nach Amerika ging, fing er noch einmal an. Er hatte zwar schon ein bißchen Mode für Coco Chanel entworfen, aber nun stattete er ganze Hollywood-Filme aus. Mit Modellen, die dann auch für die Konfektion adaptiert und in den Kaufhäusern von Saks und Macy's verkauft wurden. Aber auch als Modedesigner hatte er einen »Markenartikel« im Auge: er war es, der in erster Linie den selbstbewußten, fast maskulinen Stil von Marlene Dietrich kreierte.

Aus einer ganz anderen Ecke kam der Wiener Paul Felix Lazarsfeld, ein Soziologe, 1901 geboren und 1933 bekannt geworden mit seiner Studie über die Folgen der Langzeitarbeitslosigkeit in Marienthal.

1934 zog Lazarsfeld in die USA und arbeitete am Institute for Sociological Radio Research in Princeton und an der Columbia University. Er wurde in Amerika zu einem großen Pionier der Meinungsforschung und des Infratests, die inzwischen für die Werbebranche immer wichtiger geworden sind. Denn erst wenn Bello seine Meinung zum Hundefutter kundgetan hat und Oma ihre zum Fernsehprogramm – in manchen Haushalten soll es auch genau umgekehrt sein –, erst dann weiß die Werbung ja, wo, wie und wann sie ihre Millionen ausgeben soll.

Einer der berühmtesten Schüler von Lazarsfeld war Ernest Dichter, geboren 1907. Dichter studierte in Wien Psychologie, aber das war ja kaum anders zu erwarten, wohnte er doch in der Berggasse, genau gegenüber der Praxis eines gewissen Dr. Freud.
Schon unter Schuschnigg hatte er im Gefängnis gesessen, und diese Erfahrung wollte er unter Hitler nicht unbedingt wiederholen, also ging er nach Paris. Damals prägte er den Begriff von der Motivforschung, aber mit Motivation und Manipulation hatte er sich schon früher beschäftigt: wie hätte sich ein kleiner, rothaariger Judenjunge sonst wohl in Wien durchsetzen können? In Paris schaffte er es genauso. Er überzeugte den amerikanischen Konsul, daß er zwar die 5 000 Dollar für ein Visum nicht aufbringen könne, Amerika aber dringend seiner Fähigkeiten bedürfe. Wie sich herausstellte, war das keineswegs gelogen. Schon sein erster eigenständiger Job fand im *Time Magazine* Erwähnung unter der Überschrift: »Junger Wiener Psychologe entdeckt Goldmine für Chrysler Corporation.« Dichter hatte lediglich ein bißchen besser hingehört als die üblichen Marktforscher und festgestellt, daß die Frau eine ganz wichtige Rolle beim Kauf eines Autos spielt, und das führte schließlich zu einem völligen Umdenken bei der amerikanischen Automobilwerbung. Von Women's Lib konnte zwar damals noch keine Rede sein, aber es war eindeutig die Frau, die entschied, welches Auto ins Haus kam, und an diese Frau wendete man sich auf Dichters Rat nun auch mit der Werbebotschaft.
Während des Krieges beschäftigte er sich allerdings mit härteren Themen – sozusagen als Widerpart von Goebbels

in der Rundfunkpropaganda. Auch diese Schlacht hat Dichter gewonnen. So konnte er sich beruhigt wieder seinem eigentlichen Job zuwenden: die Konsumgesellschaft in Schwung zu bringen.

Er gründete das Institute for Motivational Research in Croton-on-Hudson im Staat New York. Wo er beispielsweise erforschte, daß Waren symbolische Assoziationen ausüben, ein »Geschlecht« haben – Kuchen ist weiblich, Fleisch ist männlich –, was fromme Katholiken vielleicht dazu bewog, die Sachertorte und das Wiener Schnitzel in getrennten Räumen aufzuheben, vor allem aber den Produzenten neue Möglichkeiten eröffnete, uns noch mehr davon anzudrehen. Natürlich kann sich der Konsument davor schützen, indem er einfach Dichters eigenes »Why-not-Prinzip« anwendet – zumindest braucht er sich dann nicht mehr manipuliert zu fühlen, sondern kann gleich mit Lust und Liebe konsumieren.

Selbstverständlich hat Dichter auch seine Kritiker gefunden – vor allem Vance Packard hat in seinem Buch »Die geheimen Verführer« die psychologischen Attacken der Werbung enthüllt und angeprangert. Dichter sieht das heute als Glücksfall. »Ich wurde zu einem schrecklichen Bösewicht gestempelt. Aus aller Welt riefen Leute an, wie furchtbar das wäre, was ich machte – und ob ich es nicht auch für sie tun könnte! Und zu welchem Preis!«

Aber Dichter nennt seine Methoden weniger Manipulation als angewandte Anthropologie. Er sucht nach dem Hintergrund und findet ihn meist in biologischen Faktoren. Ein Beispiel, von ihm so nebenbei in einem Gespräch erwähnt: »In der Tierwelt war das größte Tier meist der Rudelführer. Ich weiß es noch nicht, aber vielleicht hat so etwas auch Einfluß auf die amerikanischen Wahlen – Dukakis ist klein.«

Inzwischen weiß man, wie recht Ernest Dichter hatte. Daß er der bedeutendste Werbefachmann der Welt geworden ist, steht außer Zweifel. Eigentlich hätte dazu ja ein einziger seiner vielen Einfälle genügt: »Tu den Tiger in den Tank!« Das ist kein Slogan mehr, das ist schon ein Zitat.

Über das Image seiner alten Heimat hat er sich auch manchmal Gedanken gemacht. Und geraten, Österreich nicht länger als das Wiener Schnitzel von vorgestern zu betrachten, das da zwischen West und Ost liegengeblieben ist, sondern es anzubieten als Füllhorn der verschiedensten Möglichkeiten.

Wie sofortige Recherchen bei den verantwortlichen Stellen ergeben haben, besteht in dieser Richtung noch keine Gefahr. Mit der Tradition wird nicht gebrochen. Und hierzulande war es eben schon immer Tradition, daß man sich noch eher dazu durchringen konnte, einen Dichter zu feiern, als auf ihn zu hören.

FILM
oder
Wie kam die Kunst nach Hollywood?

Vorsicht! Das ist wieder ein furchtbar peinliches Kapitel. Man wird uns hassen, treten und schlagen, wenn das bekannt wird! Nur wer sich zu absolutem Stillschweigen fähig hält, darf die folgenden Seiten zu Gesicht bekommen. Wer nachts im Schlaf redet oder den landesüblichen Verhörmethoden der Polizei nicht gewachsen ist, sollte lieber weiterblättern. Denn in diesem Kapitel muß um der historischen Wahrheit willen einmal gesagt werden: Was wäre Hollywood ohne Österreicher? Purkersdorf mit Palmen!

Nach Aussage der Wiener Schauspielerin Gisela Werbezirk ist es das ohnehin immer gewesen. Aber nach Aussage anderer Experten wäre es das ohne Österreicher in noch viel höherem Maße. Und der Film als solcher – naja, ob der ohne unsere Hilfe weit über die Laterna magica hinausgekommen wäre, ist stark zu bezweifeln. Auch wenn es uns inzwischen gelungen ist, diese Tatsache gut zu verschleiern. Heute weiß man allgemein: die meisten Filme produziert man in Asien, die besten in Amerika und die künstlerisch wertvollsten in Frankreich. Österreich ist ein weißer Fleck auf der Landkarte, ein unterentwickeltes Land, das in den letzten Jahrzehnten nicht einmal ein Lichtspiel produzieren konnte, das wenigstens die heimischen Kinos gefüllt hätte. Der wichtigste Grund dafür dürfte sein, daß es in Österreich eine Filmförderungsstelle gibt. Die von Beamten geleitet wird – was wohl alles erklärt.

Und außerdem ist eben kein Geld da für solche Spielereien. Soweit wäre ja alles in Ordnung. Die derzeitige Situation können wir jederzeit zugeben, ohne die Neider auf den

Plan zu rufen. Wir müssen nur geschickt verbergen, daß Österreich trotz allem für den Welterfolg dieses Mediums ganz arg mit verantwortlich ist.
Begonnen hat es eigentlich schon 1832, als Simon von Stampfer ein Gerät erfand, das laufende Bilder vortäuschte. Aber er konnte nicht viel damit anfangen, denn er war ein würdiger Gelehrter und dachte nicht an profane Unterhaltung. So dauerte es wieder ein paar Jahre, bis sich ein Österreicher mit der Kinematografie beschäftigte. Das war Franz Freiherr von Uchatius, Feldmarschalleutnant der k. u. k. Armee, weltbekannt geworden durch die Erfindung einer Stahlbronze, aus der man wunderbare Geschützrohre machen konnte. Zwischendurch betätigte er sich etwas friedlicher und entwickelte 1846 einen Laufbildprojektor. Aber da er solche Kleinigkeiten gar nicht auswertete, verzögerte sich die Eröffnung des ersten Kinos abermals.
Aber dann kam Theodor Reich, Sprößling einer Brunnenmacherfamilie, der sich als Maler und später als Drucktechniker versuchte. Und weil er sich gern allerlei komplizierte Dinge ausdachte, konstruierte er 1894 in London einen Apparat, um bewegliche Lichtbilder zu projizieren. Das war nun endgültig das Geburtsjahr des Kinos – aber was machte der biedere Österreicher daraus? Gar nichts.
Als ihm während einer Vorführung der Filmstreifen verbrannte, verlor er die Freude daran und stellte das ganze Zeug auf den Dachboden. Er wußte ja nicht, daß sich zur gleichen Zeit Thomas Alva Edison die Finger wund konstruierte, um einen solchen Apparat herzustellen – was ihm übrigens nie gelang, er kaufte sich später nur etwas Ähnliches und brachte es unter seinem Namen heraus. Sehr wohl gelang es aber den Brüdern Lumière, die am 8. Dezember 1895 zur ersten Vorstellung ins Grand Café am Boulevard des Capucines in Paris einluden. Davon erzählte man auch Theodor Reich, und nach anfänglichem Sträuben ließ er sich 1896 ein englisches Patent auf seinen Apparat geben,

der schon damals alle wesentlichen, noch heute geltenden Konstruktionsprinzipien aufwies. Den Ruhm haben zwar die Brüder Lumière eingeheimst, aber um der Wahrheit willen muß man doch zugeben: das Kino verdankt seine Entstehung Reich und Österreich.

Und daß es heute in Wien das älteste Kino der Welt gibt, zeigt, daß die traditionelle Filmbegeisterung hier ungebrochen ist. Einen wesentlichen Beitrag zur Filmgeschichte lieferte auch der Grazer Carl Mayer. Er entwickelte das Drehbuchschreiben zu einer eigenen Kunstform, und sein Buch für den Film »Sylvester« war 1924 das erste gedruckte Drehbuch überhaupt. Aber nicht genug damit, auch die Einführung der bewegten Kamera – die vorher nur starr vor sich hingeglotzt hatte – verdanken wir diesem Pionier des modernen Films.

Und weil wir gerade bei der Kamera sind – der Gründer der Wiener Moviegroup, Fritz Gabriel Bauer, entwickelte eine ganz neue 35-Millimeter-Kamera, die »Moviecam«, die er selbst produziert und zum Stückpreis von 2 bis 4 Millionen Schilling anbietet. Etwas teurer, zugegeben, als die übliche Kleinbildkamera der Familienväter, aber es gibt genügend Interessenten für dieses technische Wunderwerk, mit dem Filme wie »The Texas Chainsaw Massacre« und »Desperately Seekin' Susan« oder die Fernsehserie »Mike Hammer« gedreht wurden. Die höchste Würdigung seiner Erfindung war in »Anerkennung für einen wichtigen Beitrag zur Entwicklung der Filmtechnik« 1987 der »Scientific and engineering award of the Academy of motion pictures, arts and sciences«. Weniger hochtrabend ausgedrückt: den Oscar hat er gekriegt.

Aber damit sind die technischen Glanzleistungen der Österreicher noch nicht erschöpft. Der moderne Zeichentrickfilm wurde von Max Fleischer aus der Taufe gehoben, und der Wiener Rudolf Bach erfand in Amerika die Synchronisation. Damit sollte es beispielsweise möglich werden, daß englische oder chinesische Filme auch in Österreich verstanden werden konnten. Was nicht ganz gelang, denn die meisten Filme werden in Deutschland synchronisiert, und die dort verwendeten Ausdrücke sind für den ans Schönbrunner-Deutsch gewöhnten Österreicher oft schwerer verständlich als die Originaltexte.

Daß Österreich auf dem technischen Sektor Erstaunliches geleistet hat, ist nun klar. Aber das ist noch gar nichts, denn jetzt kommen wir erst zum Künstlerischen! Und da kann man wohl sagen: ohne Österreicher wäre Hollywood heute vielleicht nichts als ein preisgünstiges Baugrundstück am Rande von Los Angeles. Daß sein Name noch immer so einen magischen Klang hat, daran sind unendlich viele Künstler aus der Alten Welt beteiligt. Drehbuchautoren wie der Oscar-Preisträger von 1942, Georg Fröschl, wie Berthold Viertel oder Walter Reisch, der 1952 für seinen Film »Titanic« den Oscar erhielt. Produzenten wie Sam Spiegel, der seinen Oscar für »Die Brücke am Kwai« einheimste, und Filmkomponisten wie Max Steiner, der die Musik zu »Vom Winde verweht« und »Casablanca« schrieb und – ein einsamer Rekord – 26mal für den Oscar vorgeschlagen wurde. Schauspieler wie Joseph Schildkraut, der den begehrten Preis zweimal erhielt, und Regisseure wie Billy Wilder, der zu Hause gleich sechs Oscars stehen hat.
Überhaupt waren es besonders die österreichischen Regisseure, die Hollywood – und damit dem internationalen Film – ihren Stempel aufgedrückt haben.
Erich von Stroheim, geboren 1885 in Wien, war einer der ersten, die eine internationale Karriere anstrebten. 1906 ging er als Schauspieler in die USA, trat in allen möglichen Varietés auf und kam schließlich zum Film. Er drehte »Die lustige Witwe« und »Hochzeitsmarsch« – als Stummfilm, was besonders reizvoll gewesen sein muß. Aber er war ein

Genie, und bald fand Hollywood heraus, daß man sich ein Genie als Regisseur nicht leisten konnte. Vor allem, wenn es absoluten Perfektionismus verlangte. So machte Stroheim drei Tage lang nichts anderes, als einer Gruppe von Statisten beizubringen, wie man in Österreich richtig grüßt. Als er dann noch forderte, die als kaiserliche Garde verkleideten Kleindarsteller müßten seidene Unterwäsche mit Monogramm tragen – obwohl man sie im Film nur in voller Uniform sah –, feuerte ihn der Produzent in hohem Bogen. Stroheim bekam keine Regieaufträge mehr und mußte sich relativ kümmerlich als Darsteller durchschlagen. Nur wenn er eine gute Rolle erhielt, wie 1950 von seinem Landsmann Billy Wilder in »Sunset Boulevard«, dann bewies er wieder, welch immenses Talent ihm zur Verfügung stand. Amerika wußte das nie so richtig zu schätzen, aber für die Cineasten Frankreichs, wo er seine letzten Jahre verbrachte, blieb er auch über seinen Tod hinaus eine Kultfigur als Regisseur und Schauspieler.

Im selben Jahr wie Erich von Stroheim wurde auch der große Regisseur Georg Wilhelm Pabst geboren. Er drehte 1925 den einzigen deutschen Film, den Greta Garbo gemacht hat, »Die freudlose Gasse«, und einige Jahre später den Welterfolg »Die Dreigroschenoper«. Hollywood empfing ihn nach diesen Film mit offenen Armen, doch was er dort auch anpackte, ging schief. Pabst war einer der wenigen, die schließlich nach Europa zurückkehrten. Daß er noch immer ein Meister war, bewies er nach dem Krieg mit dem österreichischen Film »Der Prozeß«.

Eine typische Hollywoodkarriere machte hingegen der Altösterreicher Michael Curtiz, der zuvor schon in Wien den einzigen österreichischen Monumentalfilm »Sodom und Gomorrha« gedreht hatte. Er machte alle Arten von Filmen und fast immer erfolgreich, egal ob es ein Schinken wie »Sinuhe der Ägypter« oder ein Familienmärchen war wie »White Christmas«. Sein großer Beitrag zur Filmge-

schichte aber bleibt »Casablanca«, an dem auch der österreichische Schauspieler Paul Henreid und der Komponist Max Steiner mitarbeiteten. Wohl Grund genug dafür, daß es heute in Österreich eine populäre Zigarettenmarke namens »Casablanca« gibt und jeder Zug daraus ein bißchen zur Unsterblichkeit dieses Kultfilms beiträgt.
Zu denen, die in Hollywood nicht so gut Fuß fassen konnten, gehörte der Wiener Leinwandgigant Fritz Lang. Glitz und Glamour aus der Traumfabrik war nicht seine Sache, er sah den Beruf des Regisseurs ohne Romantik: »Es gibt keine Entbehrung, die nicht getragen werden muß, keine Arbeit, der man sich entziehen darf, mehr schlaflose Nächte als Schlaf, mehr Arbeit als Ruhe, mehr Bitterkeit als Süßes.« Nach diesem Credo schuf er hintergründige, mystisch angehauchte Filme, die noch heute das Publikum in ihren Bann ziehen – »Metropolis« etwa oder den Klassiker von 1931, »M«, mit dem grandiosen Peter Lorre. Und weil er auch so eindrucksvolle Filme über Siegfried und die Nibelungen gemacht hatte, sahen ihn die Nazis als wertvollen deutschen Kulturträger. Als Fritz Lang im »Testament des Dr. Mabuse« einem Irren Naziparolen in den Mund legte, wurde der Film zwar verboten, aber das Dritte Reich wollte ihm diesen Ausrutscher noch einmal verzeihen. Der allmächtige Goebbels befahl Lang in sein Büro, aber anstatt der befürchteten Sanktionen gab es Kuchen und Tee. Und dann machte ihm der Propagandaminister ein einmaliges Angebot: Fritz Lang sollte die gesamte deutsche Filmindustrie leiten, mit unbegrenzter Macht und unbegrenzten Mitteln!
Nach dieser Plauderei mit Goebbels entschied sich Lang ziemlich rasch. Er fuhr nicht einmal mehr nach Hause, um seine Zahnbürste einzupacken, sondern gleich zum Bahnhof und nahm den nächsten Zug nach Paris, von wo es dann später weiterging nach Hollywood. Lang hielt dort mit seiner Überzeugung, er sei der größte europäische Re-

gisseur, nicht hinterm Berg, aber das beeindruckte die Amerikaner nicht gebührend. Zwar erhielt er einen hochdotierten Jahreskontrakt von MGM, aber keine Arbeit. Statt Filme drehte er Daumen. Erst 1936 drehte er »Fury«, und wider Erwarten – das Studio wollte den Streifen eigentlich schon wegschmeißen – wurde es ein großer Erfolg. 1942 hatte Lang dann noch einmal die Möglichkeit, einen signifikanten Film zu machen: »Hangmen Also Die«, die Geschichte des Heydrich-Attentats. Als Drehbuchautor holte er sich Bert Brecht, der ganze 3 000 Dollar dafür bekam und im Nachspann nicht genannt wurde. Denn auch Brecht war wie Lang einer von den Europäern, für die man sich in Hollywood nicht erwärmen konnte. In Brechts Theaterproduktion »Galileo« in Los Angeles sah man übrigens noch einen Österreicher: Hugo Haas, der den Nazis 1939 in Prag und 1940 in Paris um Haaresbreite entkommen war. Da man ihm in Amerika keine sonderlichen Chancen bot, griff er zur Selbsthilfe. Als Autor, Darsteller und Regisseur kleiner Filme wurde er der erste unabhängige Produzent, der mit den Giganten Hollywoods konkurrierte. Seine Filme wie »Pickup« sind inzwischen Klassiker geworden, dennoch nicht so berühmt, daß man von dem Künstler in Wien groß Notiz genommen hätte, als er in den späten sechziger Jahren zurückkehrte. Da saß der wunderbare alte Mann, immer begleitet vom Pudel Dodo, abends in der Marietta-Bar und sprach weniger über alte Erfolge als über neue Projekte, die er noch realisieren wollte. Aber zu der Zeit war Wien schon längst keine Filmstadt mehr, und ein kleiner Fernsehfilm war alles, was Hugo Haas vor seinem Tod noch schaffen durfte.

Josef von Sternberg, geboren 1894 in Wien und damals weit entfernt von einem »von«, kam nicht als Emigrant in die USA. Er lernte dort sein Handwerk schon, ehe er 1930 in Deutschland einen Welterfolg schuf – »Der blaue Engel«

mit Emil Jannings und Marlene Dietrich. Aber er hatte bereits davor die Kritiker von seiner Genialität überzeugt, und schon 1928 reihten ihn 225 US-Filmjournalisten auf die Frage nach dem besten Regisseur an erster Stelle. Bei den Dreharbeiten in Deutschland gab er sich ja noch sehr bescheiden, als er dem Bildhauer Rudolf Belling einmal versicherte: »Aber nein, mein lieber Rudolf, so hoch sind meine Gagen in Hollywood wirklich nicht, ich verdiene bestenfalls dreimal so viel wie der Präsident der Vereinigten Staaten.«

Aber nach dem Erfolg des »Blauen Engels« legte er dann schon einen Zahn zu. »Was glauben Sie, wer ich bin?« brüllte er einen Schauspieler an. »Ich habe Zigtausende von Jüngern in aller Welt!« Woraufhin der Schauspieler bemerkte: »Toll! Wenn man bedenkt – sogar Jesus hatte nur zwölf!«

Mit seiner größten Entdeckung, Marlene Dietrich, machte Sternberg in Amerika noch fünf weitere Filme. Viele andere Stars taten sich in der Zusammenarbeit mit dem despotischen Regisseur allerdings schwer, und man setzte das Bonmot in Umlauf, er hätte das Regieführen direkt bei Adolf Hitler gelernt. Und selbst sein Freund Lubitsch sagte einmal als Gast bei Sternberg: »Joe, ich trinke auf dein Wohl. – Du verstehst, daß ich nur einen ganz kleinen Schluck mache!«

Ein anderer Tyrann der Traumfabrik war Otto Preminger, 1906 in Wien geboren, war er schon 1923 Assistent von Max Reinhardt bei den Salzburger Festspielen. 1935, als er Direktor des Theaters in der Josefstadt war, ließ er sich von einem Abgesandten der Twentieth Century-Fox nach Hollywood abwerben. Aber schon 1937 überwarf er sich mit dem allmächtigen Studio-Boß Darryl Zanuck und verließ in der Folge Hollywood, um am Theater zu arbeiten. Doch er kam wieder, mit dem Krimi »Laura«, und nach diesem Hit hatte ihm Hollywood alles verziehen. Seine wirklich große

Zeit aber kam erst, als er in den fünfziger Jahren auch sein eigener Produzent wurde und sich seine Filmstoffe aussuchen konnte. Und wie er das konnte! Preminger wurde der absolut populärste Regisseur der USA. Die Schauspieler litten allerdings manchmal unter ihm, denn seine Sturheit und sein messerscharfer Witz waren weiterhin gefürchtet. Nachdem er mit Marilyn Monroe »Fluß ohne Wiederkehr« gedreht hatte, meinte er, das sei genauso einfach, wie mit dem Wunderhund Lassie zu arbeiten: »Man muß sie nur jede Einstellung etwa zwanzigmal wiederholen lassen, bis sie an der richtigen Stelle bellt!« Aber trotz aller Schwierigkeiten kam immer ein Erfolg heraus, auch wenn er Filme wie etwa das Rauschgiftdrama »Der Mann mit dem goldenen Arm« gegen den Widerstand aller öffentlichen Stellen durchboxen mußte. Und die schauspielerische Leistung, die er Frank Sinatra in der Titelrolle abverlangte, war atemberaubend.

Die strenge Glatze war sein Markenzeichen. Man munkelte, er rasiere sie täglich, weil sie als Phallussymbol seinen Erfolg bei den Damen garantiere. Bei einer Pressekonferenz behauptete er allerdings, früher hätte er auch Haare gehabt. Die seien ihm erst verlorengegangen, als er mit Harry Belafonte arbeitete. Aber Belafonte schluckte die kleine Spitze mühelos. »In Hollywood haben sie Preminger immer den ›Preußen‹ genannt«, sagte er einem Reporter. »Was heißt ›Preuße‹ – er war ein Tyrann! Aber er hat mit ›Carmen Jones‹ den ersten Film mit einer total schwarzen Besetzung gedreht. Das war nicht nur für mich der Durchbruch, auch für Sidney Poitier, für Dorothy Dandridge, Lena Horne, für uns alle. Denn vorher gab's in Hollywood höchstens farbige Stubenmädchen und Chauffeure, kleine Nebenrollen.«

Der Österreicher Preminger hat Hollywood tatsächlich verändert. Rasse, Religion, Rauschgift oder der Mißbrauch der Politik, er hat jedes Tabu gebrochen, und das vor einem breiten Publikum. In »Carmen Jones«, »Anatomie eines Mordes«, »Exodus« oder »Advice and Consent«. – Was immer der gefürchtete »Preuße« aus Wien noch gemacht hat – sein Denkmal hat er sich schon frühzeitig gesetzt. Nur aus Zelluloid, aber wer weiß, ob das nicht länger hält als mancher Marmorstein.

Weit weniger spektakulär, aber nicht minder bedeutend für die Filmwelt, war ein anderer Österreicher. Oscar-Preisträger Fred Zinnemann, geboren 1907, ging schon als junger Mann nach Amerika, begann als Kameramann und wurde schließlich ein gefeierter Regisseur. Aber er muß in all den Jahren seines Triumphes unglaublich bescheiden geworden sein, denn für ihn fehlen die unglaubwürdigen Lobeshymnen, die liebevollen Spitznamen, die köstlichen, von leidgeprüften Publicity-Agenten erfundenen Bonmots und die charakteristischen Anekdoten. Von Zinnemann sprechen nur seine Filme, aber die laut genug. Zumindest zwei davon sind unvergängliche Klassiker geworden: »High Noon« und »Verdammt in alle Ewigkeit«.

Ja, und dann gibt es natürlich noch einen Österreicher, der sich überhaupt nicht beschreiben läßt. Der die Kunst zum kommerziellen Erfolg führte und aus dem Kommerzfilm ein Kunstwerk machte. Billy Wilder, geboren 1906, begann als Journalist in Wien. Irgendwelche schönen Beine lockten ihn nach Berlin, wo er mal als Schreiber, mal als Eintänzer brillierte, aber auch schon erste Erfahrungen in der Filmbranche sammelte. Wie seine meisten Kollegen emigrierte er 1933 nach Paris, wo er im Hotel Ansonia, einer billigen Absteige, mit Künstlern wie Peter Lorre und den Komponisten Friedrich Holländer und Franz Waxman residierte.

Aber es waren eben schon zu viele da, und es gab zu wenig Arbeit. Wilder hatte Glück, konnte Hollywood ein Script verkaufen und ergatterte so eine Fahrkarte und einen 6-Monats-Vertrag. 500 Dollar im Monat, das war nicht gerade ein Vermögen, vor allem in Hollywood, wo es von Millionären nur so wimmelte. Aber es war ein Anfang. Nur war der Anfang nach einem halben Jahr wieder zu Ende, Wilder hatte weder ein Einkommen noch ein Visum und mußte sich erst einmal in Mexiko niederlassen, um von dort wieder regulär in die USA einzureisen. Eine Zeitlang teilte er sich ein billiges Zimmer mit Peter Lorre, der auch einen mühsamen Weg bis zum Starruhm zurückzulegen hatte. Es waren echte Hungerjahre. Meist gab es für Wilder nur eine Dose Suppe am Tag. Manchmal konnte er ein paar Gags verkaufen, manchmal lieferte er selbst welche: für 80 Dollar sprang er auf einer Party voll bekleidet in den Swimmingpool. So lernte er auf recht drastische Weise, worüber seine Zeitgenossen lachen konnten.

Aber er war jung und zäh und trotzig entschlossen, Hollywood dennoch zu erobern, und es gelang ihm schließlich wie keinem zweiten. Sein erster wirklich aufsehenerregender Film war »Double Indemnity«, nach dem Kriminalklassiker von James M. Cain. Das Studio mochte den Stoff nicht, kein Schauspieler wollte die Hauptrolle haben, und auch Wilders verläßlichster Ko-Autor lehnte nach der Lektüre des Romans jegliche Mitarbeit ab. Also wurde ein anderer Autor engagiert: Raymond Chandler. Damals noch nicht der gefeierte Romancier, aber schon schwierig genug. Zwischen Wilder und Chandler gab es eher Krieg als Zusammenarbeit, aber wenn Wilder auch manche Schlacht verlor, den Krieg gewann er doch: der Film wurde ein großer Erfolg. Wilder konnte sich endlich als Dreieinigkeit von Autor, Regisseur und Producer durchsetzen, und schon für seinen nächsten Film »Lost Weekend« erhielt er seinen ersten Oscar. 1950 schuf er wieder einen Klassiker, einen Film, der Hollywood entlarvte und seinem Regisseur nicht gerade Beliebtheit einbrachte, aber bei den Kritikern noch heute unter den besten Filmen der Welt rangiert: »Sunset Boulevard«.

Plötzlich galt Wilder als das größte Talent des amerikanischen Films – und wer immer das behauptet hat, behielt recht. Wilder lieferte einen Kinohit nach dem anderen und verhalf damit auch seinem Lieblingsdarsteller Jack Lemmon zu einer Weltkarriere. Sogar die Arbeit mit der in Fachkreisen gefürchteten Marilyn Monroe hielt er durch, auch wenn er dabei seufzte: »Früher hat man Marilyn für acht Uhr bestellt, und sie kam um zwölf. Jetzt bestellt man sie für April, und sie kommt im September!« Immerhin, der große Leinwandzauberer hat es schließlich doch geschafft, aus der dümmlichen Sexbombe eine hinreißende Komödiantin zu machen – »Das verflixte 7. Jahr« und »Manche mögen's heiß« sind ein unwiderlegbarer Beweis dafür. Billy Wilder hat für Drehbuch und Regie insgesamt sechsmal den Oscar erhalten, neben zahlreichen anderen Preisen und einer Würdigung, die Hollywoods Künstler nur ihren Allergrößten für das Gesamtschaffen verleihen: den »Life Achievements Award«.

Der kleine Journalist, der aus Wien wegging, um die Welt zu erobern, hat es tatsächlich geschafft. An seiner Größe wird man noch lange kommende Talente messen.

Daß die möglicherweise wieder aus Österreich kommen, scheint nicht ausgeschlossen. Der junge Robert Dornhelm zum Beispiel scheint gerade eine Weltkarriere zu beginnen. Sein Film »Echo Park« war bereits eine beachtenswerte Empfehlung für den Newcomer. Aber natürlich hat Österreich dem internationalen Film nicht nur begnadete Regisseure geliefert. Auch der berühmteste Agent der Stars kam von hier. Paul Kohner, der »Zauberer vom Sunset Boulevard«, wie ihn seine dankbaren Klienten nannten – darunter nicht nur ausgesprochene Filmleute wie Charles Bronson oder Ingmar Bergmann, sondern auch Künstler wie Erich Maria Remarque, Bruno Traven und Marcel Pagnol. Kohner konnte sich sogar gegen Giganten wie die William-Morris-Agentur behaupten, und wieviel seine persönliche Betreuung den Kunden wert war, hat niemand besser formuliert als die österreichische Schauspielerin Gisela Werbezirk, die ein Angebot der Konkurrenz mit den Worten ausschlug: »Lieber hab ich keinen Job durch Paul Kohner als einen fetten Vertrag durch William Morris.«

Womit wir auch schon bei den Schauspielern wären. Auch da kann man nur ein paar nennen, von den vielen, die international ein Begriff wurden. Paul Muni beispielsweise, geboren noch unter dem Namen Weisenfreund, der schon als Teenager am Yiddischen Theater in New York brillierte und später neben zahlreichen anderen Auszeichnungen auch den Oscar bekam. Und wenn man an Paul Muni denkt, fällt einem auch gleich Luise Rainer, seine Partnerin, ein, eine ehemalige Josefstadt-Schauspielerin, die gleich zweimal mit dem Oscar dekoriert wurde. Ihr großer gemeinsamer Erfolg war die Filmversion von Pearl. S. Bucks Roman »Die gute Erde«. Ausgerechnet zwei Österreicher holte Hollywood vor die Kamera, um Chinesen zu spielen! Das klingt ebenso absurd wie die Tatsache, daß der Österreicher Zinnemann den besten Wildwestfilm aller Zeiten – »Zwölf Uhr mittags« mit Gary Cooper und Grace Kelly – geschaffen hat.

Aber Österreicher sind eben zu allem fähig!

Einen Oscar erspielte sich auch Maximilian Schell im »Nürnberger Prozeß«, aber trotz dieser Auszeichnung wurde er in den USA nie so populär wie in Europa. Ähnlich erging es Romy Schneider, die nur kurz in Hollywood aufschien, während sie in Frankreich zur beliebtesten und höchstdotierten Schauspielerin wurde.

Einen Abstecher nach Amerika machte auch der einzigartige und einzigartig schwierige Oskar Werner. Er reiste mit dem »Narrenschiff« und verdiente sich damit prompt den Oscar. Daß er drüben nicht allzu beliebt werden konnte, dafür sorgte das sensible Genie schon selbst. Eine kleine Geschichte, die das illustriert, erzählte er einmal unter Kollegen in Berlin: Bei der Oscar-Verleihung sei plötzlich ein fremder Mann mit seiner Clique an seinen Tisch gekommen und habe ihm gratuliert. »Aber er hat sich nicht einmal vorgestellt, und ich fragte ihn: Wer sind Sie eigentlich?«

Nun, es war ja bloß Frank Sinatra mit seinem üblichen Gefolge. Der Oscar von Oskar war vorläufig der letzte für einen österreichischen Schauspieler. Aber das kann sich ja bald ändern. Da Österreich über keine eigene Filmindustrie verfügt, sind die Schauspieler ohnehin gezwungen, in der weiten Welt ihr Glück zu machen. Und als Anwärter für den Preis der höchsten Schauspielkunst haben wir ja zwei ganz heiße Eisen im Feuer: Klaus Maria Brandauer und Arnold Schwarzenegger. Beide haben zumindest das nötige Selbstvertrauen dafür, und so kann eigentlich gar nichts dazwischenkommen. Außer, Brandauer wird Burgtheaterdirektor und Schwarzenegger Präsident. Aber bei den Gagen, die sie inzwischen gewohnt sind, werden sie sich solche Jobs ohnehin nicht mehr leisten können.

HUMANITÄT
oder
Hauptsache, die Richtung stimmt

Seinerzeit war das große Österreich wie alle Großen, manchmal gnadenlos und unbarmherzig. Aber es gab auch Männer im Hause Österreich, denen Frömmigkeit, Weisheit und Gerechtigkeit ein aufrichtiges Herzensbedürfnis waren. Gerade jene Herrscher, unter denen das Habsburgerreich seine größte Ausdehnung erlangte, gehören dazu – Karl V. und sein Sohn Philipp II. Ihre Sozialgesetzgebung für die Einwohner Südamerikas war so revolutionär, daß sie von Che Guevara hätte sein können. Die Indianer waren den spanischen Eroberern praktisch gleichgestellt, zu gefährlichen Arbeiten durften sie nicht herangezogen werden, bezahlter Krankenurlaub und kostenlose ärztliche Betreuung waren selbstverständlich. Sonn- und Feiertage waren arbeitsfrei. Das aus dem 15. Jahrhundert überlieferte Bergbaugesetz über den 8-Stunden-Tag wurde 1593 auch für die Arbeiter an den westindischen Österreichbastionen eingeführt. Die Monarchie hat den 8-Stunden-Tag also mehrere Jahrhunderte früher verwirklicht, als er von der »Internationale« gefordert wurde. In Peru und Kolumbien wurde von Philipp II. sogar dekretiert: »Sieben Stunden und nicht mehr.« Es soll Gegenden in Südamerika geben, wo es den Ureinwohnern seither nie wieder so gut gegangen ist.

Gewiß, Österreich hat viele Rückfälle in die Barbarei erlebt, aber Ansätze zu einem fortschrittlichen Sozialstaat hat es zwischendurch immer wieder gegeben.

Individuelle Ansätze zu einer maßvollen, ausgleichenden Politik gab es auch im sogenannten »Völkerkerker der

Monarchie«, und neben allem heroischen Geschwätz war auch der Einsatz für eine friedliche Welt immer wieder ein wichtiges Thema für bedeutende Österreicher.

Ganz besonders augenfällig wurde das bei Bertha Freifrau von Suttner, geboren 1843 als Tochter des Feldmarschall-Leutnants Graf Kinsky. Es war zwar schlimm für sie, aber gut für die Nachwelt, daß der militärische Papa schon vor ihrer Geburt starb, sonst hätte sie wahrscheinlich mit Zinnsoldaten spielen müssen und hätte einen ganz anderen Charakter entwickelt. So wie die Dinge lagen, wurde sie eine überaus charmante und gebildete Person. Sängerin zu werden blieb ein Wunschtraum, dazu reichte die Stimme – die später einmal die ganze Welt aufwecken sollte – nicht. In der Liebe hatte sie auch kein Glück, und sie wurde mit Dreißig schon als alte Jungfer abgestempelt, als sie auf Arthur Gundaccar von Suttner stieß. Quel horreur! Der Freiherr war sieben Jahre jünger, ein Skandal drohte. Man schickte Bertha weit weg, nach Paris als Sekretärin, zu dem bekannten Industriellen Alfred Nobel. Der mußte aber schon nach wenigen Wochen wegen wichtiger Geschäfte Paris verlassen, da fuhr die Bertha wieder heim, packte ihren Liebsten und floh mit ihm nach Tiflis! Die etwas ausgedehnte Hochzeitsreise durch den wilden Kaukasus dauerte mehrere Jahre, bis sich die Familie beruhigt hatte und das glückliche Paar sich wieder zu Hause niederlassen konnte. Bertha hatte inzwischen begonnen, Romane und Novellen zu verfassen, und machte sich damit langsam einen Namen.

Der große Durchbruch aber kam erst, als sie ihre Friedenssehnsucht in ihr literarisches Werk einfließen ließ. Der flammende Appell, der sich schon im Titel ihres Buches »Die Waffen nieder!« ankündigte, ließ im Jahr 1889 die Welt aufhorchen. Das Werk wurde in unzähligen Auflagen und Übersetzungen herausgebracht, und fortan wirkte Bertha von Suttner nur noch auf diesem Gebiet. 1890 grün-

dete sie die Österreichische Friedensgesellschaft und inspirierte auch die übrige Welt zu ähnlichen Bestrebungen. Unermüdlich hielt sie Vorträge, unermüdlich schrieb »diese Amazonenhand, die so tapfer Krieg gegen den Krieg führt«, wie es ihr tiefbeeindruckter ehemaliger Chef Alfred Nobel ausdrückte, glühende Manifeste für den Frieden. Schließlich konnte sie Nobel auch becircen, daß er einen Teil seines mit Sprengstoff verdienten Vermögens dem Friedenswerk hinterließ. In Form eines Preises, dessen Vergabebedingungen eigentlich auf Bertha zugeschneidert waren. Sie war denn wohl auch ein wenig enttäuscht, daß sie nicht gleich den ersten Friedens-Nobelpreis erhielt, aber Henri Dunant, als Begründer des Roten Kreuzes 1901 der erste Empfänger dieser Auszeichnung, machte das mit einer artigen Verbeugung wieder gut: »Dieser Preis, Madame, ist Ihr Werk, denn Sie sind es, durch die Herr Nobel in die Friedensbewegung eingeweiht wurde, und auf Ihr Zureden erst hat er sich zu deren Förderer gemacht.« Diese Worte machen verschiedenes klar, nämlich, daß die Friedensbewegung ein alter Hut ist, und wenn sie einem heute manchmal so militant erscheint, dann kommt das wahrscheinlich noch immer vom Dynamit.
Bertha von Suttner jedenfalls bekam ihren Friedens-Nobelpreis auch noch, zumindest als erste Frau der Welt im Jahr 1905. Was ihr nur ein weiterer Ansporn war. Als sie eben dabei war, 1914 einen großen Weltfriedenskongreß in Wien zu arrangieren, starb sie im Alter von 71 Jahren. Gerade noch rechtzeitig, um das – vorläufig – endgültige Scheitern ihrer Bemühungen nicht mehr miterleben zu müssen. Denn wenige Tage später wurden die Schüsse eines Attentäters in Sarajevo zum Auslöser einer beispiellosen Menschheitstragödie: der Erste Weltkrieg brach an.

Für Österreich war dieser Krieg – mehr als jedes andere historische Ereignis – die Wende. Eigentlich eine Wende zum

Guten, denn als das Grauen zu Ende ging, war von der einstigen Großmacht nicht mehr übriggeblieben als ein winziger, kaum lebensfähiger Rest. Ein Kleinstaat, der alle inneren und äußeren Bedrohungen in den Jahren von 1918 bis 1955 überstand und sich endlich zu seiner heutigen Berufung durchringen konnte: als neutraler westlicher Staat Maßstäbe für Demokratie, Freiheit und friedliches Miteinander zu setzen. So gesehen fällt Österreich heute eigentlich die wichtigste Rolle seiner tausendjährigen Geschichte zu.

Und der Wille, diese Rolle gut zu spielen, wurde mehr als einmal unter Beweis gestellt. Nicht nur, weil Wien zu einem internationalen Konferenz- und Verhandlungszentrum geworden ist, wo Staatsmänner einander treffen und bei einer gepflegten Melange über Abrüstung oder Menschenrechte plaudern können. Sondern vor allem, weil Österreich sich anderer Menschen und ihrer Rechte auf Freiheit und Menschenwürde auch praktisch angenommen hat. Die erste große Bewährungsprobe dafür gab es schon 1956.

Am 23. Oktober versammeln sich in Budapest 100 000 Menschen zu einer Demonstration, das sieben Meter hohe Stalindenkmal wird gestürzt, man versucht, das Rundfunkgebäude zu stürmen, die Sicherheitspolizei schießt in die Menge, Soldaten ergreifen die Partei der Demonstranten, überlassen ihnen die Waffen – die ungarische Revolution hat begonnen. Noch in der Nacht rollen russische Panzer an, aber der Aufstand ist nicht mehr unter Kontrolle zu bringen. Die Sowjetunion verspricht schließlich, ihre Truppen abzuziehen, zögert den Abmarsch aber hinaus.

Ungarische Militärs, die über den Truppenabzug mit den Sowjets verhandeln sollen, kehren nicht mehr zurück. Ministerpräsident Imre Nagy ruft die Neutralität aus und bittet die UNO, Garantien dafür zu übernehmen. Aber der Westen hat schon zu lange tatenlos zugesehen. Am 4. No-

vember beginnt der letzte Akt des ungarischen Freiheitskampfes. 1 000 russische Panzer, von Kampfbombern unterstützt, greifen Budapest von allen Seiten an. Die ungarische Armee ist machtlos, ihr Führer General Pál Maléter längst von den Sowjets liquidiert. Radio Budapest ruft noch einmal den Westen: »Unsere Zeit ist kurz. Die Tatsachen sind bekannt. Helft Ungarn, helft der ungarischen Nation, den Arbeitern, Bauern, Intellektuellen. Hilfe! Hilfe! Hilfe!« Als niemand half, begann die Massenflucht aus Ungarn. Bis zur endgültigen hermetischen Abriegelung der Grenzen im Frühjahr 1957 gelangten 153 000 Flüchtlinge nach Österreich. Der selbst erst vor kurzem frei gewordene Staat hatte die Chance, sich als Asylland zu bewähren. Und anscheinend gelang das. Denn für »die beispielhafte und vorbildliche Leistung« sprachen die Vereinten Nationen der Bevölkerung und Regierung von Österreich offiziell Dank und Anerkennung aus.
Die Ungarn haben das den Österreichern auch nicht vergessen. War es auch ein paar Jahre lang politischer Zündstoff, daß Österreich die »Konterrevolutionäre« so gastlich aufgenommen hat, jetzt, wo die Budapester Regierung zugegeben hat, daß es sich sehr wohl um einen »Volksaufstand handelte, der nur zum Schluß einige konterrevolutionäre Züge aufwies« (ein feiner dialektischer Kompromiß), sind die Beziehungen der beiden Länder längst wieder nachbarlich – wie eh und je. Und als schönstes Zeichen einer neuen Freundschaft im Donauraum darf man werten: Statt 1988 am 7. November wieder einmal die Russische Revolution zu feiern oder am 15. März 1989 den Aufstand gegen die Herrschaft der Habsburger, drangen Zehntausende Ungarn über die Grenze nach Österreich. Nicht, um hier zu demonstrieren, sondern um die zu Hause heißbegehrten Videorecorder und Stereoanlagen in Wien einzukaufen. Der Konsum hat Kaiser und Kommunismus längst besiegt.

1968 gab es abermals Alarm an Österreichs Grenzen: der Prager Frühling wurde von sowjetischen Panzern niedergewalzt. Diesmal war der Flüchtlingsstrom nicht ganz so gewaltig, aber für viele Reformer, besonders die Intellektuellen, die voll auf Dubček gesetzt hatten, wurde Wien wieder die erste Station der Emigration.
Aber Österreich als Tor zur Freiheit hat ja Tradition, nicht nur bei militärischen Konflikten in den Nachbarländern. So wurden Tausende iranische Juden, die aus Angst vor dem Khomeini-Regime nach Pakistan geflohen waren, von der österreichischen Botschaft in Islamabad mit österreichischen Visa ausgestattet. Und aus der Sowjetunion sind in den letzten 20 Jahren 280 000 Juden über Wien in den Westen gekommen. Tausende von ihnen, die in Israel nicht Fuß fassen konnten, haben sich in Österreich niedergelassen. Auch nicht gerade ein Zeichen dafür, daß es mit dem Antisemitismus hierzulande weit her ist.
Österreichs neue Haltung und Aufgabe den Mitmenschen gegenüber wird auch durch die Arbeit eines Mannes betont, der zu seinem 80. Geburtstag in aller Welt gefeiert wurde. Präsident Reagan war der prominenteste Gratulant von 2 500 Menschen, die 1988 im Century Plaza Hotel in Los Angeles zusammenkamen, um Simon Wiesenthal zu ehren. Der 31. Oktober wurde dort zum Simon-Wiesenthal-Tag erklärt, ein Simon Wiesenthal Center befindet sich im Bau. Der Österreicher überlebte zwölf Konzentrationslager – neben seiner Frau als einziger von 89 Familienmitgliedern, die der Holocaust fraß. Die Beinamen wie Eichmann-Häscher und Nazijäger geben nicht das richtige Bild von ihm und der Arbeit seines Dokumentationszentrums. Simon Wiesenthal ist keiner, der Rache sucht, sondern Gerechtigkeit; die objektive Abklärung der Vergangenheit, um einen objektiven Einstieg in eine bessere Zukunft zu ermöglichen, die Entlarvung der Verbrecher von gestern, um den Verbrechen von morgen vorzubeugen. So ist seine Ar-

beit wichtig für einen Staat, der seine Aufgabe als Trendsetter der Humanität sehen muß. Und Österreich darf stolz sein, daß dieser große Österreicher und unermüdliche Einzelkämpfer seiner Heimat treu geblieben ist und sich zu ihr bekennt. Das gibt Hoffnung für Österreichs künftige Rolle in der Welt.

Auch andere Österreicher haben in den letzten Jahren versucht, ihrer Heimat durch ganz verschiedene, individuelle Aktionen ein neues Image zu geben. Der Schauspieler Karlheinz Böhm hat mit »Menschen für Menschen« binnen kurzer Zeit die größte private Hilfsaktion für Millionen hungernde Afrikaner aus dem Boden gestampft.

Der Schauspieler Dietmar Schönherr versucht es mit praktischer Hilfe in Südamerika. Warum sich gerade zwei Schauspieler derartiges zumuten, konnte bisher nicht geklärt werden – jedenfalls sind es die besten Rollen, die sie in ihrem Leben gespielt haben.

Und noch einen Österreicher kennt man heute als Pionier der Menschlichkeit. Hermann Gmeiner gründete 1951 in Imst das erste SOS-Kinderdorf. 1963 entstand schon das erste Kinderdorf in Übersee – in Taigu – im leidgeplagten Korea. Als Hermann Gmeiner 1986 starb, gab es bereits 233 Kinderdörfer in 87 Staaten, in denen mehr als 50 000 Kinder betreut wurden. Und die Idee lebt weiter und verbreitet sich, auch wenn der schlichte Mann, in dessen Kopf sie entsprungen ist, nicht mehr unter den Lebenden weilt.

Aber genug davon. Schlagzeilen macht man mit Skandalen und Katastrophen, das Positive langweilt den verwöhnten Leser. Wir haben nur ein paar Beispiele gebracht, um zu dokumentieren, daß es tatsächlich Österreicher gibt, die versuchen, diese Nation in eine neue, wichtige Rolle zu drängen.

So ist man manchmal direkt versucht, dem Dichter Grillparzer die Worte aus dem Mund zu nehmen und lauthals zu deklamieren: Es ist ein gutes Land ...

Aber am nächsten Tag ist man wieder nüchtern, hört schon vor dem Aufstehen die neuesten Nachrichten aus Politik und Zeitgeschehen und beginnt den neuen Tag eher mit einem anderen Dichterwort – dem klassischen Götzzitat. Und man denkt sich: Wer ist bloß schuld daran, daß alles nicht so ist, wie es sein könnte. Und dann blickt man in den Spiegel und sieht sich. Und weiß alles. Ein österreichisches Schicksal.

ABSCHLUSSBERICHT
(Nur für Patrioten)

Österreich hat besonders in den letzten Jahren mit seiner Negativwerbung schöne Erfolge erzielt. Im Inland ebenso wie im Ausland gilt es als ideale Deponie für Sondermüll wie Verlogenheit, Arbeitsscheu, Antisemitismus, Unbelehrbarkeit, Dummheit, Verschlafenheit und Parteienwillkür. Kurz: als negatives Vorbild für alle Staaten der Welt.

Die Raunzer im Landesinneren und die Polemiker in den Redaktionen der Weltpresse haben sich wirklich angestrengt, um dieses einzigartige Bild von Österreich zu zeichnen. Aber ihre ganze aufopfernde Arbeit ist in Gefahr. Wie dieser Geheimreport von der Insel der Seligen erstmals enthüllt, ist beinahe stündlich damit zu rechnen, daß sich das Image Österreichs ins Gegenteil verkehrt!

Schon aus dem vorliegenden Material geht eindeutig hervor, daß die Österreicher ein durchaus lebensfähiges, kreatives und zu besonderen Leistungen prädestiniertes Volk sind. Wir haben versucht, diesen Eindruck durch kritische Randbemerkungen so weit wie möglich abzuschwächen, aber ganz ist es uns nicht gelungen. Viele Fakten lassen sich eben auch mit einer bewußt negativen Einstellung nicht aus der Welt schaffen.

Noch besteht kein Grund zur Panik. Wie dieser Report beweist, stammen die meisten bewunderungswürdigen Großtaten österreichischen Geistes aus vergangenen Epochen. Teilweise auch von Bevölkerungsschichten, die heute auf ein Minimum zusammengeschrumpft sind, wie etwa das gebildete Großbürgertum oder besonders die jüdische Intelligenz.

Aber was passiert, wenn sich wieder ähnliche Schichten entwickeln? Was passiert, wenn wieder fähige Menschen in Politik, Wirtschaft und Kultur eingreifen? Es fehlen ja nur noch kleine Schritte, um uns an den Rand des Abgrunds zu führen.

Wenn die Parteien nicht mehr mit Korruption und Intrigen voll ausgelastet sind, wenn die Gewerkschaft nicht mehr zur Leistungsverhinderung antritt und das Wort »Wettbewerbsfähigkeit« in ihren Sprachschatz aufnimmt, wenn die Regierung zu der Auffassung kommt, daß staatliche Industriegiganten und postmoderne Großbauprojekte gar nicht dem Charakter dieses Landes entsprechen: das wäre der Anfang vom Ende.

Eine Regierung, die sich nicht mehr auf Funktionäre und Beton stützt, sondern das riesige Potential von Phantasie, Ideenreichtum und kreativem Know-how auszuschöpfen beginnt, könnte das heutige Österreich-Image über Nacht zu Fall bringen.

Zugegeben, wir haben keine solche Regierung, und sie zeichnet sich auch noch nicht drohend am Horizont ab. Aber es gilt wachsam zu sein!

Nur aus diesem Grund haben wir den vorliegenden Bericht erarbeitet. Um aufzuzeigen, auf welch schmalem Grat Österreich wandelt.

Wenn wir weiterhin der Musikantenstadel der westlichen Welt bleiben wollen, wo sich die Unverbesserlichen mit den Uninteressierten, gemütlich und volltrunken, für ein Achtel Wein von staunenden Touristen fotografieren lassen, dann müssen wir auch etwas dafür tun.

Weitermachen wie bisher.

Die aktuellen Schwachstellen in Form von leistungslüsternen Einzelpersonen ausschalten. Und nur nicht die Vergangenheit wieder aufleben lassen.

Gewiß, wer dieses Buch – gegen unsere ausdrückliche Warnung – gelesen hat, wird ab jetzt mit der schrecklichen Ge-

wißheit leben müssen, daß die Österreicher zu allem fähig sind. Daß sie die Welt in höchstem Maße beeinflußt haben und das auch weiterhin tun könnten, wenn man sie nicht mit Gewalt davon abhält.
Dieses Wissen gilt es nun schnellstens zu verdrängen. Noch ehe uns das Ausland auf die Schliche kommt. Ehe sich bei anderen Nationen – die Österreich bisher als Blinddarm der Weltgeschichte liebevoll akzeptiert haben – Neid und Mißgunst regen. Die Wahrheit über Österreich muß das Geheimnis weniger Eingeweihter bleiben! Wer also keinen Safe hat, um dieses Werk sicher wegzuschließen, möge es bei einer Sammelstelle der Staatspolizei abliefern. Bücherverbrennungen finden regelmäßig jeden Donnerstag vor der Hofburg statt.
Wer sich durch die Lektüre geistig geschädigt fühlt, kann gratis an einem Resozialisierungskurs des Unterrichtsministeriums teilnehmen.
In diesem Sinne: Jodelü-dü!

PS: Es wird manchen Leuten nicht gefallen, wen ich in dieses Buch aufgenommen und wen ich weggelassen habe. Diese Leute sollen sich ihre Bücher gefälligst selbst schreiben.
Daß man bei manchen Personen darüber streiten könnte, ob es sich tatsächlich um Österreicher handelt oder nicht, gebe ich zu. Aber da muß ich doch darauf hinweisen, daß ein Autor eben gewisse Vorrechte hat. Wer ein Österreicher ist, bestimme ich!